# 500 STREIFZÜGE

Titel der Originalausgabe: *500 Walks with Writers, Artists and Musicians*

Erschienen bei Frances Lincoln Publishing, einem Teil der Quarto Group, London, 2021

Copyright © 2020 Quarto Publishing PLC

Herausgeberin: Kath Stathers
Programmleitung und Lektorat: Isheeta Mustafi, Caroline Elliker, Jacqui Sayers
Gestaltung: Tony Seddon
Illustration: La Shuks
Cover Illustration: Lynn Hatzius
Bildrecherche: Susannah Jayes
Art Director: Katherine Radcliffe
Verleger: James Evans

Deutsche Erstausgabe

Copyright © 2024 von dem Knesebeck GmbH & Co. Verlag KG, München
Ein Unternehmen der Média-Participations

Projektleitung: Victoria Salley, Knesebeck Verlag
Lektorat: Heike Brillmann-Ede, Sarstedt
Korrektorat: Leonhard Huber, München
Herstellung und Satz: Edgar Endl, booklab GmbH, München
Umschlagadaption: Leonore Höfer, Knesebeck Verlag
Printed by GPS Group in Bosnia and Herzegovina

ISBN 978-3-95728-848-6

Alle Rechte vorbehalten, auch auszugsweise.

www.knesebeck-verlag.de

# 500 STREIFZÜGE

Inspirierende
Wanderungen & Spaziergänge
auf den Spuren berühmter
Maler, Musiker & Schriftsteller

HERAUSGEGEBEN VON
KATH STATHERS

AUS DEM ENGLISCHEN VON
CLAIRE SCHMARTZ & ALEXANDER BICK

KNESEBECK

# INHALT

EINLEITUNG
6

KAPITEL 1
NORD- UND MITTELAMERIKA
10

KAPITEL 2
SÜDAMERIKA
110

KAPITEL 3
EUROPA
130

KAPITEL 4
AFRIKA UND DER NAHE OSTEN
318

KAPITEL 5
RUSSLAND UND ASIEN
340

KAPITEL 6
AUSTRALASIEN
374

REGISTER
390

BILDNACHWEISE
400

# EINLEITUNG

Sich auf den Weg zu machen, kann ein Vergnügen oder eine Notwendigkeit sein. Mal spazieren wir los, um auf andere Gedanken zu kommen und die Umgebung auf uns wirken zu lassen, mal gehen wir nur zum Laden um die Ecke, um Milch zu holen. Dabei kann jeder noch so kleine Ausflug zu einer Quelle der Inspiration werden. Sei es durch einen atemberaubenden Ausblick, der zu einem Meisterwerk anregt, oder durch kleine, alltägliche Freuden wie vorbeiwehende Unterhaltungsfetzen oder die Entdeckung eines sonderbaren Straßennamens. In diesem Sinne lädt dieses Buch zu sehr unterschiedlichen Streifzügen ein: von epischen Pilgerreisen über Ländergrenzen hinweg bis zu kürzeren Erkundungen durch ein einzelnes Stadtviertel. Alle Streifzüge eint, dass sie den Spuren von Schriftstellern, Malerinnen oder Musikern folgen.

In einigen Gegenden stand die Natur Pate für Ideen wie die Mourne Mountains in Nordirland, wo C. S. Lewis sein Narnia (er)fand und Sie den Stein besichtigen können, der Aslans Tisch gewesen sein soll. In anderen Regionen werden Sie an die Wohnorte der Protagonisten literarischer Werke geführt – zu einem Hotel, in dem der Künstler seine Geliebte traf, oder zu einem Café, in dem die Autorin (wie Anaïs Nin in ihrem Pariser Bohème-Viertel) einen Roman ersann.

Die Spaziergänge und Wanderungen sind unterschiedlich lang, entführen Sie in ländliche Gegenden oder in eine Stadt – auf gekennzeichneten Wegen oder auf solchen, die eigens für diesen Bildband konzipiert wurden.

Einer meiner Lieblingswege nimmt Sie mit auf eine atemberaubende Wanderung im North-Cascades-Nationalpark in Washington State in den USA – vom Ross Lake zum Desolation Peak. Die Route folgt den Spuren des Schriftstellers Jack Kerouac, der hier eine Zeit lang als Feuerwächter tätig war, um dem frenetisch gefeierten Hedonismus des Stadtlebens zu entkommen und sich seinem Schreiben zu widmen. Auf dem Weg zu der Hütte, in der er damals gelebt hat, genießen Sie dieselben Aussichten und atmen dieselbe Luft wie er. Die Umgebung wird auf Sie hoffentlich erhellend und belebend wirken, Kerouac fand sie eher belanglos und langweilig. Was vielleicht mehr über ihn aussagt, als wenn er sie geliebt hätte …

Bei den Recherchen für dieses Buch erfuhr ich spannende Details aus den Lebensgeschichten unvergessener Persönlichkeiten. Ernest Hemingway lernte sein geliebtes Key West in Florida nur kennen, weil er hier aufgrund einer verspäteten Autolieferung mehr Zeit verbringen musste als ursprünglich geplant. Dorothy Wordsworth beschrieb ihre Besteigung des Scafell Pike in England in einem wunderbaren Brief, den ihr Bruder, der Dichter William Wordsworth, veröffentlichte; allerdings ohne darauf hinzuweisen, dass er selbst den Berg nie erklommen hatte und der Text auch nicht von ihm stammte. Dorothys Talent als Dichterin und Schriftstellerin wurde erst nach ihrem Tod anerkannt.

Geschichten und autobiografische Spuren ermöglichen uns Annäherung und Begegnung. Indem wir quasi in ihre Fußstapfen treten und zu den Aussichtspunkten wandern, die sie in Wort und Bild beschrieben und gestaltet haben, oder wenn wir die Adressen aufsuchen, an denen sie gelebt haben, so tun wir das als Individuen mit eigenen Gedanken und Wünschen, vielleicht aber auch, um einen Hauch ihres Genies zu erhaschen.

Das Wandern und die Chance, etwas Neues kennenzulernen, gehören zu den besonderen Freuden im Leben. Hier verbindet sich beides, dank der Persönlichkeiten, die in der Welt der Kunst, Musik und Literatur ihre Spuren hinterließen und uns bis heute bewegen.

Sie können den hier vorgeschlagenen Routen folgen, falls Sie in der Nähe sind; für andere Streifzüge müssten Sie wohl um die halbe Welt reisen. Doch auch ohne nur einen einzigen Fuß vor die Tür zu setzen, können Sie sich lesend einlassen auf die Schriftstellerinnen, Maler und Musikerinnen und ihre Werke auf sich wirken lassen. Inspiration kennt die unterschiedlichsten Facetten. Ich hoffe, dass auch Sie diese besondere Reise um die Welt inspiriert.

## ANLEITUNG

Der Bildband folgt in seinem Aufbau den Kontinenten. Die einzelnen Kapitel sind nach Ländern geordnet, während sich der Abschnitt über Nord- und Mittelamerika in Bundesstaaten, Provinzen und Territorien unterteilt. Die zahlreichen Beiträge werden farblich gekennzeichnet je nach Kunstform (siehe unten), sodass Sie die Wanderungen wählen können, die Ihren Interessen am meisten entsprechen.

- LITERATUR
- KUNST
- MUSIK

# NORD- UND MITTELAMERIKA

Versetzen Sie sich in den Rocky Mountains mitten hinein in die Kulissen, die Albert Bierstadt in seinen Gemälden einfing. Folgen Sie L. M. Montgomerys *Anne auf Green Gables* und lassen Sie sich von Mexiko-Stadt so faszinieren wie Frida Kahlo. Genießen Sie diesen abwechslungsreichsten aller Kontinente.

## 1

# DURCH DIE URWÄLDER AUF EMILY CARRS VANCOUVER ISLAND

## West Coast Trail, Vancouver Island, Kanada

**Auf den Spuren von:** Emily Carr (1871–1945)

**Route:** Von Bamfield bis Port Renfrew

**Länge:** 76 km

**Unsere Empfehlung:** *Forest, British Columbia* (1931–1932)

**OBEN:** Die Emily-Carr-Statue in Victoria, Vancouver Island

**RECHTS:** Der Wasserfall Tsusiat Falls am West Coast Trail vor einem wilden Strand, den Carr so liebte

Eine Frau, die allein in den entlegenen Pazifischen Nordwesten reist, um Totems und Bäume zu malen – das war Anfang des 20. Jahrhunderts eher ungewöhnlich. Doch Emily Carr forderte gern die Grenzen des Gewohnten heraus. Sie hatte in San Francisco, Paris und London Kunst studiert, doch kehrte sie immer wieder auf ihre geliebte Vancouver Island zurück: »Die Atmosphäre, die Stimmung und wofür es steht; seine Weite, seine Wildnis, seine unendliche Größe, diese westliche Fahr-Zum-Teufel-Wenn's-Dir-Nicht-Passt-Einstellung. O der Westen! Ich bin von hier und ich liebe ihn.«

Auf dem West Coast Trail, der Sie eine Woche lang durch die Gebiete der First Nations Huu-ay-aht, Ditidaht und Pacheedath führt, können Sie in die Wildnis und kolossalen Urwälder auf Vancouver Island eintauchen. Diese Wanderung beginnt entweder am Strand Pachena (in der Nähe von Bamfield), am Gordon River (bei Port Renfrew) oder an der flachen Rinne der Nitinat Narrows am Nitinat See, der ungefähr auf der Hälfte des Wanderwegs liegt und den Sie mit einem Boot überqueren müssten. Hier können Sie die Wanderung abkürzen, wenn Sie nicht den ganzen, sechs bis acht Tage dauernden Weg nehmen wollen.

In ihren Notizbüchern beschreibt Carr einen Traum, der von einer für Vancouver Island typischen Landschaft handelt: »Über einem mit Treibholz bedeckten Sandstrand ragt ein Steilhang empor, der über und über mit Erdbeerbäumen bewachsen ist; monströsen Bäumen mit orange-scharlachroten Stämmen, die sich prächtig und regelmäßig in eine gemeinsame Richtung neigen, die singt; langsame, mächtige Bewegungen, die sich alle zusammen drehen, die Richtung wechseln und sich wieder drehen.« Wie Sie sehen, verstand es Emily Carr auch mit Worten zu zeichnen.

## 2
## DER NOOTKA TRAIL
### Nootka Island, Kanada

Der 56 Kilometer lange Nootka Trail schlängelt sich von Louie Bay nach Yuquot (Friendly Cove) über die Westküste von Nootka Island. In Yuquot malte Emily Carr 1929 *Church at Yuquot Village* (das ursprünglich *Indian Church* hieß). Die Insel liegt im Territorium der First Nation Mowachaht-Muchalaht; in der weißen Kirche befinden sich heute ein Kulturzentrum und ein Museum.

# 3

## BEGEGNEN SIE DOUGLAS COUPLAND IN SEINER GELIEBTEN HEIMATSTADT

### Coal Harbour Seawall, Vancouver, Kanada

**Streifzug mit:** Douglas Coupland (geb. 1961)

**Route:** Coal-Harbour-Uferpromenade

**Länge:** 5,6 km

**Unsere Empfehlung:** *City of Glass: Douglas Coupland's Vancouver* (2000)

**RECHTS:** Der Weg über die Uferpromenade in Vancouver eignet sich hervorragend für eine Stadterkundung.

Der Autor von *Generation X* (1991), der Begriffe wie McJob geprägt hat, ist in Vancouver aufgewachsen, hat aber »während seiner Zwanziger die Welt nach einer besseren Stadt abgesucht, bis [ihm] aufging, dass Vancouver einfach die beste war«. *City of Glass* (dt. Glasstadt) ist seine literarische Liebeserklärung an Vancouver.

Das innenstädtische Viertel Coal Harbour liegt am Ufer des Burrard-Inlet-Fjords und bündelt die Essenz dieser zutiefst entspannten Stadt mit ihrer Skyline aus Wolkenkratzern. Die Coal-Harbour-Uferpromenade eignet sich perfekt als Ausgangspunkt für alle, die Vancouver zum ersten Mal besuchen: Der Rundweg beginnt und endet auf dem Canada Place, früher ein Industrie-Hotspot, heute das wirtschaftliche und touristische Zentrum. Die Wanderung verläuft gen Westen Richtung Jack Poole Plaza und Canada Convention Centre, wo Couplands »verpixelte« Statue *Digital Orca* (2009) zu sehen ist. Weiter geht es am exquisiten Yachthafen vorbei bis zum Stanley Park. Genießen Sie den Ausblick vom North Shore, bevor Sie an der Denman Street nach links in die kommerziell geprägte Robson Street und damit in die Stadt abbiegen. An der Burrard Street, über der das 62-stöckige Hotel Shangri-La thront, geht es erneut nach links. Hier entdecken Sie historische Bauten wie das Marine Building im Art-déco-Stil, die neugotische Christ Church Cathedral und das prächtige Hotel Vancouver.

Auf eine weitere Perspektive à la Coupland stoßen Sie hinter dem Stanley Park, an der Lions Gate Bridge. Coupland nannte diese hoch aufragende Brücke über den Burrard Inlet in einem Essay, der ursprünglich im *Vancouver Magazine* unter dem Titel »The Bridge is Ours« (dt. Die Brücke gehört uns) erschien, »ein Objekt von zarter Schönheit«.

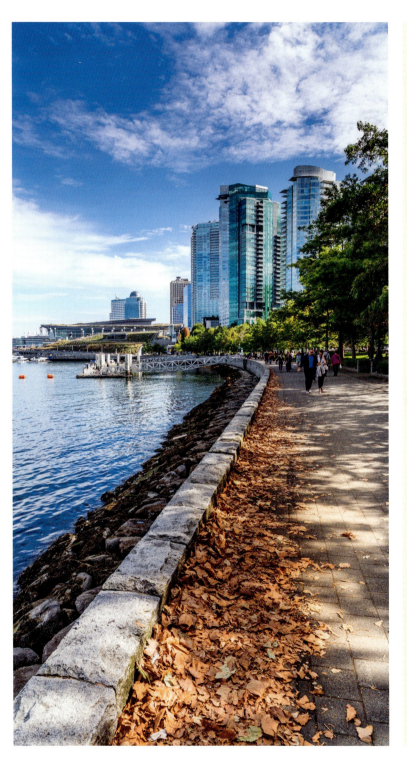

## 4
## VANCOUVERS SCHATTENSEITEN
### Vancouver, Kanada

Das Vancouver von Alice Munro (geb. 1931) ist nicht immer so leicht zu erkennen, denn viele ihrer Kurzgeschichten spiegeln Munros eigene Unzufriedenheit mit ihrem Leben in der Stadt. Doch ein Besuch der Schauplätze ihrer nobelpreisprämierten Kurzgeschichten verleiht ihren Erzählungen eine gewisse Würze. Munro zog zuerst von Kitsilano Beach, wo Menschen auf engstem Raum leben, in den Norden von Vancouver, dann ins Viertel Dundarave im Westen. Wenn Sie in ähnlicher Richtung durch die Stadt flanieren, entdecken Sie zahlreiche bedeutende Orte aus dem Leben und Werk der Autorin.

## 5
## HAIDA IN DER STADT
### Stanley Park, Vancouver, Kanada

Stanley Park, die grüne Lunge von Vancouver, beherbergt mehrere Statuen von Bill Reid (1920–1998), der einen US-amerikanischen Vater und eine Mutter von der kanadischen Inselgruppe Haida Gwaii hatte. Mitte der 1960er Jahre schnitzte Reid einen Haida-Totempfahl (vgl. Seite 16), der ursprünglich in Skedans auf Haida Gwaii stand. Heute befindet sich der Totempfahl neben acht weiteren am Brockton Point im Osten des Parks. Ein Abstecher hierhin führt Sie zudem an Reids 5,5 Meter hoher Bronzestatue *Killer Whale* vor dem Aquarium der Stadt vorbei.

# 6

## MIT BILL REID ZUM STRAND DES URSPRUNGSMYTHOS DER HAIDA

## Haida Gwaii, Kanada

**Auf den Spuren von:** Bill Reid (1920–1998)

**Route:** Tow Hill Trail

**Länge:** 2,9 km

**Unsere Empfehlung:** Die Statue *Raven and the First Men* (1980)

**OBEN LINKS:** Bill Reids Totempfähle machten die Kunst der Haida einer breiteren Öffentlichkeit bekannt.

**LINKS:** Der Nordstrand im Naikoon Provincial Park

Der Bildhauer Bill Reid hat der Kunst des pazifischen Nordwestens einen Platz im kanadischen Mainstream verschafft. Eine Reise nach Haida Gwaii in seinen Zwanzigern war der Anstoß, das kulturelle Erbe der Haida zu erkunden, das er und seine Mutter teilten.

Haida Gwaii ist eine entlegene Inselgruppe im pazifischen Nordwesten und das traditionelle Heimatgebiet der First Nation Haida. Von Prince Rupert geht eine Fähre zur Inselgruppe (acht Stunden Fahrt); alternativ nehmen Sie ein Propellerflugzeug ab Vancouver. Dank ihrer Isolation florieren Flora und Fauna, weswegen Haida Gwaii als das kanadische Galápagos gilt: Hier sind so unterschiedliche Arten wie Schwarzbären, Flussotter, Hornlunde oder Weißkopfseeadler heimisch. Regelmäßig werden Orcas im Juan Perez Sound gesichtet. Die Mythen und Legenden der Haida handeln oft von Tieren, Vögeln und Meeresgeschöpfen aus dieser Gegend; der Rabe gilt als Schöpfer und Trickster.

Eines der beeindruckendsten Kunstwerke Reids ist *Raven and the First Men* (dt. Der Rabe und die Ersten Menschen), seine Skulptur aus gelbem Alaska-Zedernholz, die in Vancouver im Museum of Anthropology der University of British Columbia steht. Laut der Schöpfungsgeschichte der Haida fand der Rabe nach einer Sintflut eine riesige Muschel an einem Strand, aus der er die Menschen herauslockte. Diese Geschichte soll sich am wilden Nordstrand am nördlichen Zipfel des Naikoon Provincial Park abgespielt haben, dessen Vulkangestein und tosende Brandung zweifellos Stoff für Legenden bieten. Folgen Sie dem kurzen Wanderweg durch den Küstenwald auf die Spitze des 110 Meter hohen basaltschwarzen Tow Hill und genießen Sie den atemberaubenden Blick auf den wilden Strand.

## 7
### LUSTWANDELN IN CAROL SHIELDS »STEINSTADT«

#### Winnipeg, Manitoba, Kanada

Die Pulitzer-Preisträgerin und Autorin Carol Shields (1935–2003) verbrachte einen Großteil ihres Lebens in Winnipeg, der »Steinstadt, die sich aus dem weichen Lehm der Ebenen erhebt« und die der Schauplatz zahlreicher ihrer Romane ist. Ihre 13 Kilometer lange Wanderung beginnt am neoklassizistischen Manitoba Legislative Building, das in *Das Tagebuch der Daisy Goodwill* (1993) erwähnt wird. Wenn Sie den Assiniboine River überqueren, gelangen Sie zum Künstlerviertel Osborne Village aus *Die süße Tyrannei der Liebe* (1992). Anschließend geht es Richtung Süden, vorbei an der University of Manitoba, an der Shields lehrte, zum Carol Shields Memorial Labyrinth im King's Park, das der Autorin und wiederkehrenden Motiven aus ihrem Werk gewidmet ist.

## 8
### GABRIELLE ROY IN WINNIPEG

#### Winnipeg, Manitoba, Kanada

Die Kanadierin Gabrielle Roy (1909–1983) war eine wegbereitende frankophone Schriftstellerin und Denkerin. Ein Zitat von ihr finden Sie auf der Rückseite des kanadischen 20-Dollar-Scheins: »Könnten wir einander ohne Kunst überhaupt je verstehen?« Ihre Heimatstadt Winnipeg ist stolz auf ihre berühmte Tochter, die unter anderem *Gebrauchtglück* (1945) verfasst hat. *Rue Deschambault* (1955) ist eine Kurzgeschichtensammlung, die in der Nähe ihres Hauses spielt, dem alten Fachwerkhaus an der Rue Deschambault 375, das Sie auf der 2,6 Kilometer langen Gabrielle-Roy-Route passieren. Danach geht es durch St. Boniface, einem Stadtviertel im Osten, zum Seine River Greenway, wo viele Vogelarten leben. Lassen Sie die Umgebung, die Roy als den Schatz ihrer Kindheit empfand und über den sie so berührend schrieb, auf sich wirken.

**OBEN:** Der lieblich gelegene Assiniboine River in Winnipeg

**RECHTS:** Ein surrealer Anblick – die Stadt hinter dem Sunnyside »Echo Beach« in Toronto

## 9
### ENTDECKEN SIE DEN ECHO BEACH

#### Lake Ontario, Toronto, Kanada

*Echo Beach* (1979) war der dritte Song von Mark Gane, dem Gitarristen von Martha and the Muffins. Auch wenn das Lied von einem idealen und keinem realen Ort handeln sollte, inspirierte er sich am Sunnyside Beach am Lake Ontario bei Toronto. »Der See und der Strand hätten auch mitten im Nirgendwo liegen können«, sagte Gane, »doch der Ausblick auf die dahinter gelegene Stadt war surreal.« Wenn Sie dieses Panorama mit eigenen Augen sehen wollen, beginnen Sie die zwei Kilometer lange Wanderung am Palais Royale im Art-déco-Stil Richtung Westen über die Uferpromenade, vorbei am kantigen Denkmal des Ungarischen Volksaufstands, bis zur Humber Bay Arch Bridge aus den 1990er Jahren.

## 10
### DURCHS »MUNRO COUNTY«

#### Huron County, Ontario, Kanada

»Ich bin betrunken von dieser Landschaft.« So beschrieb Alice Munro (geb. 1931) Huron County, ihre Heimat im Südwesten Ontarios. Die Liebe der Schriftstellerin wurzelte tief. Nach dem Ende ihrer ersten Ehe kehrte sie hierher zurück und verließ dafür Vancouver, weswegen die Region auch »Munro County« genannt wird. In ihrem Geburtsort Wingham fand sie Anregungen für ihre Kleinstadtromane. Folgen Sie den Wanderwegen durch das Maitland Valley, um einen Blick auf die schönsten Winkel des Countys zu erhaschen und die Orte und Landschaften zu entdecken, die Munro schätzte.

## 11
### HEIMAT DES »HOCKEY-SWEATERS«

#### Sainte Justine, Kanada

Roch Carrier (geb. 1937) ist ein französisch-kanadischer Schriftsteller, der sich in der Politik versuchte und der letzte Nationalbibliothekar Kanadas war. Bekannt wurde er vor allem für seine Kurzgeschichten, darunter die wohl bekannteste »The Hockey Sweater« (1979), die von der Scham erzählt, die er empfand, als seine Mutter ihm als Kind zu einem Hockeyspiel den Sweater der gegnerischen Mannschaft angezogen hatte. Die Geschichte spielt in seiner Heimatstadt Sainte Justine; das Sportzentrum, in dem er diese Schande durchlebte, liegt an der Rue Kirouac 106. Von hier aus spazieren Sie bis ins Zentrum der Stadt, die der Autor in seinen Geschichten »Bralington« nennt und die ihm zufolge »alle Stärken vereint, die Frankokanadier ausmachen«.

## 12
### DER »MAN OF STEEL«

#### Cape Breton, Nova Scotia, Kanada

Die Kap-Breton-Insel ist eine beliebte Wanderregion in Kanada und die Wahlheimat des berühmten US-amerikanischen Bildhauers Richard Serra (geb. 1938). Seine brutalistischen und minimalistischen Werke lösen gleichermaßen Verzauberung wie Kontroversen aus – und werden für Millionen US-Dollar verkauft. Besucher der rauen, zerfurchten Landschaft, in der Serra jenseits der Meeresenge der Northumberlandstraße lebt, entwickeln schnell ein Gespür für seine kreativen Ideen. In dieser Region gibt es großartige Wanderwege, darunter der beliebte Skyline Train, ein zehn Kilometer langer, gut ausgeschilderter Rundweg mit atemberaubenden Aussichten über die Westküste der Insel, dessen Anfangspunkt im Highlands Nationalpark liegt.

## 13
### LEONARD COHENS MONTREAL

#### Montreal, Kanada

Der Dichter und Singer-Songwriter Leonard Cohen (1934–2016) ist auf der ganzen Welt beliebt, doch sein Herz schlug für seine Heimatstadt Montreal. Während seines Studiums an der McGill University, als er erste Gedichte verfasste, arbeitete er in der Bekleidungsfabrik seines Großvaters im Sommer Building in der Mayor Street. Der Spaziergang von der Universität zu Cohens damaliger Adresse führt Sie am Main Deli am 3864 Saint-Laurent Boulevard vorbei; laut Cohen ein großartiger Ort, um etwas zu essen, da »er die ganze Nacht geöffnet hat«. Ebenfalls an dieser Straße liegt Moishes Steakhouse (3961 Saint-Laurent Boulevard), das Cohen schätzte. Ein Stück weiter stoßen Sie auf ein riesiges Wandbild des weltberühmten Künstlers (Cooper Building, 3981 Saint-Laurent Boulevard), gemalt von Kevin Ledo. Cohen selbst lebte in der Rue Vallières 28.

## 14
### RIOPELLES NATUR

#### Île-aux-Oies, Kanada

Der bekannte kanadische Maler und Bildhauer Jean-Paul Riopelle (1923-2002) lebte von Mitte der 1970er Jahre bis zu seinem Tod auf der Île-aux-Oies. Insbesondere die etwa 80 Kilometer östlich von Québec City gelegene Gegend um die Pointe aux Pins hatte es ihm angetan – ein außergewöhnliches Ökosystem im Wald, in dem es vor seltenen Feuchtgebietsarten wimmelt. Zu Ehren seines kulturellen Beitrags wurde das Naturschutzgebiet, das das Nature Conservancy of Canada 2007 gekauft hat, nach Riopelle benannt und ein 1,5 Kilometer langer Rundweg angelegt. Sie beginnen auf dem Steilhangweg, von wo aus Sie der Weg zu einer alten Hütte unter einem 300 Jahre alten Ahornbaum führt, bis Sie an Ihren Ausgangspunkt zurückkehren.

**LINKS:** Halten Sie Ausschau nach dem in den Himmel ragenden Wandbild von Leonard Cohen in Montreal.

# 15

## SPAZIERGANG DURCH DIE WELT VON L. M. MONTGOMERY

### Prince Edward Island, Kanada

**Auf den Spuren von:** L. M. Montgomery (1874–1942)

**Route:** Balsam Hollow Trail

**Länge:** 1,6 km

**Unsere Empfehlung:** *Anne auf Green Gables* (1908)

Auch wenn Anne Shirley die Hauptrolle in L. M. Montgomerys Buchserie *Anne auf Green Gables* (1908–1920) spielt, ist der Schauplatz der Handlung mindestens genauso wichtig. Es gibt kaum Seiten ohne ausführliche Beschreibungen der Natur und der Freude, die Anne empfindet, wenn sie bereits an ihrem ersten Morgen auf Green Gables im Dörfchen Avonlea (stellvertretend für Cavendish auf Prince Edward Island) »staunend hinaus in den sonnigen Junimorgen« blickt.

Obschon die Autorin stets betonte, dass ihre Bücher nicht auf einer realen Person beruhten, gibt es einige Parallelen zwischen ihr und ihrer Heldin. Montgomery selbst lebte nach dem Tod ihrer Mutter bei ihren Großeltern auf Prince Edward Island.

Sie litt unter Depressionen. Was ihr half, die schweren Zeiten zu überstehen, war die Schönheit, die sie umgab, und der Versuch, diese in Worte zu fassen und über sie zu schreiben. Durch die Augen von Anne verrät Montgomery viel über ihre eigene Liebe zur Natur: »Ich kann das Lachen des Bächleins selbst von hier oben hören. Ist Ihnen schon aufgefallen, wie gut gelaunt Bäche meistens sind? Sie lachen die ganze Zeit.«

Das Haus, das hier eine Rolle spielt (das Zuhause zweier Cousins von Montgomery), ist heute ein National Historic Site, von dem aus Sie zwei gut gekennzeichneten, je ca. 1,6 Kilometer langen Wanderwegen folgen können. Einer führt in den fiktiven Zauberwald und zum Grab von L. M. Montgomery, der andere folgt der Lover's Lane, quert den gut gelaunten Bach und schlägt sich in die Wälder.

**OBEN:** L. M. Montgomery

**OBEN RECHTS:** Das Haus, das zu Green Gables wurde

**RECHTS:** Die Lover's Lane führt direkt in die verwunschenen Wälder von Avonlea.

## 16
### HAUSBESUCH BEI PAUL THEROUX

**Kaena Point, Hawaii, USA**

Am westlichsten Punkt von Oahu liegt ein zauberhafter Strand aus Lavagestein. Laut der hawaiianischen Mythologie sprangen die Vorfahren von hier aus in die Geisterwelt – und wer vor dem grandiosen Panorama über den Pazifik steht, das sich hier vor einem eröffnet, versteht, wieso dies ein besonderer Ort ist. Sie können ihn nur zu Fuß erreichen: entweder über einen Wanderweg von Norden aus, oder ausgehend vom südlich gelegenen Farrington Highway, der zum Yokohama-Strand führt. Der Reiseschriftsteller Paul Theroux (geb. 1941), der fast jeden Winkel dieser Welt kennt, lebt in Oahu, wo er gerne Kajak fährt. Er nennt diesen Ort »ein Paradies, gebunden wie ein Blumenstrauß, mitten im Pazifik: wohlduftend, sinnlich und leicht zugänglich«.

## 17
### DAS LEBEN UND DIE LYRICS VON KURT COBAIN

**Aberdeen, Washington, USA**

»Underneath the bridge / The tarp has sprung a leak / And the animals I've trapped / Have all become my pets«. Die Brücke, von der Nirvana-Sänger und -Gitarrist Kurt Cobain (1967–1994) in *Something in the Way* auf dem Album *Nevermind* (1991) spricht, ist die Young Street Bridge über den Wishkah River in seiner Heimatstadt Aberdeen, Washington State. Eine kurze Spazierrunde führt durch den kleinen Kurt Cobain Memorial Park neben der Brücke, wo sich eine vier Meter hohe Statue der Gitarre des Rockstars sowie ein Schrein mit Graffitis rund um die Band Nirvana befindet.

## 18
### JOHN LUTHER ADAMS' ALASKA

**College, Alaska, USA**

John Luther Adams (geb. 1953) spielte als Teenager Schlagzeug in einer Rockband aus Mississippi. Seitdem hat er es weit gebracht und so unterschiedliche Stücke wie Harfensolos für ganze Orchester komponiert. Er erhielt einen Grammy und den Pulitzer-Preis zu Ehren seiner über 45-jährigen Karriere, die er zum Großteil in Alaska verbrachte. »Ich habe meine Leidenschaft für Alaska und meine Weltverbesserungswünsche in meine Kunst gesteckt«, sagt Adams. Das zeigt sich auch an einer seiner Auftragsarbeiten: der Klang- und Lichtinstallation *The Place Where You Go to Listen*, die sich je nach Position von Sonne und Mond, seismischer Aktivität und den Polarlichtern verändert. Sie kann im Museum of the North der University of Alaska besichtigt werden, das nördlich mehrerer unterschiedlich langer Wanderwege (0,8–16 km) liegt.

**LINKS:** Hawaii, »ein Paradies, gebunden wie ein Blumenstrauß, mitten im Pazifik«

# 19

## INSPIRATION AN KEROUACS RÜCKZUGSORT AM DESOLATION PEAK

### Washington, USA

**Auf den Spuren von:** Jack Kerouac (1922–1969)

**Route:** Desolation-Peak-Trail, vom Ross-Lake-Stausee zum Desolation Peak

**Länge:** 7,2 km (einfach)

**Unsere Empfehlung:** *Engel der Trübsal* (1965)

**RECHTS:** Die Aussicht vom Desolation Peak, wo Kerouac Muße und Langeweile fand

»Ich sehnte mich nach Einsamkeit … ich wollte mich einfach auf eine Wiese legen und den Wolken hinterherschauen.« Im Sommer 1965 entschied sich Jack Kerouac zu einer Auszeit. Der damals 34-jährige Schriftsteller tat sich schwer mit der Suche nach einem geeigneten Verlag für seinen Roman *Unterwegs*, an dem er seit den 1940er Jahren arbeitete. Der Kultroman der Beat-Generation erschien 1957. Der mit Kerouac befreundete Dichter Gary Snyder hatte ihn auf den Geschmack von Gebirgswanderungen gebracht, und Kerouac hoffte, dass ihm ein paar Monate fernab von Menschen und Rauschmitteln helfen würden, einen klaren Kopf zu bekommen, neue Ideen zu finden und existenzielle Wahrheiten zu erkennen.

Also trampte er von San Francisco bis zur Nördlichen Kaskadenkette, diesen »verdrehten schneebedeckten Felsriesen, die so groß sind, dass man schlucken muss«. Mit einem Boot setzte er über den Ross Lake und erklomm auf einem Esel, in Begleitung eines Rangers und mit Lebensmittelvorräten im Wert von 45 $ den Desolation Peak, wo er 63 Tage als Feuerwächter für den US Forest Service in einer kleinen Hütte verbrachte.

Sein selbst auferlegtes Exil war von mäßigem Erfolg. Kerouac schrieb wenig, nur einige Gedichte und Tagebucheinträge. Statt Erleuchtung fand er in der Wildnis Muße und Langeweile. Eine Erfahrung, die sein späteres, in seinem impulsiven Jazz-Stil verfasstes Werk inspirierte: *Engel der Trübsal*, *Die Dharmajäger* (1958) oder *Lonesome Traveller* (1960).

Noch heute pilgern Kerouac-Fans auf den Spuren des Autors bis zum Gipfel. Vom Anfangspunkt aus (drei Autostunden von Seattle entfernt) führt ein weiter Bogen um (oder eine kurze Bootsfahrt über) den Ross Lake zum Fuß des Berges. Der Aufstieg ist steil, Sie lassen das Ufer schnell hinter sich, wandern durch kühle Wälder und entlang großer Wiesen mit Wildblumen bis hoch zum kahlen, windgepeitschten Gipfel, auf dem die Hütte thront, in der Kerouac zwar nicht die Erfüllung seiner Vorstellung von Freiheit fand, doch dafür etwas anderes: »Du hast recht gesehen, Desolation, ade.«

# 20

## ARMISTEAD MAUPINS ERZÄHLUNGEN ÜBER SAN FRANCISCO

### San Francisco, Kalifornien, USA

**Streifzug mit:** Armistead Maupin (geb. 1944)

**Route:** Von Hyde Street bis Coolbrith Park

**Länge:** 1,6 km (mit vielen Steigungen)

**Unsere Empfehlung:** *Stadtgeschichten* (1978–2014)

**LINKS:** Die charmante Macondray Lane in San Francisco inspirierte Maupin zur Barbary Lane seiner *Tales of the City*.

Armistead Jones Maupin Jr. stammt aus einer alten Ostküstenfamilie. Sein Ururgroßvater war Kongressabgeordneter und General im Sezessionskrieg, sein Vater gründete eine der größten Anwaltskanzleien in North Carolina. Maupin begann sein Erwachsenenleben als Nixon-Anhänger und blauäugiger Freiwilliger im Vietnamkrieg, doch gelangte er auf andere Art zu Berühmtheit.

Nach seinem Umzug nach San Francisco, wo er offen homosexuell leben konnte, verfasste er die warmherzig-witzige Romanserie *Stadtgeschichten*, die die vielfältigen Charaktere dieser Stadt weltberühmt machte.

Die Erzählungen beginnen in der Bar Buena Vista (2765 Hyde St), in deren Nähe die Protagonistin Mary Ann Singleton zieht, gerade angekommen in der Stadt. Acht Häuserblocks (ca. 185 m) südlich der Bar, auf der anderen Seite des Viertels Russian Hill – bei schlechtem Wetter ist die Straßenbahn eine verlockende Alternative – kreuzen sich Hyde und Union Street, um die herum verschiedene Schauplätze der Serie angesiedelt sind: das Restaurant Zarzuela (aka Marcel et Henri, 2000 Hyde St), die Eisdiele Swensen's (1999 Hyde St), der Searchlight Market (1964 Hyde St) sowie der ehemalige Green Plant Store (1898 Hyde St).

Zwei Häuserblocks weiter östlich – vorbei an Maupins ehemaliger Dachwohnung in der Union Street 1138½ – und einen kurzen, aber steilen halben Häuserblock die Jones Street hoch, findet sich die mit Bäumen gesäumte Fußgängerzone Macondray Lane: die Inspiration für die Barbary Lane 28, in der die transsexuelle Matriarchin Anna Madrigal über eine »logische Familie« von unangepassten Mietern herrscht. Die Macondray Lane mündet 90 Meter weiter in eine hölzerne Treppe, die in der Verfilmung der *Stadtgeschichten* (Miniserie) zu sehen ist und die zur Taylor Street führt.

Maupin schrieb: »Selbst die schlechtesten Zeiten in San Francisco waren besser als die besten Zeiten an jedwedem anderen Ort. Hier gab es Schönheit und unübersehbaren Mut.«

## 21
### FRIDA KAHLOS SAN FRANCISCO

**San Francisco, USA**

Von November 1930 bis Juni 1931 lebte die mexikanische Malerin Frida Kahlo (1907–1954) mit ihrem Mann, dem Maler Diego Rivera, in San Francisco, das sie in einem traditionellen mexikanischen Kleid erkundete. »Die Stadt und die Bucht sind umwerfend … vor allem das traumhafte Chinatown.« Hier in San Francisco, wo sie *Frida und Diego Rivera* malte, wurden ihre Gemälde zum ersten Mal ausgestellt. Das Paar lebte bei Freunden in der Montgomery Street 716 im Künstlerviertel der Stadt. Folgen Sie Kahlos Spuren, indem Sie von dieser Adresse aus ins Chinatown eintauchen. Weiter geht es zum Mexican Museum in der Mission Street, danach zum Museum of Modern Art in der Third Street 151, wo Werke des Künstlerpaars ausgestellt werden.

## 22
### NATURKUNST MIT ANDY GOLDSWORTHY

**Presidio, San Francisco, USA**

Die Kunstwerke von Andy Goldsworthy (geb. 1956) fangen bestimmte Orte und ihre Natur ein und verleihen ihnen ein Gefühl für die Zeit. In Presidio in San Francisco erkundete er die Beziehung der Bäume zu den menschengemachten Bauten. Ein 4,3 Kilometer langer Rundweg verbindet drei seiner Kunstwerke. Beginnen Sie an *Tree Fall* – einem lehmbedeckten Baum – im Gebäude von Powder Magazine (geöffnet am Wochenende). Weiter geht es in den Wald zu *Spire*, das wie ein Kirchturm aussieht und aus den Baumstämmen von 37 Monterey-Zypressen besteht. Danach gelangen Sie zur majestätischen *Wood Line* – Eukalyptusstämme, die im Zickzack in einem Eukalyptuswald liegen –, bevor Sie der Weg zum Ausgangspunkt zurückführt.

## 23
### MIT JACK KEROUAC DURCH DIE STRASSEN DER STADT

**San Francisco, USA**

Jack Kerouac (1922–1969) wurde in Massachusetts geboren und starb in Florida, doch der Autor von *Unterwegs* (1957) wird vor allem mit der – in den Worten aus seinem Buch – »fabelhaften weißen Stadt San Francisco auf elf mystischen Hügeln vor dem blauen Pazifik und der näher rückenden Kartoffelbeet-Nebelwand dahinter, dem Dunst und Goldschein des späten Nachmittags der Zeit« assoziiert. Starten Sie Ihren Spaziergang in der nach Kerouac benannten Allee an der Columbus Avenue. Er, der nie eine eigene Wohnung in dieser Stadt hatte, sondern auf dem Dachboden von Neal und Carolyn Cassady an der 29 Russell Street wohnte, schrieb: »Weil ich arm bin, gehört mir alles.« Bei einem nächtlichen Spaziergang beobachtete er die Dreharbeiten des Films *Maskierte Herzen* an der 1201 Greenwich Street, was er sofort für sein Buch verwendete.

## 24
### MIT JANIS ZUM GOLDEN GATE PARK

**San Francisco, USA**

Der raue Blues in der Stimme von Janis Joplin (1943–1970) verrät viel über ihren unbezähmbaren Geist. Mit 20 zog sie von Texas nach San Francisco, wo sie den Großteil der ihr noch verbleibenden sieben Lebensjahre verbrachte. Als sie 1967, im »Summer of Love«, ihren Durchbruch hatte, teilte sie sich eine Einzimmerwohnung in der Lyon Street 122 am Panhandle Park neben dem Golden Gate Park, wo sich am Hippie Hill noch heute Anhänger der Subkultur treffen. Ganz hinten im Park steht der sogenannte Janis-Joplin-Baum mit dem knotigen Stamm, unter dem sie akustische Gitarre spielte und von einer besseren Zeit träumte: »Ich wusste, dass ich eine gute Stimme hatte und dass ich mir damit immer ein paar Bier verdienen könnte. Aber dann hat mich plötzlich jemand in diese Rock'n'Roll-Band gesteckt …«

**RECHTS:** *Wood Line* von Andy Goldsworthy

# 25

## JOHN STEINBECKS REALE WELT VON MONTEREY

### Monterey, Kalifornien, USA

**Auf den Spuren von:** John Steinbeck (1902–1968)

**Route:** Monterey-Bay-Küstenwanderweg

**Länge:** 29 km

**Unsere Empfehlung:** *Die Straße der Ölsardinen* (1945)

**OBEN:** John Steinbeck siedelte seinen 1945 erschienenen Roman *Die Straße der Ölsardinen* im kalifornischen Monterey an.

**RECHTS:** Der Strand von Monterey

Monterey ist die Hauptstadt des ehemaligen Alta California (dt. Oberkalifornien), wie es in Spanien und Mexiko hieß, und der Schauplatz von John Steinbecks Roman *Die Straße der Ölsardinen*, der während der Großen Depression in den damals hier ansässigen Ölsardinenfabriken spielt. Der Anfang des Romans spiegelt Steinbecks ambivalente Gefühle:

»Die Cannery Row in Monterey in Kalifornien ist ein Gedicht, ein Gestank, ein Knirschen im Getriebe, eine Kombination aus einem bestimmten Licht, Lauten und Gewohnheiten; pure Nostalgie, ein Traum.«

Später änderte er seine Meinung: »Heute angeln sie sich Touristen, keine Sardinen. Diese Art werden sie immerhin gewiss nicht ausrotten.«

Ihre Wanderung führt über den Monterey-Bay-Küstenwanderweg, der immer wieder zur Küste hin abzweigt, jedoch größtenteils über die Gleise des ehemaligen Southern Pacific Railway verläuft, der die Cannery Row während der Ära der Ölsardinen mit Nachschub versorgte. Sie starten am Municipal Beach und laufen zur Fisherman's Wharf. Hier wird auch heute noch gefischt, doch nicht in vergleichbarem Ausmaß wie früher, als 24 Sardinenfabriken jährlich eine Milliarde Sardinen verarbeiteten. Auf dem weiteren Weg passieren Sie das Zollhaus, in dem Kommodore John D. Sloat 1846 den Beitritt Kaliforniens zu den USA verkündete.

Hinter dem Sister City Park trifft der Wanderweg in der Nähe des San Carlos Beach Park auf die Cannery Row. Die einst gefährliche Industriezone ist heute ein bis ins letzte Detail perfektioniertes, begehbares Kulturerbe-Museum. Oben auf dem Cannery Row Monument auf der Steinbeck Plaza können Sie den Autor entdecken.

## 26
## JOHN STEINBECKS GEBURTSORT
### Salinas, Kalifornien, USA

John Steinbeck, der auch *Früchte des Zorns* (1939) verfasste, hatte ein schwieriges Verhältnis zu seinem Geburtsort Salinas in Zentralkalifornien, der sich für ihn »wie Fingerhirse bis in die Gebirgsausläufer ausbreitet«. Als die Lokalzeitung ihm 1963 einen Artikel widmete, reagierte er mit einem wütenden Brief: »Welche Stadt ehrt einen Schriftsteller, der noch am Leben ist?« Heute ehrt sie ihn gewiss. Überall stößt man auf seinen Namen und sein Gesicht. Beginnen Sie Ihre Wanderung am Wandbild an der W. Alisal Street 123 hinter der John-Steinbeck-Bibliothek (Lincoln Avenue 350). Von hier geht es zum National Steinbeck Centre, das nur wenige Häuserblocks hinter dem Elternhaus des Autors an der Central Avenue 132 liegt.

# 27

## DIE MAJESTÄT DES YOSEMITE-NATIONALPARKS

## Yosemite-Nationalpark, Kalifornien, USA

**Auf den Spuren von:** Ansel Adams (1902–1984)

**Route:** North-Dome-Trail, Yosemite-Nationalpark

**Länge:** 16,7 km

**Unsere Empfehlung:** *Yosemite und die High Sierra* (1994)

**RECHTS:** Der atemberaubende Yosemite-Nationalpark

Nur wenige Künstler gehören so untrennbar zu einem bestimmten Ort wie Ansel Adams (1902–1984) zum Yosemite-Nationalpark. Die spektakuläre Landschaft eroberte sein Herz im Sturm, als er sie mit 14 Jahren zum ersten Mal mit seiner Kodak-Brownie-Kamera, einem Geschenk seiner Eltern, erkundete.

Adams war Einzelkind, wurde zu Hause unterrichtet und verbrachte relativ viel Zeit allein. Zeit, in der er gern ausgiebig die Grünstreifen in der Nähe des Golden Gate Parks erkundete, was seine Liebe zur Natur weckte. Doch seine erste Begegnung mit dem Yosemite-Nationalpark veränderte sein Leben von Grund auf.

Hatte er zuvor von einer Karriere als Konzertpianist geträumt, wurde die Fotografie nun zu seiner Passion. Seine ersten Bilder stellte er bereits 1922 aus. Kurz darauf wurde er offiziell als Fotograf des Sierra Clubs bestätigt, der viele monatelange abenteuerliche Wanderausflüge organisierte.

1927 bestieg Adams den Half Dome, 1200 Meter hoch durch tiefen Schnee, um den Berg zu fotografieren. Dabei verwendete er erstmals Filter, durch die sich seine spätere Technik der »Visualisierung« auszeichnete: So konnte er bereits während der Aufnahme das fertige Ergebnis sehen, statt dass die Effekte erst in der Dunkelkammer sichtbar wurden.

Im Laufe seines Lebens fotografierte Adams den Half Dome Hunderte Male und erklärte: »Es ist nie derselbe Half Dome, nie dasselbe Licht und nie dieselbe Stimmung.«

Für eine Höhenwanderung im Yosemite-Nationalpark mit freiem Blick auf seine Ausläufer, ganz im Sinne der Ausflüge von Adams, starten Sie am Porcupine Creek Trailhead am Tiago Pass und folgen dem ausgeschilderten Weg zum North Dome. Der Wanderweg schlängelt sich durch den Wald, quert den Porcupine Creek und führt entlang des Indian Ridge bis zum Fuß des Berges. Vom Gipfel aus können Sie das herrliche Panorama des Yosemite Valley mit Sicht auf den Half Dome und El Capitán genießen.

## 28
## ANSTOSSEN AUF JACK LONDON

### Oakland, Kalifornien, USA

Gehen Sie am Strand von Oakland spazieren und lassen Sie die Geräusche und die Aussicht auf sich wirken, die den Autor der Romane *Ruf der Wildnis* (1903) und *Der Seewolf* (1904), Jack London, inspiriert haben. London (1876–1918) studierte in Oakland an der University of California in Berkeley. Die Studiengebühren zahlte angeblich John M. Heinold, der Besitzer des direkt am Wasser gelegenen Saloons First and Last Chance, in dem der junge Schriftsteller betrunkene Seefahrer und Abenteurer kennenlernte, die später als Figuren in seinen Romanen verewigt wurden.

## 29
## LAS VEGAS MIT HUNTER S. THOMPSON

### Las Vegas, Nevada, USA

»Wir waren auf der Suche nach dem American Dream und man hatte uns gesagt, dass wir hierherkommen sollten«, sagt der gestörte Dr. Gonzo, einer der beiden Hauptfiguren aus Hunter S. Thompsons (1937–2005) wohl bekanntestem Werk *Angst und Schrecken in Las Vegas* (1971). In dieser wilden, alkohol- und drogengeschwängerten Geschichte donnern Gonzo und sein Freund Duke durch Sin City und entdecken ein Amerika, in dem der Frieden und Idealismus der 1960er Jahre Unterdrückung und Zynismus gewichen sind. Ihre Route ist unmöglich nachvollziehbar, doch Sie können über den Las Vegas Strip flanieren und einen Abstecher ins Casino Circus Circus wagen (»was jeder von uns Samstagnacht tun würde, wenn die Nazis den Krieg gewonnen hätten«), wo Sie einen Eindruck davon erhalten, was Thompson kritisierte.

**LINKS:** Auf dem Las Vegas Strip bekommen Sie einen Eindruck von dem, was Hunter S. Thompson inspirierte.

## 30
### HUNTER S. THOMPSONS COLORADO

**Woody Creek, Colorado, USA**

Für nur wenig Geld können Sie fast wortwörtlich in Hunter S. Thompsons (1937–2005) Fußstapfen treten. Seine legendäre Berghütte am Woody Creek, die der Erfinder des Gonzo eine »ländliche Festung« nannte, wird heute von seiner Witwe Anita vermietet und ist somit für die breite Öffentlichkeit zugänglich. Bis unter die Decke finden sich Erinnerungsstücke an seine verrückten Abenteuer. Hier können Sie sich sogar an Thompsons alte IBM-Schreibmaschine setzen und eine eigene Geschichte verfassen. Und wenn Sie es bis hierhin geschafft haben, müssen Sie unbedingt noch zur Bergspitze wandern, auf der der 47 Meter hohe Turm steht, von dem aus Thompsons Asche verstreut wurde. Dann sollten Sie das Gelände rund um die Hütte erkunden – unter Führung von Anita höchstpersönlich.

## 31
### DAS PERFEKTE FOTO FÜR IHR ALBUMCOVER

**Joshua-Tree-Nationalpark, Kalifornien, USA**

Der Titel des fünften Albums der Band U2, das im März 1987 herauskam, ist eine Anspielung auf die Josua-Palmlilien, die in der kalifornischen Mojave-Wüste stehen. Der Fotograf Anton Corbijn, der die Gegend bereist hatte, erzählte dem Sänger Bono von den verknoteten Wüstenbäumen mit ihren ausladenden Kronen, die die ersten Siedler nach dem alttestamentarischen Josua benannt hatten. Am nächsten Tag beschloss Bono, das Album *The Joshua Tree* zu nennen, und begründete damit ein ikonisches Reiseziel. Die beste Aussicht auf die Bäume haben Sie vom Hi View Trail oder vom Cap Rock Trail aus.

## 32
### ROCK 'N' ROLL IM LAUREL CANYON

**Los Angeles, Kalifornien, USA**

Der Laurel Canyon, der hinter dem Sunset Boulevard in die Hollywood Hills schneidet, war (und ist) der perfekte Wohnort für besondere Menschen. Joni Mitchell (geb. 1943) sagte einmal: »Wen Sie auch in Hollywood fragen, in einem Punkt sind sich alle einig: Die verrücktesten Menschen leben im Laurel Canyon.« Die Stars kamen zum Shoppen oder zu den Jamsessions im Canyon Country Store am Laurel Canyon Boulevard 2108. Hier beginnt Ihre Wanderung, die Sie zuerst zum Rothdell Trail 8021 führt, wo Jim Morrison von The Doors den Song *Love Street* schrieb. Am Lauren Canyon Boulevard lebte Frank Zappa in einem Blockhaus an der Ecke des früheren Lookout Mountain; die verbrannten Ruinen des Hauses sind noch heute zu sehen. Mitchell hingegen wohnte in der Lookout Avenue 8217. »Von meinem Esszimmer aus konnte ich Frank Zappas Ententeich sehen, in dem einmal, als mich meine Mutter besuchte, drei nackte Frauen auf einem Floß trieben.«

## 33
### MUSIK IN DEN BERGEN MIT OLIVIER MESSIAEN

**Bryce Canyon, Utah, USA**

Seine verführerische Kulisse macht den Nationalpark Bryce Canyon in Utah zu einem beliebten Wanderort. Hier erwartet Sie ein verschlungener Wanderweg in Gold- und Orangetönen. Der französische Komponist Olivier Messiaen (1908–1992) war so fasziniert von den hiesigen Vögeln und Farben, dass er *Des Canyons aux Étoiles* (dt. Von den Canyons zu den Sternen) komponierte, ein Orchesterstück in zwölf Sätzen in der für ihn typischen Klangfarben-Synästhesie. Die beeindruckendste Wanderung, der Queen's Garden Loop, führt Sie an zahlreichen grandiosen Gesteinsformationen und Aussichtspunkten vorbei.

**RECHTS:** Die Josua-Palmlilien, nach denen U2 ihr 1987 erschienenes Album benannten

# 34

## DIE WEITEN NORDAMERIKAS MIT KATHARINE LEE BATES ERLEBEN

### Scale Pikes Peak, Colorado Rocky Mountains, USA

**Auf den Spuren von:** Katharine Lee Bates (1859–1929)

**Route:** Barr Trail, ab Manitou Springs

**Länge:** 42 km (hin und zurück)

**Unsere Empfehlung:** »America the Beautiful« in der Version von Ray Charles

**RECHTS:** Besteigen Sie die Spitze des Pikes Peak für die Aussicht, die Katharine Lee Bates zu ihrem Gedicht inspirierte.

Die Wissenschaftlerin, Dichterin und Schriftstellerin Katharine Lee Bates verfasste nach der Besteigung des 4302 Meter hohen Pikes Peak in den Rocky Mountains von Colorado ihr Gedicht »America the Beautiful« (dt. Wunderschönes Amerika). Sie schrieb:

»*Du Wunderschönes unter weitem Himmel,*
*ein nie versiegender Getreidequell,*
*majestätisch lila Gebirgszüge,*
*hinter Ebenen mit saft'gen Obstbäumen.*
*O Amerika! Amerika!*«

Am 4. Juli 1895 erstveröffentlicht, wurde ihr Gedicht im Handumdrehen zur Melodie verschiedener Volkslieder vertont (u. a. zu *Auld Lang Syne*). Heute wird es vor allem mit Samuel A. Wards *Materna* in Verbindung gebracht, zu dessen Melodie Ray Charles, Aretha Franklin, Willie Nelson oder Mariah Carey den Text interpretiert haben.

Bates erreichte die Bergspitze 1893 mithilfe einer Pferdekutsche und legte das letzte Stück auf dem Rücken eines Esels zurück. Heute fahren Shuttles über den 31 Kilometer langen Pikes Peak Highway bis zur Bergspitze. Anfang des 20. Jahrhunderts kennzeichnete Fred Barr, ein Mann aus der Region, einen Wanderweg – den Barr Trail; es ist der einzige Fußweg, der zur Spitze führt. Der beliebte Pfad wurde größtenteils mit Lehm ausgekleidet und ist leicht zu erkennen, doch der Aufstieg ab Manitou Springs dauert kräftezehrende acht bis zehn Stunden.

Der Gipfel aus rotem Gestein, der unendlich weite Himmel und die atemberaubende Aussicht über die Rocky Mountains und die Great Plains versprühen die Atmosphäre von »America the Beautiful«. Bates sagte später, dass »hier fast alle Wunder Amerikas zu sehen sind«.

NORD- UND MITTELAMERIKA

## 35
### ROBERT SMITHSONS *SPIRAL JETTY*

#### Großer Salzsee, Box Elder County, Utah, USA

In den 1970er Jahren entstand die monumentale Erdarbeit *Spiral Jetty*: ein abstraktes schwimmendes, sich drehendes Etwas im Großen Salzsee in Utah. Die Installation des US-amerikanischen Bildhauers und Malers Robert Smithson (1938–1973) befindet sich am Rozel Point, Gunnison Bay, am nordöstlichen Ufer des Sees, und bildet einen scharfen Kontrast zum pinken Seewasser. Mit 6000 Tonnen schwarzem Basalt und Lehm erschuf Smithson diesen 1,6 Meter breiten und 457 Meter langen spiralförmigen Wanderweg. Der Wasserpegel des Sees verändert sich von Jahr zu Jahr, sodass *Spiral Jetty* gelegentlich unter Wasser steht. Doch mit dem richtigen Schuhwerk ist es stets ein lohnenswerter Spaziergang.

## 36
### ELMORE LEONARD IN »MOTOR CITY«

#### Detroit, Michigan, USA

Mit seinen Kriminalromanen verschaffte »der Dickens aus Detroit« Elmore Leonard (1925–2013) seiner Heimatstadt einen Ehrenplatz auf der Weltkarte der Literatur. Etwa ein Drittel seiner Romane spielt in Detroit, aufgrund seiner Automobilindustrie auch »Motor City« genannt, wo der Autor den Großteil seines Lebens verbrachte und 2013 beigesetzt wurde. Auf diesem Spaziergang können Sie die Schauplätze seiner Bücher entdecken. Sie starten am Fox Theatre an der Woodward Avenue und laufen zum berühmten Guardian Building im Art-déco-Stil im Finanzviertel, bevor Sie nordöstlich ins griechische Viertel abbiegen. An der Beaubien Street 1300 befindet sich das ehemalige Polizeirevier, wo Leonard in den späten 1970er Jahren den Slang für seine Romane in sich aufsog.

## 37
### WILLKOMMEN IN STEPHEN KINGS OVERLOOK HOTEL

#### Stanley Hotel, Colorado, USA

Verbringen Sie eine Nacht in dem Hotel, das den US-amerikanischen Autor Stephen King (geb. 1947) inspirierte, bevor Sie durch den Nationalpark der Rocky Mountains wandern. Das Stanley Hotel in Colorado bildete die Vorlage für das berühmt-berüchtigte Overlook Hotel aus Kings Bestseller *Shining* (1977) und war der Drehort der gleichnamigen Fernseh-Miniserie von 1997. Hier verbrachten King und seine Ehefrau Tabitha auf einer Urlaubsreise im Jahr 1974 eine Nacht in Zimmer 217 – und erfuhren bei ihrer Ankunft, dass sie die einzigen Hotelgäste waren.

## 38
### JIM HARRISONS WILDER BUNDESSTAAT

#### Patagonia, Arizona, USA

Patagonia in Arizona ist mit seinen 880 Einwohnern genauso dünn besiedelt wie die meisten Schauplätze im Werk von Jim Harrison (1937–2016). In den 1960er Jahren verliebte sich der Schriftsteller in diese Stadt, wo er fortan jeden Winter verbrachte. »Für mich ist es der perfekte Ort«, scherzte er in einem Interview, »es gibt so viel Wildnis, und ich habe die perfekten Nachbarn: niemanden.« Patagonia ist der offizielle Startpunkt des Arizona National Scenic Trail, der von der Grenze zu Mexiko im Süden bis zum nördlichsten Teil des Bundesstaates verläuft – ein wunderbarer Ort, um diesen »wilden Bundesstaat« aus der Nähe kennenzulernen.

**LINKS:** Laufen Sie dank Robert Smithsons *Spiral Jetty* in Utah übers Wasser!

# 39

## LAURA INGALLS WILDER
## »IM GROSSEN WALD«

### Great River Road, Pepin, Wisconsin, USA

**Spaziergang mit:** Laura Ingalls Wilder (1867–1957)

**Route:** Von Pepin nach Wayside

**Länge:** 12 km (einfach)

**Unsere Empfehlung:** Die *Laura*-Buchserie; *Pioneer Girl: The Annotated Autobiography*, hg. von Pamela Smith Hill (2014)

Am Ufer des Pepin-Sees in Wisconsin liegt die Stadt Pepin: der perfekte Ausgangspunkt, um die Schauplätze aus der lebhaft evozierten Kindheit aus Laura Ingalls Wilders *Laura*-Buchserie aufzusuchen. Die Stadt markiert den Anfang des 1996 eröffneten Laura Ingalls Wilder Historic Highway, der ihre verschiedenen Wohnorte im oberen Mittleren Westen der USA verbindet.

In Wayside, etwa elf Kilometer nördlich von Pepin, steht eine Imitation der kleinen Holzhütte der Ingalls »im großen Wald« (für Besucher geöffnet). Hier können Sie in eine weit zurückliegende Zeit eintauchen, in der Laura 1867 geboren wurde, die ihre ersten zwei Lebensjahre in einer ähnlichen Hütte verbrachte. Das Umland ist heute infolge der landwirtschaftlichen Nutzung weitaus weniger bewaldet, zieht aber nach wie vor die Leser ihrer autobiografisch geprägten Bücher magnetisch an. Sie wollen den Ort, den »Ma« und »Pa« bestellten, mit eigenen Augen sehen.

Auf der Wanderung nach Wayside folgen Sie »Pa« Ingalls Rückweg von Pepin nach Wayside. Er reiste regelmäßig über die County Road, um in der Stadt Geschäfte oder Einkäufe für die Familie zu erledigen. Der Weg kreuzt wiederholt den Lost Creek River und zweigt anschließend durch die Felder ab. In Pepin wartet das Laura-Ingalls-Wilder-Museum auf Sie, in dem sich die Rekonstruktion eines alten Klassenraums, ein Planwagen sowie Möbel und Gebrauchsgegenstände aus jener Zeit befinden.

**OBEN:** Laura Ingalls Wilder, die Autorin von *Laura im großen Wald*

**RECHTS:** Ein Nachbau der Holzhütte, in der Ingalls Wilder geboren wurde und ihre ersten zwei Lebensjahre verbrachte

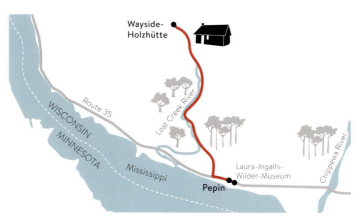

44 NORD- UND MITTELAMERIKA

## 40
## INGALLS WILDERS SOUTH DAKOTA

**De Smet, South Dakota, USA**

Die Kindheit von Laura Ingalls Wilder war geprägt von Missernten, Trockenheit, Heuschreckenplagen und harten Wintern, weswegen ihre Familie wiederholt umziehen musste. Als sie zwölf war, hatte sie bereits in Wisconsin, in Missouri, in Kansas, in Minnesota, in Iowa und in South Dakota gelebt. Der letzte Umzug führte die Familie ins neu gegründete De Smet, wo auch das letzte der vier Bücher der *Laura*-Serie spielt. Heute steht hier eine Rekonstruktion des Hauses der Familie: das Surveyor's House. Von hier führt ein kurzer Spaziergang zu ihrem späteren Wohnhaus, das Charles Ingalls in den 1880er Jahren baute. Weiter geht es zum Loftus Store (1879 eröffnet) an der Calumet Avenue SW 205; der Laden wird in *Laura und der lange Winter* (1940) erwähnt. Abschließend gelangen Sie zum Silbersee, an dem das eigentliche Surveyor's House gestanden hat.

# 41
## ALBERT BIERSTADT – LANDSCHAFT IN BILDERN

### Yosemite-Nationalpark, Kalifornien, USA

Nach seinem ersten Ausflug in den Westen der USA im Jahr 1859 schuf der deutsch-amerikanische Maler Albert Bierstadt (1830–1902) eine Reihe von Gemälden über das Yosemite Valley in Zentralkalifornien, das von Wasserfällen, Gletschern, weitläufigen Seen und zahlreichen Wanderwegen durchzogen ist. Auf seinen Transkontinentalreisen mit dem Zug, der Postkutsche oder zu Pferd fertigte Bierstadt Studien der Natur und Landschaft *en plein air* an.

# 42
## AUF BIERSTADTS SPUREN IN DEN WESTEN DER USA

### Lander's Peak, Rocky Mountains, USA

Auf seiner Reise in den Westen der USA fertigte Albert Bierstadt Entwürfe für das Ölgemälde *The Rocky Mountains, Lander's Peak* an. Er reiste in Begleitung des Abenteurers Frederick W. Lander und der Honey Road Survey Party – und war begeistert von der Landschaft und der friedlichen Natur. Nach dem Tod von General Lander im Amerikanischen Bürgerkrieg im Jahr 1862 verlieh Bierstadt einer Bergspitze den Namen Lander's Peak. Wanderungen durch den Estes Park bieten zahlreiche atemberaubende Aussichten, die an Bierstadts Gemälde erinnern.

**RECHTS:** Der Estes Park in den Rocky Mountains inspirierte Albert Bierstadt.

# 43

## GEORGIA O'KEEFFE IN NEW MEXICO

### Abiquiú, New Mexico, USA

**Auf den Spuren von:** Georgia O'Keeffe (1887–1986)

**Route:** Zum Cerro Pedernal und zurück

**Länge:** 13 km

**Unsere Empfehlung:** *My Front Yard, Summer* (1941); *Ranchos Church* (1930)

Das Leben der US-amerikanischen Malerin Georgia O'Keeffe umspannt nahezu ein ganzes Jahrhundert. Ihre eindrucksvollen Stillleben verwischen die Grenzen zwischen feinfühligen Emotionen und sexuellen Anspielungen. Und ihre Landschaftsbilder zeigen die verschiedensten Orte: die Wolkenkratzer in New York, O'Keeffes Sommerresidenz in den Adirondacks, die Trockenheit New Mexicos oder die Tropenwälder auf Hawaii.

Ab 1929 verbrachte O'Keeffe ihre Sommer größtenteils in New Mexico. Von diesem Zeitpunkt an wurden die Landschaft, die lokale Architektur und die Gesteinsformationen von Rancho Church bei Taos in der Nähe von Santa Fe zum Herzstück ihres Werks. 1934 verbrachte sie einen Sommer auf der Ghost Ranch, einer 850 Hektar großen Ranch nahe Abiquiú, wo sie sich ein Atelier einrichtete und später sogar Land kaufte.

An der Kreuzung FR100/FR160 beginnt der Wanderweg zum Tafelberg Cerro Pedernal, den O'Keeffe immer wieder malte, zum Beispiel in *My Front Yard, Summer*. Von ihrem Atelier auf der Ghost Ranch hatte sie freie Sicht auf den Berg, mit dem sie sich stark identifizierte: »Das ist mein Berg. Er gehört mir. Gott hat mir gesagt, dass er mir gehört, wenn ich ihn oft genug male.« Nach ihrem Tod wurde dort ihre Asche verstreut.

**OBEN:** Georgia O'Keeffes inspirierendes Leben umspannt nahezu ein ganzes Jahrhundert.

**RECHTS:** Der Cerro Pedernal in New Mexico hatte O'Keeffe in seinen Bann geschlagen.

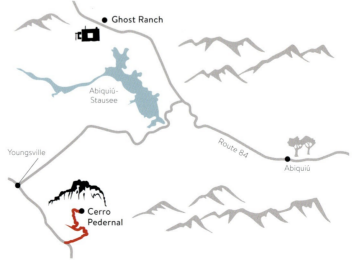

## 44
## O'KEEFFE IN HAWAII

**Maui, Insel auf Hawaii, USA**

Ende Januar bis Mitte April 1939 bereiste Georgia O'Keeffe im Rahmen einer von der Dole Hawaiian Pineapple Company finanzierten Reise die Hawaii-Inseln, wo sie zwei Kunstwerke für eine Werbekampagne anfertigen sollte. Hier entstanden über 20 Gemälde, von denen schließlich *Pineapple Bud* und *Crab's Glaw Ginger* für die 1940 lancierte Kampagne verwendet wurden. Auf dem Küstenwanderweg von Kahului zum Städtchen Hana auf Ost-Maui können Sie die spektakuläre Landschaft aus schwarzem Lavagestein bewundern, die O'Keeffes Gemälde *Black Lava Bridge* oder *Hana Coast, no. 1* inspirierte.

## 45
### DER UNENDLICHE HIMMEL VON WILLA CATHER

#### Nebraska, USA

Die Autorin Willa Cather (1873–1947) hat das Leben an der Grenze der Great Plains vermutlich am besten beschrieben. 1883 zog sie im Alter von neun Jahren nach Nebraska. In ihrem Roman *Meine Antonia* (1918) schreibt sie: »Es gab nichts als Land: nicht ein Land, sondern der Stoff, aus dem die Länder gemacht werden.« Viele ihrer Romane thematisieren den harten Alltag der Einwandererfamilien in den Weiten der flachen Prärie von Nebraska, wo sie sich eine Existenz aufbauen wollten. Die Willa-Cather-Gedenkstätte befindet sich acht Kilometer südlich von Cathers Heimatstadt Red Cloud. Es ist ein 610 Hektar großes Gelände, das der Bundesstaat in den Zustand zurückversetzt hat, in dem es sich im 19. Jahrhundert befand, und durch das drei Kilometer Wanderwege führen, auf denen man sich unter dem scheinbar endlosen Himmel verlieren kann.

## 46
### DIE »AUSSENWELT« VON D. H. LAWRENCE ERLEBEN

#### Mabel-Dodge-Luhan-Haus, Taos, New Mexico, USA

Mabel Dodge Luhan war eine Frau mit zahlreichen Talenten, zu denen auch ihre beträchtliche Überzeugungskraft zählte. 1918 ließ sie das »Big House« in den Außenbezirken von Taos bauen, wo sie innerhalb weniger Jahre eine Künstlerkolonie mit bedeutenden zeitgenössischen Malern, Schriftstellern und Musikern etablierte. Der berühmteste unter ihnen war vermutlich D. H. Lawrence (1885–1930), den Luhan in ihren Briefen nach Taos gelockt hatte, in denen sie den Ort als »Morgendämmerung der Welt« beschrieb. Wenn Sie wie Lawrence den Wanderwegen um Taos folgen, werden Sie den tiefgreifenden Einfluss erkennen, den New Mexico auf ihn hatte. Für ihn »die beste Erfahrung, die ich je mit der Außenwelt hatte«.

## 47
### FEIERN WIE F. SCOTT FITZGERALD

#### Saint Paul, Minnesota, USA

Auch wenn er zum Synonym der Exzesse der Ostküste geworden ist, verbrachte F. Scott Fitzgerald (1896–1940) seine ersten 25 Lebensjahre überwiegend in Saint Paul auf dem Summit Hill. Die Stadt, »wo Häuser über Jahrzehnte hinweg den Namen einer Familie tragen«, wird auch in seinem Roman *Der große Gatsby* (1925) erwähnt. Doch die Fitzgeralds selbst waren wanderlustig. Der Autor wurde in der Laurel Avenue 481 geboren, und noch bevor der Erste Weltkrieg ausbrach, hatte die Familie in der Holly Avenue 499, 509 und 514 gewohnt. Zwei Wohnblöcke weiter westlich befindet sich die Saint Paul Academy, wo er zur Schule ging. Direkt daneben, an der Kreuzung 593/599 Summit Avenue, verfasste er seinen Debütroman *Diesseits vom Paradies* (1920). Später feierte er mit Ehefrau Zelda im University Club, als die beiden im Commodore Hotel wohnten, einen Steinwurf entfernt.

## 48
### EINE ZEITREISE MIT LOUISE ERDRICH

#### Minneapolis, Minnesota, USA

Die Bücher von Louise Erdrich (geb. 1954) erzählen von den verwobenen Leben der Familien, die in den Reservaten der First Nations in der Nähe der fiktiven Stadt Argus in Norddakota leben. Erdrich hat Wurzeln im Volk der Chippewa und lebt in Minneapolis, wo sie eine Buchhandlung betreibt. Zudem gibt sie Schreibworkshops im Turtle-Mountain-Reservat, dem Land ihrer Vorfahren. Der Old Oak Trail, der erste offizielle Wanderweg in Norddakota, führt auf einer fünf Kilometer langen, mittelschweren Wanderung durch die Hügel der malerischen Turtle Mountains.

**RECHTS:** Das Mabel-Dodge-Luhan-Haus mit Ausblick auf die »Morgendämmerung der Welt«

# 49

## DAS ERBE VON RACHEL CARSONS *DER STUMME FRÜHLING*

### Rachel Carson Trail, Pennsylvania, USA

**Auf den Spuren von:**
Rachel Carson (1907–1964)

**Route:** Rachel Carson Trail

**Länge:** 72 km

**Unsere Empfehlung:**
*Der stumme Frühling* (1962)

**OBEN:** Rachel Carson hat einen maßgeblichen Beitrag zum Umweltschutz geleistet.

**RECHTS:** Der Rachel Carson Trail schlängelt sich durch das Allegheny County, wo Carson aufgewachsen ist.

Aus Entsetzen über die Auswirkungen der chemischen Insektenvernichtungsmittel auf die Flora und Fauna schrieb Rachel Carson 1962 ihren Roman *Der stumme Frühling* und legte damit den Grundstein für die Umweltbewegung in den USA – mit bedeutendem Einfluss auf die US-amerikanische Politik, angefangen mit dem Clean Air Act von 1963 bis zur Gründung der Umweltschutzbehörde im Jahr 1970. Das Nachrichtenmagazin *Time* zählte sie zu den 25 wichtigsten Frauen des vergangenen Jahrhunderts.

Carson wusste genau, dass Menschen nur das schützen, was sie wertschätzen. Neben wissenschaftlichen Fakten beschreibt sie in ihrem Buch ausgiebig die Wunder der Natur. Zu ihren Ehren schuf der Jugendherbergsverband der USA 1972 den Rachel Carson Trail durch Allegheny County, wo sie auch aufgewachsen ist. Der Weg führt an ihrem Elternhaus in Springdale vorbei (für Besucher geöffnet). Achtung: Unterwegs gibt es keine Übernachtungsmöglichkeiten.

Wenn Sie diesem Vorstadtpfad durch die Felder und Wälder folgen, vorbei an Bauernhöfen und Wohnsiedlungen, können Sie dem Vogelgezwitscher lauschen, Heuschrecken entdecken und sich fragen, ob Sie ohne Rachel Carsons Beitrag wohl durch einen verstummten Frühling wandern würden.

# 50

## JOHN DENVERS NAHEZU MYSTISCHES WEST VIRGINIA

### Appalachian Trail, Jefferson County, West Virginia, USA

**Auf den Spuren von:** John Denver (1943–1997)

**Route:** Appalachian Trail

**Länge:** 1,6 km

**Unsere Empfehlung:** *Take Me Home, Country Roads*

**OBEN RECHTS:** Der Appalachian Trail führt nach Maine.

**RECHTS:** Der Ausblick von den Maryland Heights auf Harpers Ferry

Wenn Sie West Virginia erwähnen, wird höchstwahrscheinlich so manch einer John Denvers *Take Me Home, Country Roads* anstimmen, mit dem eindringlichen Liedtext über die Blue Ridge Mountains und den Shenandoah River. Dabei liegt nur ein kleiner Teil dieses Gebirgszugs in diesem Bundesstaat, wie auch der Shenandoah nur auf 16 seiner insgesamt 88,5 Kilometer durch West Virginia fließt. Denver stammte nicht aus dieser Region, genauso wenig wie die Mitverfasser, das Ehepaar Taffy Nivert und Bill Danoff, die den Song ursprünglich über Maryland geschrieben hatten und darin Massachusetts erwähnten. Doch nachdem sie den Text angepasst hatten, wurde das Lied sehr bald weltbekannt.

Wenn Sie dem Text so wortwörtlich wie möglich folgen wollen, führt er sie unweigerlich in die einzige Ecke West Virginias, in der sowohl die Blue Ridge Mountains als auch der Shenandoah River zu finden sind: ins Jefferson County im Nordosten.

Diese Wanderung beginnt recht prosaisch auf dem Parkplatz an der Shenandoah Street, wo sie den Appalachian Trail aufnimmt. Sobald im Norden die Stadt Harpers Ferry zu sehen ist (meistens hört man hier die Staircase Rapids des Shenandoah im Süden rauschen), führt der Weg östlich am Jefferson Rock und den Ruinen der St John's Episcopal Church vorbei. Vor John Browns Fort vereinigen sich der Potomac und der Shenandoah. Hier quert der Weg den Potomac über die alte Eisenbahnbrücke, die nach Maryland führt. Von hier aus können Sie nach einem kurzen Abstecher den Ausblick von den Maryland Heights genießen, danach folgen Sie dem Appalachian Trail und dem Flussverlauf nach Osten bis nach Maine – und schon ist die Grenze von West Virginia erreicht. Vielleicht ist West Virginia aber auch ein Gemütszustand, eine idealisierte Flucht in einen ländlichen Rückzugsort. Also genau das, was einen perfekten Song von John Denver ausmacht.

## 51
## ROCKY MOUNTAIN, SING MIT UNS!

**Williams Lake, Colorado, USA**

Der Sänger und Songwriter John Denver schrieb den Folk-Rock-Klassiker *Rocky Mountain High*, nachdem er einen Sommer in seinen geliebten Rockys in Colorado gezeltet hatte. Das Lied hat ganze Generationen dazu verleitet, sich in das Gebiet der Maroon Bells-Snowmass Wilderness rings um den Williams Lake zu stürzen. Der Williams Lake Trail ist 6,1 Kilometer lang und kann via Hell Roaring Trailhead erreicht werden (allerdings nur mit einem Wagen mit Allradantrieb). Die Sommermeteoritenschauer in dieser Gegend waren der Anlass für Denvers berühmte Aussage: »Ich hab's Feuer regnen sehen.«

## 52
### MIT EMILY ST. JOHN MANDEL DIE APOKALYPSE ÜBERLEBEN

**Petoskey, Michigan, USA**

»Dies ist meine Seele und die sich entfaltende Welt, dies ist mein Herz in der stillen Winterluft. Endlich flüstere ich ein und dieselben zwei Worte, immer und immer wieder: Geh weiter. Geh weiter. Geh weiter«, schreibt Emily St. John Mandel (geb. 1979) in ihrem post-apokalyptischen Roman *Das Licht der letzten Tage* (2014) über die Schauspieler eines Wandertheaters in der Region der Großen Seen nach einer verheerenden Schweinegrippe-Pandemie. Die Stadt (St Deborah by the Water) gibt es nicht wirklich, aber Mandel hatte Petoskey bei einer Lesereise besucht, deren Umgebung sie daraufhin zum Schauplatz ihres Romans machte. Folgen Sie dem hügeligen Skyline Trail im Südosten der Stadt – der 2,4 Kilometer Aufstieg zur Aussichtsplattform lohnt sich.

## 53
### JOHN JAMES AUDUBONS VOGELPARADIES

**Mill Grove, Audubon, Pennsylvania, USA**

John James Audubon (1785–1851) ist der Urheber des ornithologischen Meisterwerks *Das Doppel-Elefanten-Folio der Vögel Amerikas* (1827–1838) mit 435 Bildtafeln mit Darstellungen nordamerikanischer Vögel in Lebensgröße. Audubon wurde in der französischen Kolonie Saint-Domingue (Haiti) geboren. Später lebte er auf der 284 Hektar großen Farm Mill Grove in Pennsylvania, wo sich heute das John James Audubon Centre befindet. Der Maler wuchs im französischen Nantes auf und besuchte dort die Schule. 1803, mit 18 Jahren, zog er in die USA, um dem Militärdienst im Zuge der Napoleonischen Kriege zu entgehen. Um Mill Grove schlängeln sich acht Kilometer Wanderwege durch die Natur, in der 175 verschiedene Vogelarten leben.

## 54
### MIT RANDY NEWMAN UND R.E.M. AM CUYAHOGA

**Cleveland, Ohio, USA**

Eine Woche vor der Mondlandung brannte in Cleveland der Cuyahoga River. Das war damals aufgrund der industriellen Verschmutzung keine Seltenheit, doch die Berichterstattung durch das US-amerikanische Nachrichtenmagazin *Time* sorgte für einen Eklat. Randy Newman (geb. 1943) sang 1972 in *Burn On* über das Feuer; die Rockband R.E.M. thematisierte es 1986 in *Cuyahoga* im Zusammenhang mit der Misshandlung der First Nations. Glücklicherweise ist der Cuyahoga (Mohawk für »verdrehter Fluss«), dessen Verlauf Sie auf dem 140 Kilometer langen Towpath Trail folgen können, heute weitaus sauberer. Der Weg beginnt für Sie dort, wo der Fluss endet: in der Innenstadt von Cleveland. Dann führt er flussaufwärts durch den wunderschönen Cuyahoga-Valley-Nationalpark bis nach Akron.

## 55
### DIE RUHE SUCHEN WIE MARTHA GELLHORN

**Sun Valley, Idaho, USA**

Ernest Hemingway (1899–1961) hatte 1939 die geschätzte Kriegskorrespondentin und Autorin Martha Gellhorn (1908–1998) ins Sun Valley Resort, Idaho, eingeladen – ein Treffen, das das Ende seiner dritten und den Anfang seiner vierten Ehe bedeutete. Gellhorn und Hemingway wurden zu Langzeit-Gästen in der Suite 206 des neu eröffneten Resorts im Schweizer Stil, in dem Hemingway *Wem die Stunde schlägt* (1940) verfasste. Heute können Gäste in der Suite der beiden Berühmtheiten übernachten und dieselbe Aussicht auf das großartige Bergpanorama genießen wie sie. Oder Sie erkunden es selbst auf kilometerlangen Wanderwegen.

## 56
### INDUSTRIELLE REHABILITATION MIT BILLY JOEL

#### Allentown, Pennsylvania, USA

Es war ein Zufall, dass Billy Joel (geb. 1949) Allentown zum Schauplatz für seinen 1982 entstandenen Song über den industriellen Niedergang im Rust Belt machte. Ursprünglich hatte er einen Text über Levittown in der Nähe seines Elternhauses auf Long Island geschrieben, verlegte die Handlung dann aber nach Pennsylvania. Der Hoover-Mason-Trestle-Park eignet sich hervorragend, um in die Industriegeschichte der Region einzutauchen. Die ehemalige Schmalspurbahn wurde 1907 fertiggestellt und verband die Erzlager mit den Hochöfen zur Herstellung von Eisen und Stahl, aus denen die Wolkenkratzer der USA gebaut wurden. Inzwischen wurde das erhöhte Gelände mit Park und Wanderweg im Stil der High Line in New York umgestaltet.

## 57
### EARLY FEMINISM WITH KATE CHOPIN

#### Grand Isle, Louisiana, USA

Die Kurzgeschichten und Romane von Kate Chopin (1850–1904) spielen in Louisiana, wie auch ihr bekanntestes Werk *Das Erwachen* (1899), das auf der Barriere-Insel Grand Isle angesiedelt ist. Der Roman behandelt Themen wie Ehebruch und wurde von ihren Zeitgenossen stark kritisiert, in den 1970er Jahren jedoch wiederentdeckt und neu veröffentlicht. Heute gilt dieses Werk als ein frühes Beispiel feministischer Literatur. Zu Chopins Zeit war die Grand Isle ein beliebtes Urlaubsziel für die gut betuchten Bewohner von New Orleans. Heute können Sie über die Sandstrände – »Die Stimme des Meeres spricht zur Seele«, schrieb Chopin – und den 21 Kilometer langen, leicht begehbaren Küstenweg im Grand Isle State Park wandern.

**LINKS:** Martha Gellhorn und Ernest Hemingway lebten eine Zeit lang im Sun Valley.

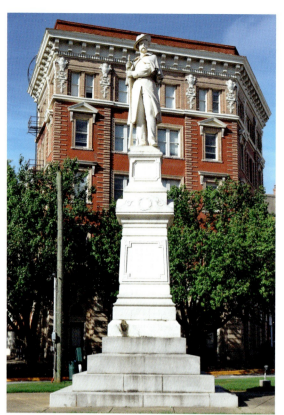

# 58

## GENIESSEN SIE EIN WENIG ZÄRTLICHKEIT MIT OTIS REDDING, DEM »MAD MAN FROM MACON«

### Macon, Georgia, USA

**Auf den Spuren von:** Otis Redding (1941–1967)

**Route:** Rundgang um Macon

**Länge:** 1,6 km

**Unsere Empfehlung:** *Otis Blue*; *The Soul Album*

**OBEN LINKS:** Ein anonymer Soldat der Konföderierten vor der Otis Redding Foundation und dem dazugehörigen Museum

**OBEN RECHTS:** Otis Redding sitzt mit seiner Gitarre am Ocmulgee River.

**LINKS:** Das Innere des Grand Opera House in Macon

Kurz nach der Geburt von Otis Ray Redding Jr. in Dawson, Georgia, zog seine Familie in die 160 Kilometer nordöstlich gelegene größere Stadt Macon. Das »Herz von Georgia« wurde zur Heimatstadt der Soul-Legende, die er nach seinem musikalischen Durchbruch nicht mehr verließ: »Ich besitze eine 400 Hektar große Farm in Macon, Georgia. Ich züchte Rinder und Schweine. Ich habe auch Pferde. Ich mag Pferde genauso sehr wie das Singen.«

Und wie er das Singen liebte! Otis Redding Sr. predigte in den örtlichen Kirchen wie der Vineville Baptist Church (Vineville Ave 2591), wo der junge Otis im Kirchenchor und später in einem Gospel-Quartett sang. In der Schulband der Ballard Hudson Senior High School (Anthony Rd 1070) spielte er Schlagzeug und verdiente bereits Geld mit seiner herrlichen Stimme, indem er jeden Sonntag für den Radiosender WIBB Gospel-Lieder vortrug.

Das Douglass Theatre (MLK Blvd 355) ist jedoch der Ort, an dem seine Karriere wirklich begann. Hier nahm er regelmäßig an einer Talentshow für Jugendliche teil. »Ich habe 15 Sonntage hintereinander gewonnen«, erinnerte er sich, »und als ich am 16. Abend aufgetaucht bin, haben sie mich nicht mehr reingelassen.« Hier lernte er auch seine zukünftige Ehefrau, Zelma Atwood, kennen.

Einige Häuserblocks hinter dem Theater, weiter die Cherry Street hinunter, liegt die Cotton Avenue. An der Nummer 330 befindet sich die Otis Redding Foundation mit dazugehörigem Museum. An diese Adresse waren Otis und sein Partner Phil Walden mit ihrer Musikagentur RedWal gezogen, die sie etwas weiter nordwestlich an der Mulberry Street 830 gegründet hatten (heute Robert E. Lee Building) – im ehemaligen Sitz des Radiosenders WIPP aus Reddings Jugend.

Zurück die Mulberry Street hinunter, vorbei am Grand Opera House, führt der Spaziergang Sie anschließend bis zum Charles H. Jones Gateway Park. Entdecken Sie die lebensgroße Bronzestatue von Otis, der an dem Fluss Gitarre spielt, über den sich die Otis Redding Memorial Bridge spannt.

# 59

## TREFFEN SIE BOB DYLAN AM BEGINN SEINER REISE

### Duluth, Minnesota, USA

**Streifzug mit:** Bob Dylan (geb. 1941)

**Route:** Bob Dylan Way

**Länge:** 2,9 km

**Unsere Empfehlung:** *Bob Dylan*; *Highway 61 Revisited*

**OBEN RECHTS:** Der Bob Dylan Way liegt in der Innenstadt Duluths, der Heimatstadt des Sängers.

**RECHTS:** Das Fitger's an der Superior Street in Duluth war früher eine Brauerei. Heute ist es ein Hotel und Einkaufszentrum.

Die Hafenstadt Duluth am westlichsten Punkt der Großen Seen in Minnesota wurde durch ihre Exporte geprägt. Einer ihrer weltweit einflussreichsten Exporte war der junge jüdische Robert Allen Zimmerman, den wir als Bob Dylan kennen. In Duluth geboren, wuchs er im 113 Kilometer nordwestlich gelegenen Hibbing auf. Doch als er die Musik für sich entdeckte, sehnte er sich danach, in die entgegengesetzte Richtung zu reisen – südwärts nach New Orleans, ans andere Ende des Highway 61.

»Der Highway 61, die Hauptverkehrsstraße des Country Blues, beginnt etwa dort, wo auch ich angefangen habe«, schrieb Dylan. »Ich hatte immer das Gefühl, als hätte ich darauf begonnen, wäre immer darauf gewesen und hätte von dort aus jedes Ziel erreichen können.«

New Orleans liegt ganze 2090 Kilometer südlich von Duluth, Ihr Spaziergang konzentriert sich aber auf Dylans Geburtsort. Ein 2,9 Kilometer langer Abschnitt der Innenstadt wurde 2006 zum Bob Dylan Way. Den Anfang markiert der Dylan-Kanaldeckel vor dem Lake Superior Railroad Museum (W Michigan St. 506). Nur wenige Häuserblocks weiter liegt die 1st Avenue E. An der Kreuzung dieser Straße mit der 6th Street befindet sich die ehemalige Nettleton Elementary School, in der Dylan den Kindergarten besuchte. Damals wohnten die Zimmermans einen Häuserblock entfernt in der North 3rd Avenue E 519.

Kehren Sie zurück zum Bob Dylan Way und entdecken Sie die Ausstellung vor Fitger's (E Superior Street 600) sowie einen weiteren musikalischen Kanaldeckel. Einen Kilometer weiter nordöstlich stoßen Sie auf die ehemalige Ausbildungshalle der Nationalgarde, wo sich heute das Armory Arts & Music Centre befindet (London Rd. 1626). 1959 machte Dylan dort eine Erfahrung, die ihn nachhaltig prägte: »Als ich etwa 16, 17 Jahre alt war, war ich bei einem Konzert von Buddy Holly im Duluth National Guard Armory und stand direkt vor ihm, höchstens einen Meter entfernt, und er schaute mich an …« Drei Tage später war Holly tot, aber Dylan stand erst am Anfang seiner eigenen langen Reise.

## 60
### ABSTECHER IN WILLIAM FAULKNERS HEIMATSTADT

#### Oxford, Mississippi, USA

Etwa 25 000 »Literaturpilger« reisen jedes Jahr nach Oxford, Mississippi, um in die Fußstapfen von William Faulkner (1897–1962) zu treten. Oxford bot die Vorlage für die meisten seiner bewegenden Geschichten über den Süden – »eine Briefmarke heimischer Erde«. Wenn Sie die Stadt besuchen, tauchen Sie schnell in seine Welt ein. Bei Ihrer Ankunft begrüßt Sie am Gerichtsgebäude am Oxford Square eine Plakette mit einem Faulkner-Zitat. Die Statue des Soldaten der Konföderierten, die hier steht, taucht in *Schall und Wahn* (1929) auf. Ein kurzer Spazierweg führt zum Haus seiner Mutter Maude Faulkner. Einen Häuserblock weiter gen Süden drehen Sie an der Lamar eine Runde um den Häuserblock und besichtigen Rowan Oak, Faulkners ehemaligen Wohnort, wo sich heute ein Museum befindet, das seinem Leben gewidmet ist.

## 61
### DER AMERIKANISCHE *GEHEIME GARTEN*

#### Knoxville, Tennessee, USA

Auch wenn die berühmtesten Werke von France Hodgson Burnett (1849–1924) eine sehr britische Atmosphäre und Umgebung hervorrufen – man denke an *Der kleine Lord* (1886) oder *Der geheime Garten* (1911) –, hatte ihre Familie Großbritannien bereits verlassen und war nach Tennessee ausgewandert, als sie 16 Jahre alt war. Sie lebten in Knoxville, unter anderem in einem entlegenen Haus in den Bergen, dem Burnett die Adresse Noah's Ark, Mt Ararat, gab. Beginnen Sie diesen Spaziergang am letzten Ruheort der Familie Burnett, am Old Gray Cemetery in Knoxville; die Autorin selbst wurde in New York beerdigt. Von hier aus gehen Sie südwärts zum Fluss, vorbei am Market Square (wo die junge Burnett Trauben verkaufte, um ihr Manuskript an Verlage schicken zu können), zum Bijou Theatre, das früher ein Hotel war, in dem sie nächtelang auf Maskenbällen tanzte. Beenden Sie den Spaziergang am Fluss, wo ein steinernes Denkmal den Ort markiert, an dem Burnett und ihre Familie lebten.

## 62
### DIE MAGIE DER MUSIK VON NASHVILLE

#### Nashville, Tennessee, USA

Man muss nicht weit laufen, um herauszufinden, warum Nashville auch »Music City« genannt wird. Die »Stadt der Musik« ist der Geburtsort des Country, wie sich an allen Ecken erkennen lässt. Hier reihen sich Konzerthallen, Bars mit Livemusik, Radiosender und Büros von Plattenfirmen aneinander. Beginnen Sie Ihren Spaziergang am sternengepflasterten Music City Walk of Fame, der Größen wie Dolly Parton, Johnny Cash, Little Richard, Jack White oder Kings of Leon ehrt. Einen Häuserblock weiter stoßen Sie auf den Honky Tonk Highway mit zahlreichen Bars, wo das ganze Jahr über, bei Tag und bei Nacht, Livemusik gespielt wird. Auf der Fifth Avenue North befindet sich das Ryman Auditorium, wo früher die Live-Radiosendung Grand Ole Opry aufgenommen wurde, die so manche erfolgreiche Country-Karriere lancierte.

## 63
### DER NACHTIGALL LAUSCHEN

#### Monroeville, Alabama, USA

Wenn Sie Monroeville, Alabama, erkunden – die Heimatstadt von Harper Lee (1926–2016) und Inspirationsquelle für die fiktive »müde alte Stadt« Maycomb aus ihrem Roman –, entdecken Sie Spuren, die an Lees wegweisendes Werk *Wer die Nachtigall stört* (1960) erinnern. In der South Alabama Avenue befindet sich heute dort, wo früher Lees Haus stand (neben dem Haus ihres Kindheitsfreunds Truman Capote), eine Eisdiele. Nördlich davon treffen Sie auf das Gerichtsgebäude und das Gefängnis, in dem Atticus Finch Tom Robinson zuerst als Anwalt und später tatkräftig gegen einen Lynchmob verteidigte – die Wandmalerei auf der anderen Straßenseite fängt diese Szene ein. Das Gerichtsgebäude ist heute ein Museum, das den beiden berühmten Autoren Lee und Capote gewidmet ist. 800 Meter weiter entlang der Pineville Road stoßen Sie auf die Grabstätte der Familie Lee, wo auch Harper Lee beigesetzt wurde.

## 64
### ENTDECKEN SIE DAS MAGISCHE PASAQUAN

#### Buena Vista, Georgia, USA

Eddie Martin (1908–1986) verdiente sich jahrelang seinen Lebensunterhalt als Straßenkünstler, Barkeeper, Spieler, Drag Queen und Wahrsager. Doch als er 1957 zurück in das alte Bauernhaus seiner Mutter ins ländliche, hügelige Georgia zog, begann er mit der Arbeit an seiner visionären Kunstlandschaft Pasaquan. Er änderte seinen Namen in St EOM (»Om« ausgesprochen) und schuf in den nächsten dreißig Jahren eine farbenfrohe Welt, die Elemente vieler Kulturen und Religionen vereint. »Hier«, sagte St EOM, »kann ich meine eigenen Gedanken haben«. Heute gehört das sieben Hektar große Gelände der Columbus State University und ist für Besucher geöffnet, die die Kunst und Spiritualität des Ortes aufnehmen wollen.

## 65
### FLANNERY O'CONNORS SCHAUERLICHE INSPIRATION

#### Savannah, Georgia, USA

Es ist schwer vorstellbar, wie das schlichte, für Georgia typische Elternhaus von Mary Flannery O'Connor (1925–1964) auf irgendeine Weise die Schauerromane und Kurzgeschichten inspiriert hat, für die sie berühmt ist. Doch das Gebäude in der East Charlton Street, in dem sich heute ein Museum zu Ehren der Autorin befindet, steht gleich gegenüber des Hauses an der Abercorn Street 330 und weist alle Merkmale auf, die man von ihrem Œuvre erwarten würde. Daneben liegt der Lafayette Square, wo sich an der Ecke gegenüber die imposante römisch-katholische Kathedrale St John the Baptist befindet. Hinter der Kirche liegt der Colonial Park Cemetery, ein beliebter Ort für Geisterführungen.

**UNTEN:** Die visionäre Kunstlandschaft *Pasaquan* in Georgia

# 66

## STREIFZUG DURCH TENNESSEE WILLIAMS' *VIEUX CARRÉ*

## New Orleans, Louisiana, USA

**Auf den Spuren von:** Tennessee Williams (1911–1983)

**Route:** Durch das French Quarter von New Orleans

**Länge:** 1,9 km

**Unsere Empfehlung:** *Vieux Carré* (1977); *Endstation Sehnsucht* (1947)

**RECHTS:** Tennessee Williams lebte im alten French Quarter von New Orleans.

1977 verfasste Tennessee Williams sein halbautobiografisches Theaterstück *Vieux Carré* über die Zeit, die er im French Quarter von New Orleans gelebt hatte. Er hatte mit dem Schreiben in den späten 1930er Jahren begonnen, kurz nachdem er hierhergezogen war, sollte es aber erst Jahrzehnte später vollenden. Erzählt wird die Geschichte eines jungen Schriftstellers, der gerade aus St. Louis angekommen ist und in einem Gästehaus in der Toulouse Street 722 lebt – genau wie Williams selbst. Beschrieben wird auch die Unterkunft, ein »poetisches Abbild aller günstigen Herbergen der Welt«. Der Schriftsteller in seinem Stück bleibt namenlos – ganz im Gegensatz zu Williams selbst, der an dieser Adresse als Thomas Lanier Williams verschiedene Künstlernamen ausprobierte, bevor er sich für Tennessee Williams entschied (sein Vater stammte aus Tennessee).

Die Toulouse Street kreuzt die Bourbon Street, das Partyviertel von New Orleans. An der sechs Minuten zu Fuß entfernten Nummer 209 befindet sich Galatoire's, unsterblich geworden durch den Ausruf von Stanley Kowalski in *Endstation Sehnsucht*: »Ich gehe nicht ins Galatoire's!« Die Speisekarte hat sich nicht sehr verändert, seit Williams vor fast einem Jahrhundert seinen Lieblingsplatz am Fenster einnahm und die Passanten beobachtete.

Hinter dem Galatoire's liegt das Hotel Monteleone an der Royal Street, das im Stück *Die tätowierte Rose* auftaucht. Hier biegen Sie links ab und gelangen zurück zur Bourbon Street, auf der Sie etwas weiter nördlich auf einen weiteren bedeutenden Ort in Williams' Leben stoßen: Das Café Lafitte in Exile ist die älteste Schwulenbar der USA. Es liegt an der Kreuzung Bourbon Street/Dumaine Street. Von 1962 bis zu seinem Tod im Jahr 1983 lebte der Pulitzerpreisträger Dumaine Street 1014.

## 67
### MIT ANNIE DILLARD DEN TINKER CREEK QUEREN

#### Appalachen, USA

»Ich lebe am Tinker Creek, im Tal, in Virginias Blue Ridge«, schreibt Annie Dillard (geb. 1945) im ersten Kapitel ihres Sachbuchs *Pilger am Tinker Creek* (1974), das mit dem Pulitzer-Preis prämiert wurde. Das Buch, das auf Dillards Tagebüchern fußt, erzählt von poetischen Beobachtungen und Auseinandersetzungen mit der Natur und dem Leben. Im Nordwesten von Roanoke, Virginia, kreuzt der Appalachian National Scenic Trail den Tinker Creek. Eine beliebte, 32 Kilometer lange Teilstrecke des Appalachian Trails führt die Wanderer über den Fluss, auf den Tinker Mountain und über den Bergrücken zum Überhang am McAfee Knob – dem vermutlich meistfotografierten Aussichtspunkt des Appalachian Trails.

## 68
### ERNEST HEMINGWAYS KEY WEST

#### Key West, Florida, USA

Ernest Hemingway (1899–1961) und Pauline Pfeiffer, seine zweite Ehefrau, wollten auf dem Rückweg von Paris eigentlich nur einen kurzen Zwischenstopp in Key West einlegen, um ein Auto abzuholen. Doch sie mussten auf das Auto warten, und in der Zwischenzeit verliebte sich Hemingway in diesen entlegenen Winkel Floridas. Das Ehepaar kaufte sich ein Haus im spanischen Kolonialstil an der Whitehead Street, wo sich heute das Hemingway-Museum befindet. Von hier aus lohnt sich ein Abstecher zum Blue Heaven an der Ecke Thomas Street/Petronia Street. Heute ein Restaurant, befand sich hier früher der Boxclub, in dem Hemingway als Schiedsrichter tätig war und auch selbst boxte. Weiter geht es entweder zu Sloppy Joe's an der Duval Street oder zu Captain Tonys Saloon an der Greene Street. Der Spaziergang endet am Mallory Square vor der Büste von Hemingway.

## 69
### ANNE TYLER UND DIE BEWOHNER BALTIMORES

#### Baltimore, Maryland, USA

Baltimore ist wie ein lebendig gewordener Roman der Autorin Anne Tyler (geb. 1941), die hier auch gelebt hat. Sie bannte die Menschen und Persönlichkeiten der Stadt auf die Seiten ihrer Bücher und fing sowohl die Stadt als auch ihre Bewohner gekonnt ein. Beginnen Sie Ihren Spaziergang an der Penn Station, dem ikonischen Schauplatz von *Engel gesucht* (1998). Danach geht es durch das Viertel Charles Village, einer eklektischen Ansammlung verwohnter Reihenhäuser aus dem 19. Jahrhundert, in denen Anne Tyler zahlreiche ihrer Figuren wohnen ließ. Von hier aus geht es weiter zum wohlhabenderen Viertel Roland Park, wo »alle einen Nachnamen als Vornamen haben«. Am Ende lohnt sich ein Abstecher zu Eddies Supermarkt, an dessen Frischetheke *Kleine Abschiede* (1996) beginnt.

## 70
### FÜHLEN SIE DIE EINSAMKEIT MIT CARSON McCULLERS

#### Charlotte, North Carolina, USA

Als sie Anfang 20 und frisch verheiratet nach Charlotte in North Carolina zog, spazierte Carson McCullers (1917–1967) auf der Suche nach Anregungen für ihren ersten Roman, ihr erfolgreiches Debüt *Das Herz ist ein einsamer Jäger* (1940), durch die Straßen der Stadt. Zuerst wohnte sie im East Boulevard 311, wo sie mit dem Schreiben begann; heute befindet sich hier ein Restaurant, das an die Anfangszeit erinnert. Später zog sie in die Central Avenue 806. Auf dem 90-minütigen Spaziergang von der einen Wohnung der Autorin zur nächsten folgen Sie den Spuren ihrer Streifzüge, auf denen sie sich mit der Einsamkeit und den Randfiguren der Gesellschaft beschäftigte, was sich auch in ihren Südstaaten-Schauerromanen spiegelt.

**LINKS:** Eine farbenfrohe Häuserfront in Charles Village in Baltimore, einem der Schauplätze in Anne Tylers Werk

## 71

### FRANK SINATRA – HOBOKENS GESCHENK AN DIE WELT

#### Hoboken, New Jersey, USA

Crooner Francis Albert Sinatra (1915–1998) wurde in seiner Jugend in Hoboken am Ufer des Hudson River Frankie gerufen. Seine Eltern waren italienische Einwanderer. Geboren wurde er in einem Mietshaus in der Monroe Street 415. Seine Mutter wurde Politikerin, sein Vater besaß eine Kneipe in der Jefferson Street 333, in der Sinatra auftrat. Wenn Sie der Jefferson Street nach Norden folgen, gelangen Sie zur St Ann's Church, wo Sinatra angeblich seinen ersten Auftritt bei einem Ravioli-Dinner hatte. Gleich um die Ecke, in der Adams St, befindet sich die Tutty's Bar, wo Sinatra mit Freunden a cappella sang. Acht Häuserblocks südlich liegt der Union Club, wo »Ole Blue Eyes« im Jahr 1935 auftrat und 40 US-Dollar pro Woche verdiente. Von hier aus ist es nur ein kurzer Spaziergang zum Frank Sinatra Memorial Park, der im Jahr seines Todes angelegt wurde, »im Gedenken an Francis Albert Sinatra, Hobokens Geschenk an die Welt«.

## 72

### SICH SPRINGSTEENS ASBURY PARK ZU EIGEN MACHEN

#### Asbury Park, New Jersey, USA

Nicht viele Musiker stellen in ihrem Werk einen derart klaren Bezug zu einem bestimmten Ort her wie »The Boss« zu New Jersey. 1949 im Küstenort Long Branch geboren, benannte Bruce Springsteen sein Debütalbum *Greetings From Asbury Park* nach einer Postkarte, die er in einem Geschäft an der Strandpromenade erspäht hatte: »Ich sagte mir: ›Ja, Grüße aus Asbury Park. Das ist New Jersey. Wer ist aus New Jersey? Niemand. Es gehört ganz allein mir.‹« Hier traf Bruce Springsteen 1971 im Student Prince (Kingsley St. 911) seinen langjährigen Mitstreiter Clarence Clemons. Nur einen Häuserblock entfernt befindet sich das Stone Pony (Ocean Avenue 900–978), wo Springsteen öfter gespielt hat als an jedem anderen Veranstaltungsort. Weiter die Strandpromenade hinauf findet sich der Stand der Wahrsagerin Madam Marie, die im Song *4th of July, Asbury Park (Sandy)* erwähnt wird. Daneben liegt die Asbury Park Convention Hall, wo Springsteens Band vor Tourneen probt.

## 73

### LITERARISCHE HOTSPOTS IN PHILIP ROTHS HEIMATSTADT

#### Newark, New Jersey, USA

»Wenn ich im Park saß, verspürte ich ein tiefes Verständnis für Newark, eine Verbundenheit, die so tief wurzelte, dass sie zwangsläufig in Zuneigung münden musste«, schrieb Philip Roth (1933–2018) in seinem ersten Werk *Goodbye, Columbus. Ein Kurzroman und fünf Stories* (1959). Roths Geburtsort wurde zu einem integralen Bestandteil zahlreicher seiner Romane. In derselben Geschichte erwähnt er das »Newark Museum, vor dem zwei orientalische Vasen wie Spucknäpfe für einen Rajah stehen« – ein guter Ausgangspunkt für Ihre Stadterkundung. Etwas weiter südlich in dieser Straße liegen die öffentliche Bibliothek im Stil der italienischen Renaissance und das elegante, säulenverzierte Essex-County-Gerichtsgebäude; beide tauchen in seinen Geschichten auf. Noch ein Stück weiter gen Süden stoßen Sie auf die Clinton Avenue, wo sich das Riviera Hotel und der Temple B'nai Abraham aus *Verschwörung gegen Amerika* (2004) befinden.

**OBEN RECHTS:** Das Stone Pony ist der Ort, an dem Bruce Springsteen wohl am häufigsten aufgetreten ist.

**RECHTS:** Springsteens Band probt in der Asbury Park Convention Hall.

# 74

## ATMEN SIE DIESELBE LUFT WIE MARK TWAIN

### Hannibal, Missouri, USA

**Auf den Spuren von:** Mark Twain (1835–1910)

**Route:** Umgebung von Hannibal, Missouri

**Länge:** 4 km mit Steigung

**Unsere Empfehlung:** *Die Abenteuer des Tom Sawyer* (1876); *Die Abenteuer des Huckleberry Finn* (1884)

**OBEN:** Der Autor Mark Twain

**RECHTS:** Der berühmte Zaun aus *Die Abenteuer des Tom Sawyer*

»Die gesamte moderne US-amerikanische Literatur lässt sich auf ein Buch zurückführen, *Die Abenteuer des Huckleberry Finn* von Mark Twain. Alles davor ist bedeutungslos. Und seitdem gab es auch kein vergleichbar gutes Buch mehr«, sagte Ernest Hemingway im Jahr 1935 – und viele würden ihm wohl zustimmen.

Twains Roman gilt nicht nur als der erste, der die Sklaverei sowie den inneren Konflikt zwischen Gesetzestreue und dem Handeln nach eigenen moralischen Maßstäben thematisierte, sondern auch als der erste Roman, der aus der Ich-Perspektive eines ungebildeten Jungen erzählt wird.

Die Schauplätze spielen eine gewichtige Rolle in Twains Romanen. Man nehme das dunkle, verwirrende Höhlensystem, in dem Tom und seine »Verlobte« Becky Thatcher sich verlaufen, oder den Friedhof, auf dem Tom und Huck ihre Warzen mithilfe einer toten Katze heilen wollen und ein Verbrechen beobachten. Es sind reale Orte in der Stadt Hannibal in Missouri, die im Roman St. Petersburg genannt wird.

Beginnen Sie die Wanderung an der Mark Twain Cave im Südosten der Stadt und lassen Sie die Atmosphäre auf sich wirken. Die Höhle ist heute weitaus besser ausgeleuchtet als zu Toms und Beckys Zeiten und wurde mit Holzwegen erschlossen. Weiter geht es zum Fluss, dem »majestätischen Mississippi, der meilenweit dahinrauscht«, wo Sie nach links zur Stadt abbiegen. Über die Main Street führt Sie der Rundgang zum Mark Twain Boyhood Home and Museum, von wo aus Sie zur Rock Street gelangen, die sich den Cardiff Hill hinaufschlängelt; hier erlebten Tom und Huck zahlreiche Abenteuer. Am Ende der 244 Stufen befindet sich das Mark Twain Memorial Lighthouse. Der Leuchtturm wurde zum Gedenken an Twains 100. Geburtstag gebaut. Atmen Sie einmal tief ein. Sehen Sie nun die beiden Schabernack treibenden Jungen im Wald vor sich?

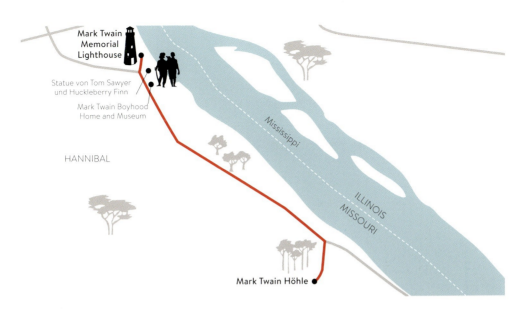

NORD- UND MITTELAMERIKA

# 75

## ALS SPAZIERGÄNGER DURCH ALFRED KAZINS STADT

## New York City, New York, USA

**Auf den Spuren von:** Alfred Kazin (1915–1998)

**Route:** Von Brownsville in Brooklyn bis zum Central Park in Manhattan

**Länge:** 17,4 km

**Unsere Empfehlung:** *Meine Straßen in New York* (1951)

**OBEN RECHTS:** Für Alfred Kazin lud der Central Park »zum Verweilen im Jenseits« ein.

**RECHTS:** Kazins Reise beginnt auf der anderen Seite der Brooklyn Bridge, in Brownsville.

Alfred Kazins poetische Memoiren *Meine Straßen in New York* lesen sich wie eine sehr persönliche Geschichte über diese Stadt. Kazins Streifzüge führen scheinbar kreuz und quer durch New York, doch sie sind ein Symbol dafür, dass er nun in »die Stadt« gezogen ist und damit Brooklyn und die Armut hinter sich gelassen hat. Dabei spielt die Handlung vor allem in ebendiesem Viertel, in dem er als Sohn von russischen Immigranten aufgewachsen ist. Genauer: in Brownsville, wo »wir«, so schreibt Kazin, »in der Stadt wohnten und irgendwie auch nicht in der Stadt waren«.

Die Stadt – wie auch alles andere außerhalb von Brownsville – lag im »Jenseits«. Manhattan war für den Jungen wie ein fremdes Land, und Brownsville schien aufgrund der »Ewigkeit der U-Bahn-Fahrt« am »Ende der Welt« zu liegen.

Bei einer Runde durch das Zentrum von Brownsville treten Sie in Kazins Fußstapfen, der diesen Ort in seiner Jugend als bedrückend und hoffnungslos empfand. Dennoch kehrte er immer wieder hierher zurück. Sie können sich auf die Spuren seiner Memoiren kreuz und quer durch die Straßen von New York begeben – von Brownsville über die Brooklyn Bridge bis zum Central Park in Manhattan, »eine Oase zum Verweilen im Jenseits«.

Im Grunde ist die Erzählung eines Einwanderers der zweiten Generation, der einen Weg aus der Armut sucht und in den verheißungsvollen »Americana«-Traum eintauchen will, eine altbekannte Geschichte. Wer dem Weg des Autors über den Fluss in »die Stadt« folgt, wandelt gleichzeitig auf den Spuren einer langen Historie hoffnungsfroher Menschen aus aller Welt.

## 76
## YAYOI KUSAMAS SPAZIERGANG
### New York City, New York, USA

Yayoi Kusama wurde 1929 in Matsumato in Japan geboren und zog 1958 nach New York, um »New York City zu erobern, mir einen Namen in der Kunstwelt zu verschaffen … und eine neue Kunstströmung in den USA zu begründen«. Ihre Happenings machten sie weltberühmt. Ihre Solo-Performance *Walking Piece* (1966) wurde in 25 Bildern dokumentiert. Mit einem blumenbesetzten Regenschirm und in einem pinken Kimono mit Blumenmuster streifte sie zu Fuß durch die verlassenen Industriezonen und heruntergekommene Nebenstraßen von New York. Sie beobachtete Orte und Menschen und kartografierte die desolaten Gegenden der Metropole auf eine sehr persönliche Weise.

## 77
### ERLEBEN SIE DAS FREMDE WIE JOHN LENNON

#### New York City, New York, USA

John Lennon (1940–1980) wurde in Liverpool geboren, doch New York war seine Wahlheimat: »Hier ist jeder fremd … einfach abgefahren.« Zuerst lebte er mit Yoko Ono in der Bank Street 105 in Greenwich Village. 1,5 Kilometer davon entfernt liegt der Madison Square Garden, in dem Lennon öfter aufgetreten ist, doch seine erste Show in NYC hatte er mit den Beatles im Ed Sullivan Theatre (Broadway 1697), das noch einmal 1,5 Kilometer die 8th Avenue hinauf liegt. Gleich um die Ecke, an der W 48th Street 353 befindet sich The Hit Factory, wo Lennon und Ono ihr letztes Album aufgenommen haben. Am 8. Dezember 1980 hatten sie die Aufnahmen im Record Plant gemischt (W 44th St. 321) und waren auf dem Weg nach Hause in ihr Apartmenthaus The Dakota (W 72nd St. 1), als Lennon vor dem Eingang erschossen wurde. In der Nähe des Central Parks steht ein Strawberry-Fields-Denkmal.

## 78
### EIN TREFFEN MIT LEONARD COHEN IM CHELSEA HOTEL

#### New York City, New York, USA

Das rote Backsteingebäude des Chelsea Hotels ist zwölf Stockwerke hoch, doch sein Ruhm reicht weit in die Zeit. Hier wohnten Mark Twain, Charles Bukowski, Arthur Miller (demzufolge es »weder Staubsauger noch Regeln oder Scham« gab), Arthur C. Clarke (der hier das Drehbuch für *2001: Odyssee im Weltraum* schrieb) oder Jack Kerouac (der Autor von *Unterwegs*). Hier fiel Dylan Thomas nach langer Krankheit in ein tödliches Koma, und Leonard Cohen schrieb einen Song über das Chelsea Hotel, in dem er eine Nacht mit Janis Joplin verbracht hatte. Folgen Sie seinem Weg in jener Nacht – ohne Janis –, indem Sie von seinem Stammlokal, der White Horse Tavern an der Hudson Street 567, nordwärts die 8th Avenue entlang zum Hotel an der West 23rd Street 22 laufen.

## 79
### DIE VORSTADT, AUS DER THE RAMONES KOMMEN

#### Queens, New York, USA

In Lederklamotten spielten The Ramones wilde Rocksongs, die den Punkrock und zahlreiche Bands geprägt haben. Doch ihre Themen – Klebstoff-Schnüffeln, Mord und Suizid – hatten wenig mit ihren Wurzeln in Queens zu tun, der New Yorker Vorstadt der oberen Mittelschicht. Die vier Gründungsmitglieder der Band hatten sich an der Forest Hills High School an der 110th Street kennengelernt. Die Kreuzung vor der Schule wurde nach ihnen benannt: eine große Ehre, denn immerhin sind hier auch Burt Bacharach und Simon & Garfunkel zur Schule gegangen. Der Leadsänger Jeffrey Hyman (später Joey Ramone) lebte im Birchwood-Tower-Apartmenthaus an der 66th Road 102–10; John Cummings (später Johnny Ramone) lebte einen Häuserblock südöstlich der Schule, an der 108th Street 67–38.

## 80
### PATTI SMITH UND ROBERT MAPPLETHORPE

#### Manhattan, New York, USA

Patti Smith erzählt in ihren Memoiren *Just Kids* (2010) anschaulich von ihrem Leben, bevor sie weltberühmt wurde, ihrer leidenschaftlichen Beziehung zu Robert Mapplethorpe und zur Stadt New York selbst. Beginnen Sie diesen Spaziergang dort, wo die beiden sich kennengelernt haben: im Tompkins Square Park. Von hier aus geht es zu dem Ort, an dem sich früher das Fillmore East befand, in dem Mapplethorpe als Platzanweiser arbeitete. Hier besuchte Smith (geb. 1946) ein Konzert von The Doors, das sie dazu inspirierte, ihre Gedichte zu vertonen. Eine halbe Stunde weiter stoßen Sie auf das Chelsea Hotel (West 23rd Str.), in dem das Paar eine Zeit lang lebte und die Miete mit seiner Kunst bezahlte, bevor es in eine eigene Wohnung in die nahe gelegene Nummer 206 zog.

**RECHTS:** Das legendäre Chelsea Hotel in New York aus Leonard Cohens gleichnamigem Song

# 81

## DIE HISTORISCHEN STRASSEN VON HARLEM, HEIMAT LEGENDÄRER SCHRIFTSTELLER

### Harlem, New York, USA

**Streifzug mit:** Langston Hughes (1902–1967) et al.

**Route:** Von West 135th Street bis Edgecombe Avenue

**Länge:** 3,7 km

**Unsere Empfehlung:** *New Negro* (1925) von Alain Locke; *Nach Hause, nach Harlem* (1928) von Claude McKay; *The Big Sea. Autobiography* (1940) von Langston Hughes

**OBEN:** Langston Hughes, der während der Harlem-Renaissance nach New York zog

**RECHTS:** Das YMCA war die Anlaufstelle für zahlreiche Neuankömmlinge in Harlem.

»Harlem war wie ein Magnet für Schwarze Intellektuelle und zog sie von überall an. Vielleicht war der Magnet auch New York; aber wer es einmal nach New York geschafft hatte, musste in Harlem leben«, schreibt Langston Hughes in seiner Autogiografie *The Big Sea* (dt. Das große Meer).

Harlems erste Renaissance (1918–1929) begann nach dem Ersten Weltkrieg, als zahlreiche Afroamerikaner hierherzogen. 1914 lebten in Harlem 50 000 Afroamerikaner, 1923 waren es 150 000. Der Boom wurde nach einer Gedichtanthologie von Alain Locke »New Negro Movement« (auch: »Harlem-Renaissance«) genannt.

Ihr Spaziergang beginnt an der U-Bahn-Haltestelle an der 135th St, von deren Bahnsteig aus der frisch angekommene Langston Hughes mit 20 Jahren Harlem zum ersten Mal erblickte: »Hunderte von Schwarzen Menschen. Ich wollte ihre Hand schütteln. Mit ihnen sprechen …« (*The Big Sea*). Folgen Sie südöstlich der West 135th Street An der Hausnummer 180, zwischen der 7th und der Lenox Avenue, stoßen Sie auf das YMCA – die Anlaufstelle in Harlem für Hughes, Claude McKay oder Ralph Ellison. An der Hausnummer 103 befinden sich das Schomburg Centre for Black Culture und die 1925 gegründete New York Public Library. Weiter geht es nordöstlich über Lenox Avenue/Malcolm X Boulevard. In der Blütezeit des Viertels reihten sich in den Straßen zwischen der West 136th Street und West 139th Street unzählige Treffpunkte wie Cafés, Restaurants, Nachtclubs und billige Kneipen aneinander. An der Nummer 104 West 136th Street lebte A'Lelia Walker Robinson, deren berühmte Partys Schriftsteller, Dichter und Maler besuchten. An der West 138th Street liegt zwischen 7th und 8th Avenue das Striver's Row, ein architektonisches Wahrzeichen und die Heimat zahlreicher Künstler aus Harlem, darunter der Komponist Noble Sissle und der Schriftsteller Eric Walrond. Biegen Sie an der St. Nicholas Avenue nach Norden ab, um zur 940 zu gelangen, dem Wohnsitz von Countée Cullen, Autor der Gedichtsammlung *Color* (1925, dt. Farbe). Von hier aus geht es südwärts, dann links auf die West 157th Street bis zur Edgecombe Avenue. An der Nummer 409 befindet sich ein hohes Apartmentgebäude, in dem Größen wie Aaron Douglas, W. E. B. Du Bois, Jessie Redmon Fauset, Regina M. Anderson oder Rudolph Fisher gewohnt haben.

# 82

## NEW YORK MIT ALLEN GINSBERG

**Greenwich Village und Lower East Side, New York, USA**

Allen Ginsberg (1926–1997) ist eine Schlüsselfigur der Beat-Generation. Auch wenn die Innenstadt heute weitaus gentrifizierter ist als zu Ginsbergs Zeit, können Sie sich das Leben im damaligen Big Apple vorstellen. Der Spaziergang beginnt im Washington Square Park, in dem Ginsberg Gedichte vortrug, worauf sein Gedicht »Das Geheul« (1956) Bezug nimmt. Zu Fuß geht es zur Bleeker Street 150, in der Ginsberg lebte. Laufen Sie weiter bis zur MacDougal Street 114, wo der Dichter gern mit Andy Warhol abhing, bevor Sie zum beliebten Konzertort Café Wha? gelangen, in dem Bob Dylan zum ersten Mal in New York auftrat.

# 83

## WALT WHITMANS BROOKLYN

**Brooklyn, New York, USA**

»Die Größe einer Stadt zeigt sich an ihren herausragenden Männern und Frauen. / Und selbst wenn hier nur ein paar heruntergekommene Hütten stehen, bleibt sie die beste Stadt der Welt«, schrieb Walt Whitman (1819–1892) über New York City. Er verbrachte einen Großteil seines Lebens in Brooklyn. Etwas nördlich, in der Old Fulton Street 28, befindet sich der Eingang zum ehemaligen *Brooklyn Daily Eagle*, den Whitman in den 1840er Jahren herausgegeben hat. Die Old Fulton Street führt zur East River Ferry, deren Reling mit Zitaten aus Whitmans »Auf der Brooklyn-Fähre« verziert ist.

## 84
### FRIEDLICHER SPAZIERGANG MIT PAUL AUSTER

#### New York, USA

»Jedes Mal, wenn er spazieren ging, fühlte er sich, als würde er sich selbst zurücklassen, und indem er sich den Bewegungen auf den Straßen hingab, konnte er der Verpflichtung zu denken entkommen, was ihm mehr als alles andere ein bisschen Frieden verschaffte.« So schreibt Paul Auster (geb. 1947) in seinem zwischen Realität und Phantastik changierenden Roman *Stadt aus Glas* (1985), in dem sich Quinn, der Protagonist, beim Herumstreifen durch die Stadt verliert und alsbald der Figur Stillman auf ihren ebenso ziellosen Streifzügen folgt, die »im Norden von der 110th Street und im Süden von der 72nd Street begrenzt werden«. In diesem Sinne können auch Sie nach Lust und Laune durch die Upper East Side und die West Side flanieren.

## 85
### EDGAR ALLAN POES LIEBLINGSBRÜCKE

#### Fordham, New York, USA

Eine berühmte Lithografie zeigt Edgar Allan Poe (1809–1849), den einflussreichen Verfasser von Schauerliteratur, wie er Ende der 1840er Jahre mit wehendem Umhang die kürzlich fertiggestellte High Bridge überquert. Poe war ein leidenschaftlicher Spaziergänger. Nach seinem Umzug nach Fordham, das heute in der Bronx liegt, lief er bei Tag und Nacht seine 4,8 Kilometer lange Lieblingsstrecke zwischen seinem Cottage und der Brücke über den Harlem River ab. 2015 wurde die Brücke – die älteste in New York – nach 45 Jahren wieder für Fußgänger geöffnet. Folgen Sie Poes Spuren von seinem Cottage im Poe Park an der Grand Concourse 2640 (wo die Lithografie ausgestellt wird) in südöstlicher Richtung zur Brücke.

## 86
### SCHWARZ UND LESBISCH IN GREENWICH VILLAGE

#### Greenwich Village, New York, USA

Audre Lorde (1934–1992) kam in New York als Tochter aus der Karibik immigrierter Eltern zur Welt. Ihr erster Gedichtband *First Cities* (dt. Die ersten Städte) erschien 1968. Flanieren Sie durch Greenwich Village und versetzen Sie sich in das Leben einer Pionierin und Aktivistin in der lesbischen Community. Ein beliebter Treffpunkt war Bar Bagatelle, das »Bag«, University Place 86. »Schwarz, weiblich und so offen lesbisch zu sein, dass ich zum Tanzen ins Bagatelle ging, vor den Augen der weißen Gesellschaft, in der wir lebten, sahen viele schwarze Lesben als Selbstmord an.« Weiter geht es südwestlich über den University Place zur East 11th Street. Biegen Sie rechts zum Washington Square North ab und überqueren Sie den Platz, bevor Sie rechter Hand in die West 4th Street einbiegen. Hier befand sich im Haus Nummer 150 von 1945 bis 1970 das Pony Stable Inn, eine weitere Bar für Lesben.

## 87
### NEW YORKS VERLORENE »ZEIT DER UNSCHULD«

#### Vom Flatiron District bis Greenwich Village, New York, USA

Edith Wharton (1862–1937) wurde als Edith Jones während des Goldenen Zeitalters von New York geboren. Sie stammte aus einer gesellschaftlich angesehenen Familie, auf die angeblich die englischsprachige Redewendung »mit den Jones mithalten« zurückgeht. In ihrem Roman *Zeit der Unschuld* (1920) fing sie diese Zeit mit präzisem Zynismus ein und erhielt dafür 1921 als erste Frau den Pulitzer-Preis. Starten Sie an ihrem Elternhaus, in dem sich heute eine Starbucks-Filiale befindet, und biegen Sie am Flatiron Building ab, um Richtung Greenwich Village zu laufen. Unterwegs erblicken Sie einige Herrenhäuser, wie sie in der Jugend der Autorin allgegenwärtig waren, sowie die Grace Church am Broadway, in der Wharton getauft wurde und in der sich ihre Romanhelden May Welland und Newland Archer das Jawort geben.

**RECHTS:** Die High Bridge in New York war der Fixpunkt von Edgar Allen Poes Spaziergängen.

## 88
### DIE MODERNE NYC VON TEJU COLE
**New York, USA**

»Letzten Herbst begann ich, regelmäßig abends spazieren zu gehen. Der Stadtteil Morningside Heights wurde schnell zum Ausgangspunkt«, so beginnt Teju Cole (geb. 1975) seinen Roman über New York nach 9/11. Der Erzähler Julius spaziert durch Lower Manhattan und berichtet von dem, was er sieht. Nehmen Sie die Pearl Street bis zum United States Custom Hause. Danach folgen Sie dem Broadway bis zur Wall Street 60. Danach geht es zum Ground Zero, über den Cole schreibt: »Ich erinnerte mich an einen Touristen, der mich fragte, wie er zu 9/11 gelangen könnte: nicht zum Ort des Ereignisses, sondern zu 9/11 selbst, dem versteinerten Datum von Zerbrochenem.«

## 89
### DIE WILDEN ZWANZIGER
**Long Island, New York, USA**

Reisen Sie auf einer vom *Großen Gatsby* inspirierten Tour über Long Island in die Wilden Zwanziger. Auf dieser »schlanken, zügellosen Insel im Osten von New York« verbrachten F. Scott Fitzgerald (1896–1940) und seine Ehefrau Zelda (1900–1948) von 1922 bis 1924 mehrere wilde Sommer. Bemerkenswert sind das dekadent wirkende zwölfstöckige Wilard Hotel, wo das Paar bei seinem ersten Besuch übernachtete, sowie Kings Point und Sands Point, die Fitzgerald in seinem Werk in West Egg und East Egg umbenannte.

## 90
### DAS HARLEM IN TONI MORRISONS *JAZZ*

**Harlem, New York, USA**

*Jazz* (1992) der Nobelpreisträgerin Toni Morrison (1931–2019) handelt von Joe und Violet, einem afroamerikanischen Paar aus Virginia, das nach New York zieht, in das Viertel um die Lenox Avenue (heute auch Malcolm X Boulevard genannt) in Harlem. Der Alltag dort bildet den historisch-kulturellen Hintergrund der Erzählung um drei Hauptcharaktere, zu denen auch die junge Dorcas gehört. Ihr Geliebter, der viel ältere Joe, erklärt: »Ich bin hin und weg von dieser Stadt.« Die komplexe Handlung spielt Mitte der 1920er Jahre am Geburtsort des Jazz; der Stil des Romans imitiert den Rhythmus des Musikgenres. Ein Spaziergang durch die Lenox Avenue lässt Orte und Klänge dieser Zeit wiederaufleben.

## 91
### BEI *SOPHIES ENTSCHEIDUNG*

**Prospect Park, Brooklyn, New York, USA**

Wie die Figur Stingo aus seinem 1979 veröffentlichten Roman *Sophies Entscheidung* kam auch William Styron (1925–2006) auf der Suche nach einer billigen Unterkunft in Flatbush, Brooklyn, an. Er landete schließlich in einer Pension mit Sicht auf den Prospect Park, die er unter dem Namen »Pink Palace« in seinen Roman aufnahm. Auch Stingo war begeistert von diesem Ausblick. Styron schrieb: »Alte Platanen und Ahornbäume beschatteten die Bürgersteige am Rand des Parks, und das gesprenkelte Sonnenlicht, das auf der sanft abfallenden Wiese der Parade Grounds leuchtete, verlieh der Szenerie eine ruhige, beinahe weihevolle Stimmung.« Die Runde durch den Park ist 4,8 Kilometer lang und führt an zahlreichen Orten vorbei, die zum Picknicken einladen – genau wie es Sophie im Roman tat.

## 92
### MIT FEDERICO GARCÍA LORCA AN DIE COLUMBIA

**Columbia University, New York, USA**

1929 verließ Federico García Lorca (1898–1936) sein Heimatland Spanien, um an der Columbia University in New York Englisch zu studieren. Er legte das Abschlussexamen nie ab, aber die Stadt inspirierte ihn zu einigen seiner besten Werke, die er auf dem Briefpapier der Universität verfasste. Er lebte in der John Jay Hall der Universität, wo er oft an der Sonnenuhr am College Walk saß und schrieb. Er war ein regelmäßiger Gast in der Casa Hispánica, die sich heute an der West 116th Street 612 befindet und in der ein Klavier steht, auf dem Lorca spielte, direkt neben dem Kamin, über dem eine Gedenkplakette zu seinen Ehren hängt. Gleich um die Ecke liegt die Durchgangsstraße Riverside Drive, in der Lorca gerne spazieren ging. Seine Familie zog später in die Nummer 448, doch zu dem Zeitpunkt lebte Lorca bereits nicht mehr; er wurde im Spanischen Bürgerkrieg von Francos Truppen ermordet.

## 93
### DURCH DEN WASHINGTON SQUARE PARK

**Greenwich Village, New York, USA**

Obwohl er einen Großteil seines Lebens in Großbritannien verbracht hat, ist der Einfluss der US-amerikanischen Wurzeln von Henry James (1843–1916) unverkennbar. Vor allem Greenwich Village, in dem der Autor aufgewachsen ist, hinterließ einen bleibenden Eindruck. Für James war New York eine Ansammlung von kleineren Stadtvierteln, die sich vom Washington Square bis zu seinem Wohnhaus aus braunem Stein an der 14th Street erstreckten, dem damaligen Modezentrum New Yorks. Hier spielt eines seiner bekanntesten Bücher, *Washington Square* (1880). Das New York, von dem er berichtete, war bereits im Jahr der Veröffentlichung seines Romans nicht mehr wiederzuerkennen. Heute werden Sie auf einem Spaziergang von seinem Geburtsort am Washington Place über den Washington Square Park bis zur 14th Street nichts als kleine, aber verlockende Einblicke in das New York erhaschen, über das er schrieb.

**LINKS:** In der Lenox Avenue in Harlem können Sie die Stimmung aus Toni Morrisons *Jazz* auf sich wirken lassen.

# 94

## NEW YORK MIT KEITH HARING

### Manhattan, New York, USA

**Auf den Spuren von:** Keith Haring (1958–1990)

**Route:** Von Harlem nach Midtown, New York

**Länge:** 17,2 km

**Unsere Empfehlung:** *Keith Haring Journals* (1987)

**OBEN RECHTS:** Den Carmine Swimming Pool ziert ein Wandbild von Keith Haring.

**RECHTS:** Harings Wandbild *Crack is Wack* befindet sich bei einem Handballplatz direkt neben der Autobahn.

Der in Pennsylvania geborene Maler Keith Haring ist das Aushängeschild der Kunstbewegung der New Yorker Gegenkultur der 1980er Jahre. Dank eines Stipendiums besuchte er hier von 1978 bis 1980 die School of Visual Arts in der East 23rd Street 209 und brachte sich rege in die Kunstszene des East Village ein. Seine »Ateliers« in der Subway, für die Haring Figuren mit weißer Kreide auf die nicht vermieteten, matt schwarzen Werbetafeln zeichnete, machten ihn stadtbekannt.

Seine Kunstwerke zogen die Aufmerksamkeit von Sammlern zeitgenössischer Kunst und Kuratoren auf sich. Doch selbst, nachdem Haring Einzug in die Welt der Galerien und Museen gehalten hatte, arbeitete er weiter im öffentlichen Raum. In New York können Sie noch heute einige seiner öffentlichen oder halb öffentlichen Kunstwerke bewundern. *Crack is Wack* an der E 128 Street thematisiert den Missbrauch von Kokain und soll davon abhalten, die Droge zu nehmen. Von hier aus können Sie zur Ascension School in der W 108 Street 220 laufen (nach vorheriger Anmeldung für Besucher geöffnet). Dann können Sie ein bisschen schummeln und mit dem Bus zu *Once Upon a Time* im LGBT Centre fahren, von wo aus ein kurzer Fußweg zur Clarkson Street und dem Wandbild im Carmine Swimming Pool führt. 1986, als Haring schon internationale Berühmtheit erlangt hatte, eröffnete er an der Lafayette Street 292 in Soho seinen Pop Shop (heute geschlossen), der eine Art Erweiterung seiner Kunst bedeutete. Haring bemalte die Wände und Decke und sorgte so für eine immersive Kunsterfahrung: »Ich wollte einen Austausch, wie ich ihn mit meinen Werken in der Subway erreicht habe. Ich wollte eine ähnlich große Vielfalt an unterschiedlichen Menschen anziehen, und zwar an einem Ort, an dem nicht nur Kunstsammler vorbeikamen, sondern auch die Kids aus der Bronx …«

Haring unterstützte mit seiner Kunst zahlreiche wohltätige Anliegen und kämpfte gegen Rassismus, Obdachlosigkeit und Armut. Er schuf Kunstwerke, die auf die grassierende AIDS-Epidemie in den USA aufmerksam machen sollten. Er selbst infizierte sich 1988 mit AIDS und starb mit nur 31 Jahren am 16. Februar 1990.

## 95
### ANDY WARHOLS FACTORY
#### Manhattan, New York, USA

Andy Warhol (1928–1987) war der Dreh- und Angelpunkt der Bohemiens im Manhattan der 1960er Jahre, von denen zahlreiche sein Atelier, The Factory, besuchten. Anfangs lebte er mit seiner Mutter in der Lexington Avenue. Von hier ist es nicht weit bis zum Union Square 33, der ebenfalls zu The Factory gehört.

## 96
### LOUISE BOURGEOIS
#### New York, USA

Im Whitney Museum in New York befinden sich über 30 Werke einer der bekanntesten US-amerikanischen Künstlerinnen des 20. Jahrhunderts: Louise Bourgeois (1911–2010). Der 15-minütige Spaziergang nordöstlich entlang der 9th Avenue führt zur ehemaligen Anschrift der Künstlerin an der West 20th Street 347.

## 97
### SPAZIEREN MIT EDWARD HOPPER
#### Greenwich Village, New York, USA

Edward Hopper (1882–1967) lebte und arbeitete am Washington Square North 3. Seine oft an Bühnenbilder erinnernden Gemälde bilden das Leben dieser Gegend ab. Laufen Sie vom Washington Square Park (*Roofs of Washington Square*) zu Bleecker Street 233-237 (*Early Sunday Morning*) und danach zur Kreuzung Greenwich Avenue/West 11th Street (*Nighthawks*).

NORD- UND MITTELAMERIKA

# 98

## VERBRINGEN SIE EINE »LÄNDLICHE STUNDE« MIT DEN FENIMORE COOPERS

## Cooperstown, New York, USA

**Auf den Spuren von:** Susan Fenimore Cooper (1813–1894)

**Route:** Sleeping Lion Trail, Glimmerglass State Park

**Länge:** 3,2 km

**Unsere Empfehlung:** *Rural Hours* (1850) von Susan Fenimore Cooper; *Der Wildtöter* (1841) von James Fenimore Cooper

**OBEN LINKS:** Hyde Hall am Ausgangspunkt der Wanderung

**OBEN RECHTS:** Statue von James Fenimore Cooper

**RECHTS:** Die überdachte Brücke nahe Hyde Hall

1786 gründete William Cooper Cooperstown, New York, das sein Sohn, der Schriftsteller James Fenimore Cooper, zum Schauplatz dreier seiner Romane machte genauso wie den nahe gelegenen Otsego Lake. Dessen Tochter Susan Fenimore Cooper wiederum verfasste anhand der Notizen in ihren Tagebüchern zum Alltag in dieser Gegend ihr Werk *Rural Hours* (dt. Ländliche Stunden).

Sie veröffentlichte ihre Texte anonym und unterzeichnete mit: »verfasst von einer Dame«. Sie war eine Vorreiterin des US-amerikanischen Naturalismus des 19. Jahrhunderts. Ihre Werke sind ein Aufruf zum Schutz der Wälder (und erschienen bereits vier Jahre vor der Veröffentlichung von Henry David Thoreaus *Walden*). »Die alten Bäume, die in den vergangenen Jahren dieses prächtige Feld säumten, fallen schnell unter den Äxten«, schrieb sie über einen Spaziergang durch das Umland. »Vor einigen Sommern galt dies noch als eine der schönsten Weidelandschaften im Tal … abgeschirmt von der Welt durch Wälder, die sie in einem weiten Ring umschlossen … Heute gibt es nur noch wenige solcher Kolonnaden in unserer Gegend.«

In der Nähe von Cooperstown windet sich der schöne, 3,2 Kilometer lange Waldwanderweg Sleeping Lion Train am Glimmerglass State Park durch majestätische Kiefern-, Hemlocktannen- und Laubwälder. Er beginnt in der Nähe von Hyde Hall, schlängelt sich den Mount Wellington empor und bietet immer wieder freie Sicht auf den Otsego See. In seinem Romanzyklus *Lederstrumpf* (1823–1841) nennt ihn James Fenimore Cooper »Glimmerglass«. Susan unterstützte ihren Vater als seine Assistentin und Sekretärin. Als sie einmal zusammen mit der Kutsche fuhren und der See in Sichtweite war, rief ihr Vater aus: »O Liebes, ich muss unbedingt noch ein Buch schreiben, und zwar über unseren kleinen See!« Woraufhin er prompt mit der Arbeit an *Der Wildtöter* (1841) begann.

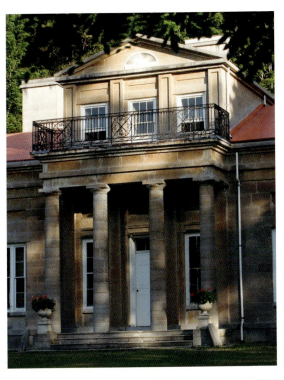

## 99
### AUF POLLOCKS FARBKLECKSEN WANDELN

#### Springs, East Hampton, New York, USA

Die Spaziergänge, die Jackson Pollock (1912–1956) berühmt machten, führten über seine eigenen Bilder. Er legte sie auf den Boden seines Atelierschuppens, um sie von allen Seiten mithilfe seiner berühmten Gießtechnik zu bearbeiten. 1945 zog Pollock nach East Hampton, das in den 1950er Jahren zum Mekka der abstrakt-expressionistischen Kunstbewegung geworden war. Auch Sie können über den Atelierboden in der Springs Fireplace Rd 830 wandeln, auf dem weiterhin die Farbkleckse zu sehen sind, die von der Arbeit an seinen Meisterwerken stammen.

## 100
### ZURÜCK ZUR NATUR MIT HENRY DAVID THOREAU

#### Walden Pond, Concord, Massachusetts, USA

Henry David Thoreau (1817–1862) lebte über zwei Jahre lang in einer Hütte am Ufer des Walden Pond in Concord, Massachusetts. Der See steht unter Naturschutz und gehört zu einem größeren Nationalpark, weshalb sowohl der See als auch seine Umgebung heute vermutlich noch fast genauso aussehen wie zu Thoreaus Zeiten, als er hier sein wegweisendes Werk *Walden oder Leben in den Wäldern* (1854) verfasste. Auf 2,7 Kilometer umrundet man den See und taucht ein in die Eichen- und Pinienwälder. Lassen Sie die Natur auf sich wirken und besichtigen Sie die Nachbildung der Hütte Thoreaus.

## 101
### IRVINGS GRUSELIGE »SCHLÄFRIGE SCHLUCHT«

#### Sleepy Hollow, Massachusetts, USA

Der New Yorker Schriftsteller Washington Irving (1783–1859) schrieb Anfang des 19. Jahrhunderts mehrere Bücher, zu denen seine wohl bekannteste Kurzgeschichte »Die Legende von Sleepy Hollow« (1820) zählt: eine Gruselgeschichte über den »kopflosen Reiter« (heute ein beliebtes Halloween-Kostüm). Die Stadt in Massachusetts, in der die Geschichte spielt, gilt als einer der am meisten von Geistern heimgesuchten Orte der Welt. Auf dem Friedhof von Sleepy Hollow finden regelmäßig Geisterführungen statt – auch nachts. Wenn Sie sich nicht einer offiziellen Tour anschließen wollen, können Sie den Friedhof auf eigene Faust über die Broadway Avenue betreten und die Gräber von Andrew Carnegie, Samuel Gompers, William Rockefeller und Washington Irving besuchen.

## 102
### DIE SALZWIESEN VON MARTIN JOHNSON HEADE

#### Rhode Island, USA

Der kleinste US-Bundesstaat, Rhode Island, beherbergt viele unterschiedliche Landschaftsarten, die im Laufe der Zeit zahlreiche Künstlerinnen und Künstler zu berühmten Werken inspiriert haben. Dem US-amerikanischen Maler Martin Johnson Heade (1819–1904) hatten es vor allem die Salzwiesen um die East Coast angetan, die Vorlage seiner bekannten Salzwiesen- und Seelandschaftsbilder. Verzaubert von ihrer zarten Schönheit, die sich je nach Lichteinfall veränderte, studierte Heade die Salzwiesen auf Rhode Island bei jedem Wetter, bevor er sich schließlich bei *The Marshes at Rhode Island* (1866) für einen wolkenklaren, strahlenden Himmel entschied. Unzählige Wanderwege führen durch die Salzwiesen und eröffnen Panoramen, die an Heades Gemälde erinnern.

**LINKS:** Besucher können über die Farbkleckse auf dem Boden von Jackson Pollocks Atelier wandeln.

# 103

## ENTDECKEN SIE THOMAS COLES PERSPEKTIVEN AUF CATSKILL

## Catskill, New York State, USA

**Auf den Spuren von:** Thomas Cole (1801–1848)

**Route:** Vom Thomas Cole National Historic Site nach Olana

**Länge:** 4,8 km

**Unsere Empfehlung:** *The Falls of Kaaterskill* (1826)

**RECHTS:** Kaaterskill Falls, den Thomas Cole gemalt hat, ist der höchste Wasserfall in New York State.

Der Maler Thomas Cole (1801–1848) wurde in Großbritannien geboren und zog als Teenager zusammen mit seiner Familie in die USA, deren Staatsbürgerschaft er später annahm. Seine berühmten Landschaftsmalereien sind oft inspiriert durch Catskill, einer Stadt im Südosten von Greene County in New York State. Cole gründete die Hudson River School of American Painting, die erste bedeutende US-amerikanische Kunstbewegung, und lebte und arbeitete von 1833 bis zu seinem Tod in Catskill.

Um die Aussichten zu genießen, die Cole und zahlreiche Schüler der Hudson River School zum Malen angeregt haben, können Sie dem Hudson River Art Trail folgen, der an Coles ehemaligem Haus und seinem Atelier Cedar Grove beginnt, das heute den Thomas Cole National Historic Site beherbergt.

Von hier aus geht es weiter zum Schloss Olana, das Coles Schüler Frederic Church errichten ließ. Der Weg über den Hudson River Skywalk ist knapp fünf Kilometer lang. Von der Bergspitze aus, auf der Olana thront, können Sie die prächtige Landschaft von Catskill bewundern, die sich unten Ihnen erstreckt.

Cole malte zahlreiche Landschaftsbilder über die Natur um Cedar Grove, darunter *Lake with Dead Trees* (1825, dt. See mit toten Bäumen) oder *View on the Catskill – Early Autumn* (1836–1837, dt. Blick auf Catskill – im frühen Herbst). Ein anderer sehenswerter, 1,6 Kilometer langer Spaziergang führt von der Schlucht Kaaterskill Clove zum Wasserfall Kaaterskill Falls.

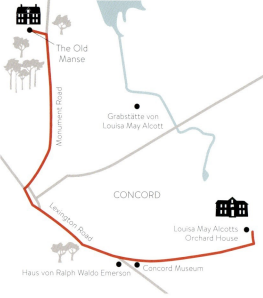

# 104

## EIN STREIFZUG MIT DEN TRANSZENDENTALISTEN

## Concord, Massachusetts, USA

**Streifzüge mit:** Ralph Waldo Emerson, Louisa M. Alcott, Nathaniel Hawthorne und Henry David Thoreau

**Route:** Von Old Manse zum Orchard House

**Länge:** 2 km

**Unsere Empfehlung:** *Little Women* (1868) von Louisa M. Alcott; der Essay *Natur* von Ralph Waldo Emerson (1836)

**OBEN LINKS:** Concord, Massachusetts, ist der Geburtsort des Transzendentalismus.

**LINKS:** Das Museum von Concord stellt Möbel und Gebrauchsgegenstände von Henry David Thoreau aus, der sich hier dem einfachen Leben verschrieben hatte.

Abgesehen von der Schlüsselrolle, die der Ort im Amerikanischen Unabhängigkeitskrieg spielte, kann Concord – dank Ralph Waldo Emerson und seiner Entourage im 19. Jahrhundert – gleichfalls auf eine reiche Literaturgeschichte zurückblicken. Hier, wo 1775 gekämpft wurde, steht auch das Old Manse, das ehemalige Zuhause von Emersons Großeltern. Dort verfasste Emerson seinen Essay *Natur*, der den Grundstein für die Philosophie des Transzendentalismus legte: »Natur ist etwas, das die Menschen erleben und das durch die menschlichen Emotionen größer wird.«

Nathaniel Hawthorne, Anhänger von Emerson und Verfasser der Kurzgeschichtensammlung *Das alte Pfarrhaus* (1854), wohnte auch eine Zeit lang im Old Manse.

Folgen Sie der Monument Road 800 Meter südwärts, bis Sie zum Concord Monument Square gelangen. Hier biegen Sie links in die Lexington Road ab und laufen zum ehemaligen Emerson-Wohnhaus, einem beeindruckenden Kolonialhaus auf einem zwei Hektar großen Anwesen, in dem sich die Transzendentalisten in seinem Arbeitszimmer trafen.

Unweit entfernt liegt das Concord Museum, in dem Sie die Henry-David-Thoreau-Sammlung besichtigen können, zu der Möbel und Gebrauchsgegenstände gehören, die sich zuvor in seiner selbst gebauten Holzhütte (die abgerissen wurde) am Walden Pond befanden, der etwa 800 Meter südlich des Museums liegt (vgl. Seite 87).

An der Lexington Road liegt auch Orchard House, das ehemalige Wohnhaus der Familie Alcott, deren berühmte Tochter Louisa May Alcott zu Emersons Kreis gehörte. Ebendieses Haus und seine Bewohner inspirierten sie zu ihrem berühmten, zweibändigen Werk *Little Women*.

## 105
### INNEHALTEN AUF EINER BANK AM STRASSENRAND

#### »The Bench by the Road«, Lincoln, Massachusetts, USA

Das Gedenkprojekt »The Bench by the Road« (dt. Die Bank am Straßenrand) von Toni Morrison (1931–2019) entstand 2006, nachdem die Autorin das Fehlen von Gedenkstätten für all jene, die als Sklaven in die USA verschleppt worden waren, öffentlich angeprangert hatte. Seitdem wurden an verschiedenen historischen Schauplätzen der USA Bänke errichtet, auch in den Walden Woods um den Walden Pond, dem Ort, an dem Henry David Thoreau einige Jahre lebte. Nehmen Sie sich ein gutes Buch mit auf diesen kurzen Spaziergang … und ein bisschen Zeit, um innezuhalten und zu gedenken.

## 106
### FOLGEN SIE MARGARET ATWOODS WEG ZUM *REPORT*

#### Cambridge, Massachusetts, USA

Margaret Atwoods (geb. 1939) dystopischer Roman *Der Report der Magd* (1985) spielt in Neuengland und strotzt vor Anspielungen auf die Harvard University, an der Atwood einst studierte. Im Roman taucht dieser Ort jedoch nicht als Hort des Wissens und der Wahrheit auf, sondern der Folter und der Unterdrückung. Ganz in der Nähe, an der Church Street 3, liegt eine kleine Kirche, die im Roman »nicht mehr genutzt wird, sondern als Museum« dient. Weiter geht es nördlich zur Quincy Street 45 »mit spätviktorianischen Verzierungen und Buntglas. Früher nannte man sie Memorial Hall«. Von hier aus führt Sie der Weg zurück in den Süden bis zum Fluss, an den die Heldin Offred sich sehnsüchtig erinnert: »Ich wünschte, ich könnte so weit gehen, zu den weiten Flussufern, wo wir uns früher gesonnt haben.«

## 107
### SUCHEN SIE DIE GEDICHTE HINTER DEN BLUMEN

#### Holyoke Range, Massachusetts, USA

Die Dichterin Emily Dickinson (1830–1886) lebte zurückgezogen auf dem Anwesen ihrer Familie in Amherst, Massachusetts – heute ein Museum –, wo sie weniger für ihre Texte als für ihren grünen Daumen bekannt war. Sie verschickte Blumensträuße an ihre Freunde, an die sie ihre Gedichte heftete, doch erhielt sie vor allem Komplimente für ihre Blumen. Erst nach ihrem Tod wurden ihre Verse zu Themen wie Sterben und Unsterblichkeit gefunden und werden seitdem weltweit bewundert. Ihr Gedicht »The Mountains stood in Haze« (1945, dt. Die Berge lagen im Nebel) handelt vom Mount Holyoke in der Nähe ihres Zuhauses. Der 346 Kilometer lange New England National Scenic Trail verläuft entlang der Bergkette und bietet Ihnen zahlreiche Wanderrouten mit grandiosen Ausblicken über die Täler.

## 108
### ZUR RUHE KOMMEN MIT MARY OLIVER

#### Provincetown, Massachusetts, USA

Die Pulitzer-Preisträgerin und Dichterin Mary Oliver (1935–2019) hatte eine starke Affinität zur Natur. Die meisten ihrer Gedichte spielen in Provincetown, wohin sie in den 1960er Jahren gezogen war, und evozieren Bilder von ihren täglichen Spaziergängen (vor allem vor Sonnenaufgang) durch die Commercial Street in der Nähe ihres Hauses. Ein absolutes Muss ist der 30- bis 45-minütige Balanceakt über den Breakwater Causeway, der aus unebenen Felsen besteht und bei Ebbe durch den Hafen bis zur Spitze von Cape Cod und zum friedlichen Long Point Beach führt.

**RECHTS:** Spazieren Sie über den Breakwater Causeway in Provincetown.

## 109
### SICH ZU HAUSE FÜHLEN MIT EDITH WHARTON

#### Lenox, Massachusetts, USA

Edith Wharton (1862–1937) war die erste Frau, die den Pulitzer-Preis erhielt. Sie kam 1862 in einer wohlhabenden Familie zur Welt und schrieb über das, was sie kannte: die Oberschicht. Sie entwarf ihr Haus und ihr Landhaus selbst – The Mount in Lenox, Massachusetts –, wo sie zahlreiche ihrer Romane verfasste. Flanieren Sie durch das atemberaubende Anwesen, durch den versunkenen italienischen Garten, den ehemaligen Blumengarten oder über den mit Bäumen gesäumten Lime Walk, der die Gärten miteinander verbindet. Eine dreistündige Wanderung führt zum Laurel Lake und wieder zurück.

## 110
### DANKESBRIEFE VON ELIZABETH BISHOP

#### Duxbury, Massachusetts, USA

Das Gedicht »Ende März« (1975) von Elizabeth Bishop (1911–1979) beginnt mit folgenden Versen: »Es war kalt und windig, wohl kaum ein geeigneter Tag / für einen Spaziergang über diesen langen Strand.« Gemeint ist Duxbury, Massachusetts, wo Bishop 1974 bei Freunden zu Gast war. Später erklärte sie, dass das Gedicht ein Dankesbrief gewesen war. Duxbury ist eine wunderschöne, unberührte Bucht, in der man Vogelarten beobachten und den zwölf Kilometer langen Sand- und Kiesstrand genießen kann – auch doppelt, wenn Sie wieder zu Fuß zurücklaufen.

# 111

## CAPE COD DURCH DIE AUGEN VON HOPPER

### Cape Cod, USA

**Auf den Spuren von:** Edward Hopper (1882–1967)

**Route:** Vom Highland Lighthouse bis zum Coast Guard Beach, Truro

**Länge:** 1,6 km

**Unsere Empfehlung:** *Cape Cod Evening* (1939); *Cape Cod Morning* (1950)

**RECHTS:** Der Highland Lighthouse, den Edward Hopper 1930 malte

**UNTEN:** Die Strände, der Himmel und das Licht in Cape Cod zogen zahlreiche Maler an.

Edward Hopper ist für seine Gemälde, in denen die Einsamkeit in der Stadt im Fokus steht, bekannt. Doch einige seiner besten Werke sind in Cape Cod entstanden, wo er eine andere Form von Einsamkeit gefunden hatte – vereinzelte Hausdächer, die sich vor dem klaren Himmel abheben, Gebäude vor der Unendlichkeit des Meeres. 1930 kam er zum ersten Mal in diese Gegend und verbrachte hier anschließend jeden Sommer zusammen mit seiner Frau Josephine Nivison in dem ländlichen Städtchen Truro, wo sie sich später ein eigenes Haus bauten. Hopper schuf hier Hunderte Gemälde, darunter *Cape Cod Sunset*, *Corn Hill* und *South Truro*.

Gewöhnlich malte er von seinem Auto aus, doch Ihre Wanderung lässt die Straße schnell hinter sich zurück und führt vom Leuchtturm Highland Light im Norden Truros entlang des Küstenwegs Cape Cod National Seashore zum Coast Guard Beach. 1930 schuf Hopper *Highland Light, North Truro*. Seitdem wurde der Leuchtturm aufgrund der Erosion der Küste weiter ins Binnenland verlegt, trotzdem ist er leicht wiederzuerkennen. Andere Motive entspringen Hoppers Vorstellungskraft oder sie sind im Laufe der Jahre verschwunden – die Sonne aber scheint weiterhin genauso licht und beeindruckend wie zu seiner Zeit.

## 112
### DAS GLÜCK VON PAUL THEROUX
**Cape Cod, Massachusetts, USA**

Der Verfasser von Reiseberichten und Romanen Paul Theroux (geb. 1941) hat die ganze Welt bereist, aber er weiß auch, was er liebt: »Cape Cod ist der Schauplatz meiner glücklichen Kindheit. Ich erinnere mich an die Sonne, die Strände und den Geruch der Salzwiesen.« Theroux rät Besuchern, den Nantucket Sound mit einem Kajak zu erkunden. Wenn Sie lieber einen Spaziergang machen wollen, können Sie, dem Ufer der Halbinsel folgend, vom Leuchtturm Long Point bis zum Herring Cove Beach laufen.

## 113
### DER SCHAUPLATZ VON *MOBY DICK*
**Nantucket, Massachusetts, USA**

Der in New York geborene Herman Melville (1819–1891) hatte Großbritannien, Jerusalem, Tahiti und Hawaii gesehen, aber sich nie in Nantucket vor Cape Cod aufgehalten, wo sein Walfang-Klassiker *Moby Dick* (1851) spielt. Ein Jahr nach der Veröffentlichung besuchte Melville den Ort und wohnte an der Broad Street 29. Captain Pollard, dessen verfluchter Walfänger, die *Essex*, als Vorlage für den Roman gedient hatte, hatte nur einen Steinwurf entfernt in der Centre Street 46 gelebt. Melvilles weltberühmter Roman bezieht sich auf Aussagen des Historikers Thomas Macy, der 800 Meter entfernt an der Main Street 99 lebte, wo sich heute ein Museum befindet.

## 114
### ENTDECKEN SIE WINSLOW HOMERS TEN POUND ISLAND

#### Gloucester Harbor, Massachusetts, USA

Bei seinem Besuch in Gloucester, Massachusetts, im Jahr 1880 lebte der in den USA geborene Maler Winslow Homer (1836–1910) auf Ten Pound Island in der Bucht von Gloucester Harbour. Die Insel, auf der Homer über 50 Seestücke erschuf, ist nur über den Seeweg zu erreichen. Die schönste Sicht auf Ten Pound Island haben Sie von der Halbinsel Rocky Creek oder vom Fork Point aus. Spazieren Sie von Rocky Creek im Osten nordwärts entlang der E Main Street zur Main Street und drehen eine Runde durch den Innenhafen. Anschließend geht es zurück zum Fork Point und seiner grandiosen Aussicht.

## 115
### ABSTRAKTIONEN MIT HELEN FRANKENTHALER

#### Provincetown, Massachusetts, USA

An der Spitze von Cape Cod liegt das Städtchen Provincetown, in dem die Malerin Helen Frankenthaler (1928–2011) ihre Sommer verbrachte und das einen großen Einfluss auf ihre Kunst hatte. Der Ausblick auf die Küstenlandschaft und das Meer inspirierte sie zu ihrer Soak-Stain-Technik; zudem ermöglichte ihr die Weite des Ateliers in der Commercial Street, größere Gemälde wie *Princetown I* (1964) zu schaffen. Ein hübscher Spazierweg führt von der Commercial Street zum Strand an der Herring Cove. Das passt wunderbar, immerhin lautete der Titel des Gemäldes, das 1950 für ihren Durchbruch sorgte, schlicht und einfach *Beach*.

## 116
### ROBERT McCLOSKEYS ENTENKÜKENFÜTTERUNG

#### Boston Public Gardens, Boston, Massachusetts, USA

Der Boston Public Garden war der erste Botanische Garten in den USA und die Inspiration für Robert McCloskeys (1914–2003) Bilderbuch für Kinder *Straße frei, die Enten kommen* (1941). Das Buch erzählt die Geschichte eines Stockentenpärchens, das auf einer kleinen Insel im Teich des Gartens eine Familie gründet. McCloskey, der Anfang der 1930er Jahre an der Vesper George Art School studierte, verbrachte viel Zeit in dem vier Hektar großen Park, wo er die Enten fütterte, die er später malte. Sie können hier sonntags ganz entspannt mit der Familie spazieren gehen …

## 117
### REFLEXIONEN ÜBER TEXTE VON PHILLIS WHEATLEY

#### Boston, Massachusetts, USA

An der Ecke Beach Street/Tyler Street in Boston wurde 1761 auch ein junges Mädchen aus Westafrika als Sklavin versteigert, das später unter dem Namen Phillis Wheatley (ca. 1753–1784) berühmt wurde. Phillis wurde sie genannt nach dem Schiff, auf dem sie über den Atlantik gebracht wurde. Wheatley nach der Familie, die sie gekauft und ihr das Lesen und Schreiben beigebracht hatte. 1773 war sie die erste Afroamerikanerin, die einen Gedichtband veröffentlichte. Streifen Sie durch den Theatre District und besichtigen Sie das Boston Women's Memorial, eine 2003 enthüllte Statue, die Wheatley und weitere bedeutende Frauen aus Boston ehrt.

**RECHTS:** Provincetown hatte einen tiefgreifendem Einfluss auf das Werk von Helen Frankenthaler.

## 118
### AUF DEM FREEDOM TRAIL
**Boston, Massachusetts, USA**

»Wenn die Briten heute Nacht / Zu Lande oder zu Wasser ziehen, / Hängt eine Laterne hoch im Nordkirchglockenturm / als Signallicht auf, im Dunkel wie im Sturm«, schrieb Henry Wadsworth Longfellow (1807–1882) in seinem Gedicht »Paul Reveres Ritt« (1860). Der vier Kilometer lange Boston Freedom Trail ist ein nicht gekennzeichneter Wanderweg, der an der Kirche sowie an 15 weiteren Schauplätzen der Stadtgeschichte vorbeiführt – wie am Park Boston Common oder dem Bunker Hill Monument im Viertel Charlestown. Sie passieren auch das Omni Parker House, wo sich Longfellow jeden letzten Sonntag im Monat um 15 Uhr mit anderen Schriftstellern traf – auch mit Charles Dickens, der hier zum ersten Mal in den USA seine *Weihnachtsgeschichte* (1843) vortrug.

## 119
### ROBERT-FROST-VERSE IN DEN WÄLDERN
**Green Mountains, Vermont, USA**

Der Robert Frost Interpretive Trail in der Nähe von Ripton in den Green Mountains von Vermont ist ein bezaubernder Waldwanderweg, der mit Gedichten des bekanntesten Lyrikers aus Neuengland gesäumt ist. Auf dem 1,6 Kilometer langen Rundweg stoßen Sie neben einer weiten Wiese auf sein Gedicht »Mowing« (1913, dt. Mähen). Und sein Gedicht »Birken« (1916) findet sich – Sie haben es gewiss schon erraten – in einem Birkenwäldchen.

# 120

## DEN UNGEGANGENEN WEG BESCHREITEN

### Hampshire und Wälder von Vermont, USA

**Auf den Spuren von:** Robert Frost (1874–1963)

**Route:** Robert Frost Poetry Trail im Marsh-Billings-Rockefeller-Nationalpark

**Länge:** 1,6–3,2 km

**Unsere Empfehlung:** *Gesammelte Gedichte* (1930)

**LINKS:** Der Herbst in Robert Frosts Wahlheimat ist spektakulär.

**UNTEN:** In den Bergen des Marsh-Billings-Rockefeller-Nationalparks liegt der von Menschen angelegte Teich The Pogue.

Der Marsh-Billings-Rockefeller-Nationalpark liegt kurz vor Woodstock. 1998 eröffnet, ist er der erste Nationalpark in Vermont; 33 Wanderwege führen hindurch, darunter der unumgängliche Robert Frost Poetry Trail. Frost zog in den 1920er Jahren von New Hampshire nach Vermont, wo er die ihm verbleibenden 40 Jahre seines Lebens verbrachte und zum ersten preisgekürten Dichter des Bundesstaates wurde. Der ihm gewidmete Wanderweg windet sich durch einen Mix aus Mischwäldern und Wiesen. Es ist die typische Landschaft Neuenglands, die Frost inspirierte.

Der Gedenk-Wanderweg beginnt am Herrenhaus im Park und führt an Garten und Kutschenhaus vorbei in den Wald. Entlang der etwa einstündigen Wanderung stoßen Sie auf 13 seiner Gedichte, darunter »Der Klang der Bäume« (1916) oder »Leaves Compared With Flowers« (1935, dt. Vergleich zwischen Blättern und Blumen). Hier können Sie die Sprache, die Frost für die Landschaft fand, wortwörtlich auf sich wirken lassen.

Viermal erhielt er den Pulitzer-Preis, sein Leben lang benutzte er eine bodenständige Umgangssprache, wie auch sein Grabstein auf dem Old Bennington Cemetery zeigt. Darin eingraviert wurde eine Zeile aus seinem Gedicht »Die Lektion für heute«: »Ich hatte Beziehungsstress mit der Welt.«

# 121

## EINEM MORD IN VERMONT NACHSPÜREN

### Bennington, Vermont, USA

**Streifzug mit:** Donna Tartt (geb. 1963)

**Route:** Rund um den Campus des South Vermont College

**Länge:** 4 km

**Unsere Empfehlung:** *Die geheime Geschichte* (1992)

**OBEN:** Donna Tartts Roman-Debüt, in viele Sprache übersetzt, handelt von einem Mord während einer Wanderung.

**RECHTS:** Durch die umwerfende Umgebung des Bennington Colleges führen zahlreiche Wanderwege.

*Die geheime Geschichte* von Donna Tartt beginnt mit dem Geständnis eines Mordes: »Der Schnee in den Bergen begann zu schmelzen, und Bunny war schon mehrere Wochen tot, als uns bewusst wurde, in welchem Schlamassel wir steckten.« Nach und nach erfahren die Leser, dass Bunny ein Geheimnis erfahren hatte, das die sechsköpfige Clique, die gemeinsam Altgriechisch studierte, um jeden Preis vertuschen wollte. Daher beschlossen seine fünf Mitschüler, Bunny zu ermorden, und stießen ihn bei einem seiner gewohnten Spaziergänge in eine Schlucht, um seinen Tod wie einen Unfall aussehen zu lassen.

Das Hampden College aus dem Roman erinnert an das Bennington College, wo Tartt einst studierte. Durch das grüne, mit Laubbäumen gesäumte Umland von Bennington zieht sich ein umfassendes Netz aus leicht zugänglichen Wanderwegen, auf denen Sie unweigerlich erkennen werden, was die Autorin inspirierte. (Suchen Sie sich aber Ihre Begleitung sorgfältig aus!)

Der Weg beginnt an der Carriage Road und führt über die alte, gepflasterte Straße zum historischen Everett Mansion auf dem Campus des South Vermont College, von wo aus Sie das Tal überblicken. Die hier beginnenden Wanderwege sind ehemalige Holzfällerpfade. Sie folgen dem 3,2 Kilometer langen, mit roten Schildern gekennzeichneten Halloween Trail, der im Norden des Herrenhauses beginnt und der seinen Namen einem schaurigen Ahorn verdankt, auf den Sie unterwegs stoßen werden. Richard, einer der Protagonisten, beschreibt die Ankunft der Clique in Hampden mit folgenden Worten: »Über den Bergen, über den Birken und unvorstellbar grünen Weiden ging die Sonne auf ... es sah aus wie die Landschaft in einem Traum.«

## 122
### HIER BEGANN ALLES FÜR EDNA ST. VINCENT MILLAY

**Mount Battie, Camden, Maine, USA**

»Von wo ich stand, da sah ich nur
Drei weite Bergrücken und Natur;
Und sah ich in die andre Flucht,
sah ich drei Inseln in der Bucht.«

Kurz und bündig beschreiben die ersten Verse aus Edna St. Vincent Millays Gedicht »Renascence« (1912, dt. Wiedergeburt) die Aussicht von der Spitze des Mount Battie in ihrer Heimatstadt Camden, Maine. Beginnen Sie am Whitehall Inn, in dem Millay dieses Gedicht zum ersten Mal vortrug und die Mäzenin Caroline B. Dow gleich dermaßen beeindruckte, dass sie das Studium der jungen Dichterin am Vassar College finanzierte. Einige Häuserblocks entfernt liegt der Mount Battie Trail. Die kurze, aber steile Wanderung belohnt die Anstrengung mit ebenjener atemberaubenden Aussicht, die Millay inspirierte.

## 123
### GRUSELSCHAUER IN STEPHEN KINGS HEIMATSTADT

**Bangor, Maine, USA**

Der Meister der Horrorgeschichten Stephen King (geb. 1947) lebt in Maine, wo zahlreiche seiner Geschichten spielen. Die fiktive Stadt Derry, Schauplatz auch seines berühmten Romans *Es* (1986), ist inspiriert von Bangor, wo King seit 1980 an der West Broadway 47 lebt – hinter einem schmiedeeisernen Zaun mit Spinnen und Fledermäusen. Nur 800 Meter nördlich seines Wohnhauses, wo sich die Thomas Hill Road durch den Summit Park windet, liegt der Wassertank Thomas Hill Standpipe. Seit 1897 ist der Wasserturm unabdingbar für die Wasserversorgung von Bangor; seit 1986 gilt er zudem als Vorbild für den Wasserturm in *Es*, wo Stan zum ersten Mal auf den bösen Clown Pennywise trifft. Weitere 800 Meter nördlich liegt der Kenduskeag Stream Park, der Treffpunkt des Klubs der Verlierer in den sumpfigen Barrens.

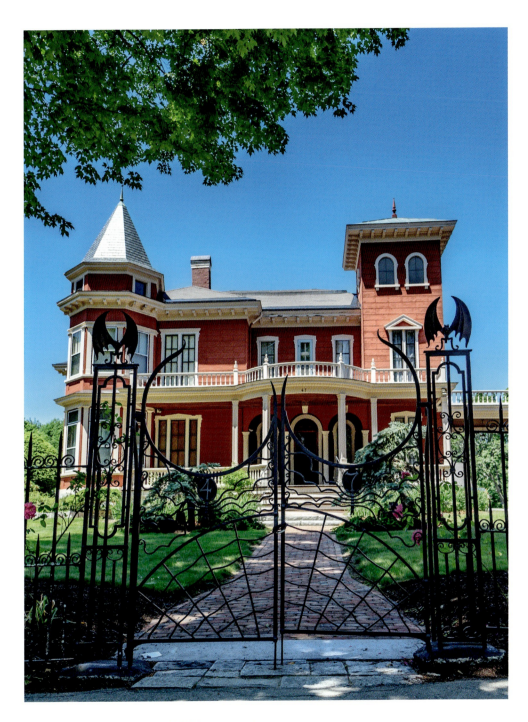

**LINKS:** Ausblick vom Summit Park in der Nähe von Stephen Kings Haus

**OBEN:** Der Zaun vor dem Wohnhaus ist mit Spinnen und Fledermäusen verziert.

# 124

## FRIDA KAHLOS MEXIKO-STADT

### La Casa Azul, Mexiko-Stadt, Mexiko

**Streifzug mit:** Frida Kahlo (1907–1954)

**Route:** Von La Casa Azul bis zum Museum von Leo Trotzki

**Länge:** 4,8 km

**Unsere Empfehlung:** *Selbstporträt, Leo Trotzki gewidmet* (1937); *Frida und Diego Rivera* (1931)

Die grenzüberschreitende Malerin Frida Kahlo lebte im Wohnviertel Coyoacán in Mexiko-Stadt in einem kobaltblauen Haus, das sie La Casa Azul (Das Blaue Haus) getauft hatte und das sich hervorragend als Startpunkt für Ihren Spaziergang eignet. 1958 verschenkte Diego Rivera, Künstler und Ehemann von Frida Kahlo, das Haus mitsamt Innenausstattung an ein Museum.

Im begrünten Viertel Coyoacán finden Sie zahlreiche Sehenswürdigkeiten wie Museen, Cafés, Buchhandlungen und Märkte. Kahlo und Rivera tranken gern Tequila in der Cantina La Guadalupana, die sich auch heute noch hier befindet. (Zu trinken gibt es allerdings nichts mehr.)

Danach geht es weiter zum Coyoacán Markt, einer belebten, zweistöckigen Markthalle, die 1921 eröffnet wurde, bevor der Weg Sie zum Museum und früheren Haus von Leo Trotzki führt. Der kommunistische Politiker hatte einen großen Einfluss auf das Künstlerehepaar. Kahlo widmete ihm sogar ein Selbstporträt – wie die Papiere erkennen lassen, die sie auf dem Bild in der Hand hält.

Beenden Sie Ihre Runde mit einem Abstecher zum entlegenen Anahuacalli Museum in San Pablo Tepetlapa. In dem von Rivera entworfenen Gebäude werden etwa 60 000 Kunstwerke aus präkolumbischer Zeit ausgestellt, die er und Kahlo aus Interesse an der mexikanischen Kultur gesammelt hatten.

**OBEN:** Die Künstlerin Frida Kahlo lebte und malte in Mexiko-Stadt.

**OBEN RECHTS:** Es fällt leicht, sich Frida Kahlo bei der Arbeit in ihrem Atelier vorzustellen.

**RECHTS:** La Casa Azul, heute ein Museum, verrät viel über die herausragende Malerin.

## 125
## EINE FRAU MIT TALENT
### San Juan de los Lagos, Mexiko

»Es ist ein Verbrechen, Frau zu sein und Talent zu haben«, sagte María Izquierdo (1902–1955) einmal. Doch das hinderte sie nicht daran, Diego Riveras berühmteste Schülerin zu werden und die erste mexikanische Künstlerin zu sein, deren Werke in den USA ausgestellt wurden. Obwohl sie nahezu unbekannt war und in Armut starb, gilt sie heute als Wegbereiterin für Künstlerinnen in ihrer Heimat. In San Juan de los Lagos, ihrem Geburtsort, wurden eine Straße und das lokale Kulturzentrum nach ihr benannt. Wenn Sie von der Calle María Izquierdo zum historischen Zentrum laufen, erhaschen Sie einen Eindruck von den vibrierenden Farben, die ihre Gemälde kennzeichnen.

## 126
### ROBERTO BOLAÑO IN MEXIKOS HAUPTSTADT

#### Mexiko-Stadt, Mexiko

Der chilenische Autor Roberto Bolaño (1953–2003) zog als Teenager nach Mexiko-Stadt. Auch wenn er die Stadt später verließ und nach Spanien übersiedelte, kehrte sie in seinen Büchern wie *Die wilden Detektive* (1998) oder *2666* (2004) wieder. Der 6,4 Kilometer lange Spazierweg beginnt an seinem ehemaligen Wohnhaus in der Calle Samuel 27 im Viertel Guadalupe Tepeyac. Von hier aus geht es südwärts in das historische Stadtzentrum, wo Sie anschließend in westlicher Richtung zum Café La Habana in der Avenida Morelos 62 abbiegen. Diese altmodische Absteige war eine der Lieblingsadressen Bolaños, die als Café Quito in *Die wilden Detektive* auftaucht. Eine Plakette an der Wand erwähnt auch Gabriel García Márquez, Fidel Castro und Che Guevara als illustre Gäste.

## 127
### WAS KANN MAN AUF EINEM SPAZIERGANG ALLES SAMMELN?

#### Mexiko-Stadt, Mexiko

Der in Belgien geborene, in Mexiko-Stadt ansässige und wunderbar kreative Francis Alÿs (geb. 1959) hat Spaziergänge zu einer Kunstform erhoben. Er nennt seine Werke *paseos* – Streifzüge –, die »der Unterwerfung eines öffentlichen Ortes widerstehen und die Zeit auf die Dauer eines Spaziergangs beschränken«. Eine seiner bekanntesten Performances war *The Collector* (1990–1992, dt. Der Sammler), bei der Alÿs ein kleines, magnetisches Spielzeug in Form eines stilisierten Hundes an einer Leine durch die Stadt und das Centro Histórico zog, an dem Müll hängen blieb, »bis es über und über mit seinen Errungenschaften bedeckt war«.

**RECHTS:** Um herauszufinden, was andere in Mexiko-Stadt gesammelt haben, sollten Sie Ihre Wanderung auf den Spuren von Francis Alÿs im Museo de la Ciudad beenden.

## 128
### AUF DEM BERG, DER DIE VIOLINEN VERSTUMMEN LIESS

#### Mount Pelée, Martinique

Sie werden den Schauplatz aus Patrick Leigh Fermors (1915–2011) *Die Violinen von Saint-Jacques* (1953) auf keiner Karte der Welt finden können. Die Insel, die »wie eine Perle auf dem 61. Meridian hängt«, existiert nur in der Vorstellung des Autors. Aber sie erinnert an die Karibikinsel Martinique und den Ausbruch des Vulkans Pelée im Jahr 1902, der dem dekadenten Mardi-Gras-Karneval, den Fermors Text so bildstark beschreibt, ein unerwartetes Ende bereitete. Eine Wanderung zur Spitze des 1397 Meter hohen Pelée führt durch üppige tropische Nebelwälder, die aus der Asche des letzten Vulkanausbruchs im Jahr 1932 gewachsen sind und somit den wohl jüngsten Teil der Insel bilden.

## 129
### BOB MARLEYS HEIMAT

#### Nine Mile, Jamaika

Bob Marley (1945–1981) wurde in Nine Mile in den Bergen von St. Ann, Jamaika, geboren und wuchs in dem Dörfchen auf. Es ist inzwischen eine beliebte Wallfahrtsstätte für Fans des Reggae-Pioniers und ein großartiger Ort für einen Spaziergang, um die Atmosphäre auf sich wirken zu lassen, die den Musiker inspiriert hat. Beginnen Sie an Marleys Geburtshaus, wo sich heute ein Museum befindet, in dem Sie mehr über seine Wurzeln erfahren können. Hier steht auch der Fels in den Farben der Rastafaris, auf dem er saß und seine Hits schrieb. Daneben liegt das Mausoleum des Sängers in einer kleinen Kirche im äthiopischen Stil. Sie können ab hier in jede Himmelsrichtung laufen, um die atemberaubenden ländlich geprägten Regionen Jamaicas zu erkunden.

## 130
### BARBESUCHE IN HEMINGWAYS HAVANNA

#### Havanna, Kuba

Ein Gewirr aus pastellfarbenen Kolonialhäusern: Havanna sieht noch heute fast genauso aus wie zu jener Zeit, als Ernest Hemingway (1899–1961) hier zu Hause war – insbesondere das Viertel um das Hotel Ambos Mundos, in dem das Zimmer 511 mit Hemingways Besitztümern und seiner Schreibmaschine ausgestattet ist, ist nahezu unverändert geblieben. Vom Hotel aus führt der Hemingway-Weg durch die Altstadt Havannas, die zum UNESCO-Weltkulturerbe zählt, sowie – unvermeidlich bei Hemingway – zu einigen Bars. »Ein Mojito in La Bodeguita, ein Daiquiri in El Floridita.« Die berühmte Aussage des Autors hängt gerahmt im La Bodeguita del Medio, einer engen, zigarrenrauchvergangenen Bar voller Kuriositäten. Weiter geht es ins nahe El Floridita, wo eine Statue des Autors mit einem Daiquiri – dem Papa Doble – an der Bar sitzt. Der Cocktail steht auch heute noch auf der Getränkekarte.

## 131
### SPAZIEREN SIE DURCH HAVANNAS LEBENDIGE KUNST

#### Fusterlandia, Jaimanitas, Kuba

Auf den ersten Blick wirkt Jaimanitas im Westen Havannas wie ein ganz gewöhnliches Stadtviertel. Doch in seinen Straßen versteckt sich eine wundersame Welt naiver Kunst. Laufen Sie nordwärts an den Wandbildern entlang bis zum Meer, wo sich das *Taller-Estudio*, das Atelier von José Rodríguez Fuster, befindet. Der 1946 in Villa Clara, Kuba, geborene Künstler kehrte nach einem Aufenthalt in Europa voller Tatendrang zurück und wollte so etwas erschaffen wie Antonio Gaudís *Park Güell*. Das gelang, Jaimanitas entwickelte sich zu einem work in progress in allen Farben des Regenbogens – denn beeindruckt von Fusters einzigartiger Arbeit an seinem Wohnhaus, taten seine Nachbarn es ihm nach. Nach und nach zogen sich Wandbilder, Mosaike und Statuen durch das gesamte Viertel und verwandelten es in ein begehbares Kunstprojekt.

**LINKS:** Die zerbröckelnde Pracht von Havanna

# SÜDAMERIKA

Erkunden Sie Kolumbien mit dem Roman *Hundert Jahre Einsamkeit*, singen Sie in Chile Protestlieder mit Violeta Parra und führen Sie sich in Bolivien die letzten Tage Che Guevaras vor Augen – auf diesem Kontinent voller Leidenschaft.

# 132

## EINE REISE IN GABRIEL GARCÍA MÁRQUEZ' WELT DES MAGISCHEN REALISMUS

### Aracataca, Kolumbien

**Streifzug mit:** Gabriel García Márquez (1927–2014)

**Route:** Durch Aracataca

**Länge:** 4,8 km

**Unsere Empfehlung:** *Hundert Jahre Einsamkeit* (1967)

**RECHTS:** Das reale Aracataca, das Gabriel García Márquez als Vorbild für das fiktive Macondo diente

Bis zum Alter von acht Jahren lebte Gabriel García Márquez (1927–2014) in der Blechhütte seiner Großeltern in Aracataca. Das verschlafene Dorf liegt in den Ausläufern der kolumbianischen Sierra Nevada am Ufer eines Flusses, dessen glatt gespülte Steine »strahlend weiß und groß waren wie prähistorische Eier«.

Aracataca ist zugleich Macondo: das fiktive Dorf in *Hundert Jahre Einsamkeit* – ein Beispiel für den magischen Realismus, in dem magische Elemente mit realen verknüpft werden.

Der Weg aus Richtung Santa Marta führt durch weite Sumpfgebiete und sattgrüne Bananenplantagen. Der stillgelegte Bahnhof erinnert an die fiktive Banana Company, deren Eisenbahnlinie den Fortschritt nach Macondo bringt.

Das übersichtliche Aracataca/Macondo können Sie auf eigene Faust erkunden. Starten Sie bei der Casa Museo Gabriel García Márquez, dem Geburtshaus des Literaturnobelpreisträgers (1982). Fans seines Romans werden viele Zimmer und Details wiedererkennen. Auch ein Besuch der Grabskulptur zu Ehren der Romanfigur Melquiades lohnt sich. Ein ausgedehnter Spaziergang entlang des Flusses, der sich träge durch die echte wie durch die fiktionale Landschaft schlängelt, rundet die Tour ab.

»Es gibt keine Zeile in meinem Werk, die nicht von der Wirklichkeit inspiriert wurde«, äußerte García Márquez in einem Interview. »Allerdings ist die Wirklichkeit der Karibik selbst von wildesten Fantasien oft nur schwer zu unterscheiden«.

## 133
### SPAZIERGANG AM FLUSS
**Barranquilla, Kolumbien**

Als er *Hundert Jahre Einsamkeit* schrieb, arbeitete Gabriel García Márquez in der quirligen Hafenstadt Barranquilla für die Lokalzeitung *El Heraldo*. Dort wohnte er direkt über einem Bordell. Mit befreundeten Autoren und Journalisten diskutierte er bei einem Gläschen regelmäßig über neue Kapitel. Einer ihrer Treffpunkte, das Café La Cueva, existiert bis heute. Es ist der ideale Startpunkt für eine Tour durch die Stadt und entlang des Río Magdalena bis zu dessen Mündung. Fahrten als Kind mit dem Dampfschiff zur Hauptstadt Bogotá prägten die Begeisterung des Autors für den Fluss, die sich in seinen Werken widerspiegelt.

## 134
### MÁRQUEZ' SPIRITUELLE HEIMAT
**Cartagena, Kolumbien**

»In all meinen Büchern steckt viel von Cartagena.« Die im Kolonialstil erbaute Stadt ist eng mit Gabriel García Márquez verbunden. Hier lebte und arbeitete er, und bis heute glaubt man, überall Figuren seines magischen Realismus zu begegnen. Schlendern Sie vom »schiefen Turm« der Kirche Santo Domingo durch die engen Straßen bis zur Plaza Fernández de Madrid, die von Mandelbäumen gesäumt ist: dem »Park der Evangelien« in *Liebe in den Zeiten der Cholera* (1985).

SÜDAMERIKA

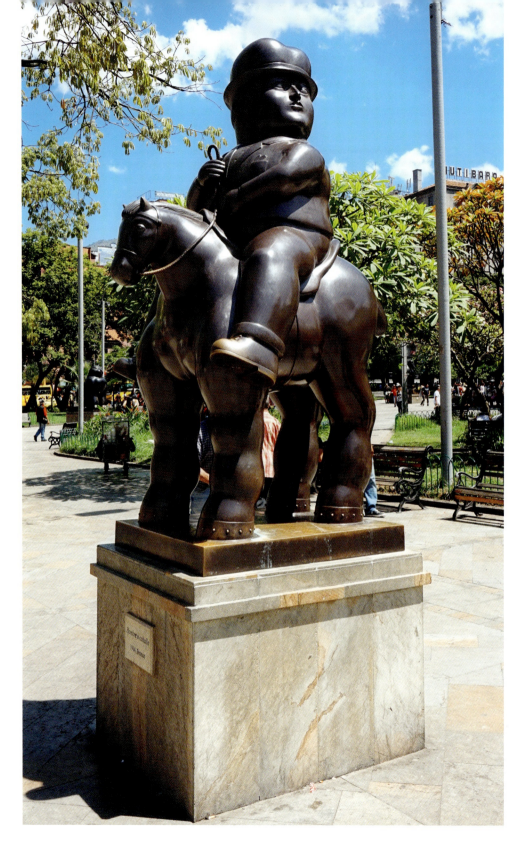

## 135
### WILLKOMMEN IN DER WELT FERNANDO BOTEROS

**Medellín, Kolumbien**

Der in Medellín geborene Maler und Bildhauer Fernando Botero (1932–2023) ist berühmt für die üppigen Körperformen seiner Skulpturen: 23 davon können Sie an der Plaza Botero (auch Plaza de la Esculturas genannt) bestaunen, wo die 1,6 km lange Tour auf den Spuren des Künstlers beginnt. Dann geht es durch das nahe gelegene Museo de Antioquia mit der weltweit größten Sammlung von Boteros Werken. Zum Abschluss erwarten Sie im Parque de San Antonio zwei große Bronzetauben des Künstlers. Eine davon wurde 1995 als Warnung an Boteros Sohn, der damals Verteidigungsminister war, durch eine Bombenexplosion beschädigt. Als elegante Antwort schuf der Künstler eine weitere »Friedenstaube«, die er neben der ersten platzierte.

## 136
### ARTHUR CONAN DOYLES VERGESSENE WELT

**Monte Roraima, Venezuela**

Man beschreibt den Monte Roraima auch als eine Insel im Himmel. Die mystische Gebirgsformation ist ein beliebtes Trekkingziel, denn der gigantische Tafelberg im Dreiländereck zwischen Brasilien, Venezuela und Guyana erscheint mit seiner einzigartigen Flora und Fauna wie aus einem einzigen Fels gehauen. Den britischen Autor Sir Arthur Conan Doyle (1859–1930) inspirierte der Roraima zu seiner Erzählung *Die vergessene Welt* (1912). Beginnen Sie den Aufstieg zum Gipfel in dem indigenen Dorf Paratepui auf der Hochebene Gran Sabana, wo Sie einen Guide anheuern können.

## 137
### MIT CHARLES DARWIN ZUR BUCHT TAGUS COVE

**Galápagos-Inseln, Ecuador**

»Der Archipel ist eine kleine Welt für sich«, urteilte Charles Darwin (1809–1882) über die Galápagos-Inseln in seinem Reisebericht *Die Fahrt der Beagle* (1839). Seine Erkenntnisse aus dem fünfwöchigen Besuch des Archipels veränderten die Welt nachhaltig. Heute ist der Tourismus auf der Inselgruppe streng reguliert. Doch es gibt Orte, wo man Darwins Spuren folgen kann: etwa an der Bucht Tagus Cove auf der Insel Isabela, die er am 1. Oktober 1835 erreichte. Ein 1,8 km langer Trail führt durch Buschland bis zum smaragdgrünen Lake Darwin und den Lavafeldern des Vulkans Darwin. Mit etwas Glück bekommen Sie nicht nur Darwinfinken zu Gesicht, sondern auch Seelöwen, Pinguine und Galapagosscharben – flugunfähige Kormorane.

## 138
### ERKUNDEN SIE MIRAFLORES MIT MARIO VARGAS LLOSA

**Lima, Peru**

Die Romane des Literaturnobelpreisträgers Mario Vargas Llosa (geb. 1936) spiegeln viele Phasen seines bewegten Lebens: *Die Stadt und die Hunde* (1963) seine Zeit an der Militärakademie, *Tante Julia und der Kunstschreiber* (1977) die Liebesaffäre mit seiner Tante und *Der Fisch im Wasser* (1993) seine erfolglose Präsidentschaftskandidatur. In Limas Stadtteil Miraflores, in dem Vargas Llosa aufwuchs, beginnt die vier Kilometer lange Tour am Parque Central, der im Roman *Gespräch in der »Kathedrale«* (1969) vorkommt. Richtung Süden gelangen Sie zum Haus von Raúl Porras Barrenechea, der Vargas Llosas Lehrer und Mentor war. Bei einem abschließenden Spaziergang entlang der Pasaje Champagnat finden Sie auf Tafeln zu Ehren des berühmten Autors biografische Informationen und Textzitate.

**LINKS:** Die Plaza Botero in Medellín mit 23 Skulpturen von Fernando Botero

# 139

## ERLEBEN SIE MIT JORGE AMADO DEN ZAUBER BAHIAS

### Salvador de Bahia, Brasilien

**Streifzug mit:** Jorge Amado (1912–2001)

**Route:** Von Pelourinho nach Rio Vermelho

**Länge:** 4,8 km

**Unsere Empfehlung:** *Dona Flor und ihre zwei Ehemänner* (1966)

**RECHTS:** Als Teenager lebte Jorge Amado an dem malerischen Platz Largo do Pelourinho.

»Die Welt … ist unbegreiflich und voller Überraschungen«, schrieb Jorge Amado (1912–2001) in seinem Roman *Gabriela wie Zimt und Nelken* (1958). Diese Worte passen auch auf die Stadt, mit der der Autor sehr eng verbunden war: Salvador da Bahia.

Hier lebte Amado, der zu den großen brasilianischen Autoren des 20. Jahrhunderts zählt. Er verewigte die Stadt in vielen seiner Werke, so in *Herren des Strandes* (1937), *Dona Flor und ihre zwei Ehemänner* (1966) und *Viva Teresa* (1972). Er war so intensiv mit der Stadt vernetzt, dass man ihn auch ihren »Kaiser« nannte.

Der 4,8 Kilometer lange Rundgang beginnt im historischen Stadtviertel Pelourinho. Als Teenager wohnte Amado in einem Haus direkt an einem hübschen, kopfsteingepflasterten Platz – dem Largo do Pelourinho. Nahebei liegt die Fundação Casa de Jorge Amado, ein interessantes Museum, das über das Leben und Werk des Autors informiert. Der Weg führt weiter in den südlichen Teil von Pelourinho zum Museu Afro Brasil, das spannende Einblicke in das afrikanische Erbe Brasiliens gibt. Hierzu gehört auch die Candomblé-Religion. Amado, eigentlich ein Atheist, wurde in seinen späten Lebensjahren zum Obá (Ehrenpriester) ernannt.

Der Rundgang führt weiter durch den Stadtteil Rio Vermelho (Reisende sollten ein Taxi nehmen, da es zu Fuß von Pelourinho hierher nicht sicher genug ist). Es lohnt sich, im Bohème-Viertel zu verweilen, bevor Sie in der Rua Alagoinhas 33 das Haus besichtigen, in dem Amado bis zu seinem Tod im Jahr 2001 wohnte. Seine Asche wurde im Garten unter einem Mangobaum verstreut.

## 140
### MIT EDUARDO GALEANO DURCH MONTEVIDEO

#### Montevideo, Uruguay

»Bis zum ersten Kuss und dem zweiten Glas Wein sind wir alle sterblich«, schrieb der Schriftsteller und Journalist Eduardo Galeano (1940–2015). Im Café Brasilero, einem seiner Lieblingscafés, können Sie diese Aussage überprüfen. Hier beginnt Ihre 2,6 Kilometer lange Tour durch Montevideos Altstadt. Nahebei finden Sie die wunderbare Buchhandlung Librería Linardi y Risso, die der Autor von *Die offenen Adern Lateinamerikas* (1971) oft besuchte. Ein kleiner Umweg führt am Gebäude der von Galeano mitgegründeten Zeitung *Brecha* vorbei, bevor Sie von der Rambla Gran Bretaña den Blick auf den Río de la Plata genießen.

## 141
### DER INHOTIM-KUNSTGARTEN

#### Brumadinho, Minas Gerais, Brasilien

Südwestlich von der Stadt Belo Horizonte befindet sich die weitläufige Gartenanlage Inhotim mit einer Open-Air-Ausstellung von Kunstwerken führender brasilianischer und internationaler Künstler. Der Kunstpark wurde 2004 für die private Kunstsammlung eines regionalen Unternehmers angelegt und ist seitdem für Besucher geöffnet. Ein Wegenetz führt durch eine botanische Wunderwelt vorbei an Skulpturen und Installationen von so berühmten Künstlern wie Hélio Oiticica, Edgard de Souza, Anish Kapoor und Matthew Barney.

## 142
### DAS TAL, DAS GABRIELA MISTRAL INSPIRIERTE

#### Valle del Elqui, Chile

»Ein kühner Schnitt in das Gebirgsmassiv, aber so schmal, dass er nicht mehr ist als ein Sturzbach zwischen zwei grünen Ufern«. So beschrieb die Dichterin Gabriela Mistral (1889–1957), die erste lateinamerikanische Literaturnobelpreisträgerin, das Elqui-Tal. Sie wurde in dieser üppig grünen Landschaft östlich des Städtchens Serena geboren, was in ihrer gefühlvollen Lyrik mitschwingt. Der ein Kilometer lange Rundgang durch das Dorf Montegrande beginnt bei der alten Schule, die heute ein Museum ist. Gabriela Mistral wohnte dort mit ihrer Schwester, einer Lehrerin. Weiter geht es zum zentralen Platz des Dorfes, an dessen Ende der Autorin ein Denkmal aus weißem Stein gesetzt wurde. Der Weg endet bei ihrem Grab auf einem stillen Hügel südlich von Montegrande.

**LINKS:** Gabriela Mistral beschrieb das Elqui-Tal als einen »kühnen Schnitt in das Gebirgsmassiv«.

**OBEN:** Die Statue der Nobelpreisträgerin in Montegrande, ihrem Geburtsort

SÜDAMERIKA   119

# 143

## NEHMEN SIE DEN WIDERHALL DER »NUEVA CANCIÓN« WAHR

### Santiago, Chile

**Auf den Spuren von:** Violeta Parra (1917–1967) und Víctor Jara (1932–1973)

**Route:** Vom Parque Quinta Normal zum Hauptfriedhof

**Länge:** 10,5 km

**Unsere Empfehlung:** *Manifesto* (Jara); *Me gustan los estudiantes* (dt. Ich liebe die Studenten; Parra)

**OBEN RECHTS:** Santiagos Friedhof, auf dem berühmte Interpreten der Nueva Canción begraben sind

**RECHTS:** Santiagos Präsidentenpalast La Moneda wurde während des Pinochet-Putsches 1973 bombardiert.

Begründet von Violeta Parra (1917–1967), befeuert durch Víctor Jara (1932–1973) und eng verbunden mit dem Aufstieg Salvador Allendes in den 1960er und frühen 1970er Jahren etablierte Chiles Nueva Canción (dt. Neues Lied; politische Protestlieder) eine kraftvolle Form des politischen Liedes.

Die vielseitig talentierte Künstlerin Parra, die als erste Chilenin eine Ausstellung im Pariser Louvre hatte, beging 1967 Suizid. Víctor Jara wurde von Pinochets Schergen 1973 ermordet. Trotz ihres viel zu frühen Todes sind die beiden unvergessene Ikonen des Widerstands. Ihre Lieder klingen bis heute auf den Straßen, wenn in Chile protestiert wird. »Weine nicht, wenn die Sonne untergeht«, schrieb Violeta Parra, »denn mit Tränen in den Augen kannst du die Sterne nicht sehen.«

Ihre 10,5 Kilometer lange Tour beginnt westlich des Stadtzentrums am Parque Quinta Normal. Parra wohnte in den 1930er Jahren in der nahe gelegenen Calle Edison. Heute beherbergt dieses Viertel das Museo de la Memoria y los Derechos Humanos (dt. Museum der Erinnerung und der Menschenrechte). Es gedenkt der rund 3000 Menschen, die – wie Víctor Jara – in Pinochets Diktatur getötet wurden oder spurlos verschwanden. Der Weg führt weiter nach Osten zum Präsidentenpalast La Moneda, wo Allende beim Putsch 1973 sein tragisches Ende fand, und weiter bis zur Universität, an der Jara Schauspiel studierte und im Chor sang.

Entlang Santiagos Prachtstraße Alameda geht es dann zum Museo Violeta Parra und schließlich in nördlicher Richtung durch das Viertel Bellavista bis zu Santiagos Hauptfriedhof. Hier liegen beide Künstler begraben.

## 144
### ISABEL ALLENDES ERINNERUNGEN
#### Santiago, Chile

Die chilenische Autorin Isabel Allende (geb. 1942) wurde in Lima, Peru, geboren, verbrachte jedoch einen großen Teil ihrer Kindheit in Santiago. In ihrem Roman *Das Geisterhaus* (1982) hat sie der Stadt ein Denkmal gesetzt. Der 4,8 Kilometer lange Rundgang führt vom Park Cerro Santa Lucía, den Isabel Allende liebt, durch das Stadtzentrum bis zur Prachtstraße Alameda. Endpunkt der Tour ist das Museum der Erinnerung und der Menschenrechte, das Einblicke in die Zeit der Diktatur gibt, die Isabel Allende ins Exil zwang.

## 145
### PABLO NERUDAS STADTVIERTEL
#### Santiago, Chile

Der Literaturnobelpreisträger Pablo Neruda (1904–1973) wohnte die meiste Zeit seines Lebens am Fuße des Hügels San Cristóbal in einem Haus, das er – nach der üppigen Haarmähne seiner dritten Frau Matilde – La Chascona (wörtl. der Mopp) nannte. Die 3,2 Kilometer lange Weg beginnt mit einem Besuch des Hauses und heutigen Museums und führt dann durch das Viertel Bellavista vorbei an Nerudas Lieblingsrestaurant El Venezia. Von dort geht es Richtung Westen zum Mercado Central. In der Markthalle können Sie die Fischsuppe *Caldillo de Congrio* (dt. Meeraalbrühe) kosten, der Neruda ein Gedicht widmete.

SÜDAMERIKA  121

# 146

## ÜBER PABLO NERUDAS »ZERZAUSTE HÜGEL«

### Valparaíso, Chile

**Streifzug mit:** Pablo Neruda (1904–1973)

**Route:** Vom Hafenviertel bis zur Plaza de los Poetas

**Länge:** 4,5 km

**Unsere Empfehlung:** *Zwanzig Liebesgedichte und ein Lied der Verzweiflung* (1924)

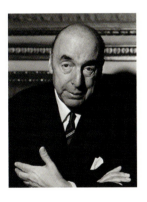

**OBEN:** Der weltweit verehrte Dichter Pablo Neruda

**OBEN LINKS:** Die wunderbar »ungebändigten Hügel« Valparaísos

**LINKS:** Wird der Weg zu steil, gibt es stets eine der knarrenden Standseilbahnen.

*»Valparaíso,
wie absurd
du bist,
was für ein ganz und gar
verrückter Hafen,
und was für ein Haupt du hast,
voll ungebändigter Hügel,
die du niemals
zähmen wirst.«*

So beschrieb Pablo Neruda (1904–1973) die Stadt, die ihm auf den Leib geschnitten schien. Valparaíso erstreckt sich über Dutzende von steilen Hügeln. Hektik und Eleganz, Verwahrlosung und Kultiviertheit treffen hier aufeinander. Während der 1960er und 1970er Jahre verbrachte Neruda die meiste Zeit in der Stadt und verband sein Leben als Poet mit einer politischen Karriere.

Die 4,5 Kilometer lange Tour beginnt im Hafenviertel Barrio Puerto. Sie führt an Sehenswürdigkeiten wie dem Turri-Uhrturm sowie an historischen Restaurants und Bars aus der Zeit Nerudas vorbei. Hierzu zählen die beiden Bars Inglés und La Cinzano. Mit dem Ascensor Concepción – einer der alten, knarrenden Standseilbahnen – geht es über zwei der stimmungsvollsten Hügel der Stadt, Cerro Concepción und Cerro Alegre.

Auf dem Cerro Concepción schlängelt sich die Avenida Alemania Richtung Osten und bietet ein fantastisches Stadtpanorama. Sie trifft auf die Calle Ricardo de Ferrari, wo Sie La Sebastiana finden: früher ein Wohnhaus Nerudas, heute ein Museum. Wegen seiner Höhenlage wird es auch La Casa en el Aire (dt. Luftschloss) genannt. Das exzentrische Dekor – inklusive eines ausgestopften Roten Ibis' und eines Holzpferds – spiegelt den extravaganten Charakter des Poeten wider.

Die Tour endet südlich von La Sebastiana bei der kleinen Plaza de los Poetas, auf der nebeneinander die Bronzestatuen von Neruda und seiner Dichterkollegin und Mentorin Gabriela Mistral stehen.

# 147

## AUF DEM CHE-GUEVARA-TRAIL

## Ruta del Che, Bolivien

**Streifzug mit:** Ernesto »Che« Guevara (1928–1967)

**Route:** Von Pucará zur Schlucht Quebrada del Churo

**Länge:** 17,7 km

**Unsere Empfehlung:** *Bolivianisches Tagebuch* (1968)

Ernesto »Che« Guevara (1928–1967) kam am 3. November 1966 nach La Paz. Getarnt als Geschäftsmann verfolgte er den ehrgeizigen Plan, eine Revolution anzustiften. Knapp ein Jahr später wurde er in der Wildnis Boliviens getötet. »In einer Revolution siegt oder stirbt man«, schrieb er.

Che Guevaras Pläne scheiterten, doch seine Entschlossenheit und die Fotos seines Leichnams, der an den Jesu Christi erinnerte, machten ihn zu einem Symbol der Revolution. Den Spuren seiner letzten Lebensphase, die er zum Teil in seinem *Bolivianischen Tagebuch* (1968) niederschrieb, folgt die 64 Kilometer lange Ruta del Che. Der Trail führt von der Stadt Vallegrande – in der Che Guevara öffentlich aufgebahrt war, bevor er anonym beerdigt wurde – bis zum Dorf La Higuera, wo man ihn tötete.

Spektakulär ist die 17,7 Kilometer lange Etappe, die in dem verschlafenen Dorf Pucará beginnt. Ein unbefestigter Weg führt nach Süden durch ein Dschungelgebiet bis nach La Higuera, wo man auf zahlreiche Wandgemälde und Statuen zu Ehren des Revolutionärs stößt. Übernachten können Sie in der Casa del Telegrafista, die sowohl von den *guerilleros* als auch den bolivianischen Soldaten genutzt wurde, die ihn im Auftrag der CIA verfolgten.

Der Trail führt von La Higuera weiter zur steilen Schlucht Quebrada del Churo, wo Che Guevara gefangengenommen wurde. Wieder zurück in La Higuera endet die Tour in der alten Dorfschule, in der Che Guevara exekutiert wurde. Seine letzten Worte waren: »Schieß doch, Feigling, du tötest nur einen Mann!«

**OBEN:** Der in Argentinien geborene Ernesto »Che« Guevara

**OBEN RECHTS:** Che Guevaras Büste blickt auf die Hauptstraße von La Higuera.

**RECHTS:** In Vallegrande zeigen mehrere Wandgemälde den berühmten Revolutionär.

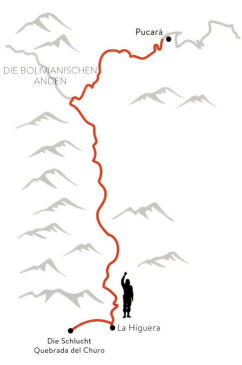

DIE BOLIVIANISCHEN ANDEN

Pucará

La Higuera

Die Schlucht
Quebrada del Churo

## 148
### BRUCE CHATWINS SUCHE NACH BUTCH UND SUNDANCE

#### Patagonien, Argentinien

Eine der lesenswertesten Passagen in Bruce Chatwins (1940–1989) ebenso gefühlvollem wie lebendig geschriebenen Reiseroman *In Patagonien* (1977) handelt von Butch Cassidy und Sundance Kid. Die zehn Kilometer lange Tour beginnt in dem entlegenen Andendorf Cholila nahe der chilenischen Grenze. Weiter geht es nach Norden entlang der Straße RP-71, bis ein unbefestigter Weg zur Cholila Ranch abzweigt. Hier lebten die Banditen zu Beginn des 20. Jahrhunderts unerkannt. Seit dem Besuch Chatwins in den 1970er Jahren wurde die Hütte renoviert, lässt weiterhin die Aura der Gesetzlosen ahnen.

## 149
### MIT CARLOS GARDEL DURCH BUENOS AIRES

#### Buenos Aires, Argentinien

Als Sänger, Komponist und Schauspieler verhalf Carlos Gardel (1890–1935) in den frühen 1920er Jahren dem argentinischen Tango zu weltweiter Popularität. Vom Friedhof Chacarita, auf dem Gardel begraben ist, führt der 10,5 Kilometer lange Weg nach Südosten zum Stadtteil Abasto, in dem er wohnte. Gardels ehemaliges Wohnhaus ist heute ein Museum und das ganze Viertel voll von Wandgemälden und Statuen, die an den Künstler erinnern. Die Route verläuft weiter südöstlich bis zum berühmten und von Gardel gern besuchten Café Tortoni. Sie endet in San Telmo beim Restaurant El Viejo Almacén, einem der berühmtesten Tangotreffs der Stadt.

## 150
### GEDENKEN SIE ALFONSINA STORNI IN MAR DEL PLATA

#### Mar del Plata, Argentinien

Die in der Schweiz geborene Alfonsina Storni (1892–1938) kam als Kind nach Argentinien, wo sie als Lyrikerin und Vorkämpferin für Frauenrechte Ruhm erlangte. Ihr Leben fand jedoch ein tragisches Ende, als sie 1938 von ihrer erneuten Krebserkrankung erfuhr. In ihrer Verzweiflung nahm sie den Zug von Buenos Aires zum Badeort Mar del Plata, wo sie ihr letztes Gedicht »Voy a dormir« (dt. Ich gehe schlafen) per Post an eine Zeitung sandte und sich in der Bucht La Perla ins Meer stürzte. Ein 5,6 Kilometer Weg führt vom Bahnhof zum Strand und endet bei einer bewegenden Statue der Dichterin.

## 151
### KREUZ UND QUER DURCH CORTÁZARS BUENOS AIRES

#### Buenos Aires, Argentinien

Ganz im Sinne des von Julio Cortázar (1914–1984) verfassten, experimentellen Romans *Rayuela – Himmel und Hölle* (1963) können Sie die 16,9 Kilometer lange Strecke frei nach Gusto gestalten. Sie beginnt im Stadtteil Balvanera bei der Escuela Mariano Acosta, der von Cortázar besuchten Schule. Zu den weiteren Stationen gehören die Viertel Palermo mit dem Plazoleta Cortázar, einem nach dem Schriftsteller benannten Platz, und das grüne Barrio Agronomía, in dem Cortázar wohnte und das ihn zu einigen seiner Kurzgeschichten inspirierte. Da der Autor ein großer Jazz-Fan war, führt die Tour zurück nach Palermo und endet beim berühmten Jazzclub Thelonious.

**LINKS:** An diesem Ort in Patagonien versteckten sich Butch Cassidy und Sundance Kid.

# 152

## EIN ENTSPANNTER SPAZIERGANG MIT JORGE LUIS BORGES

### Buenos Aires, Argentinien

**Auf den Spuren von:** Jorge Luis Borges (1899–1986)

**Route:** Vom Altstadtviertel Palermo Viejo zum Stadtteil Constitución

**Länge:** 10,5 km

**Unsere Empfehlung:** *Fiktionen* (1962); *Der Aleph* (1945)

**OBEN:** Jorge Luis Borges, einer der berühmtesten Söhne von Buenos Aires

**OBEN RECHTS:** Die Bar La Biela war eines von Borges' Lieblingslokalen.

**RECHTS:** Der Markt von San Telmo

»Kaum zu glauben, dass es die Stadt nicht schon immer gab«, schrieb Jorge Luis Borges (1899–1986) in seinem Gedicht »Mythische Gründung von Buenos Aires« (1929). »Mir erscheint Buenos Aires so ewig da zu sein wie die Luft und das Wasser.« Kaum ein Schriftsteller hat den zeitlosen Charakter der Hauptstadt Argentiniens treffender beschrieben.

Am besten genießen Sie die 10,5 Kilometer lange Tour mit der Gelassenheit des Autors. »Ich gehe langsam«, schrieb er, »wie jemand, der aus so großer Ferne kommt, dass er gar nicht erwartet, jemals sein Ziel zu erreichen«. Los geht es im Viertel Palermo Viejo, in dem Borges aufwuchs. Seine frühen Jahre verbrachte er in der Calle Serrano 2135, wo heute eine Tafel an ihn erinnert und ein Teil der Straße nach ihm benannt ist. Den Heranwachsenden faszinierten die deftigen Geschichten der Männer, die sich an der Bar des Ladenlokals an der Straßenecke trafen.

Die Route führt nach Südosten in den wohlhabenden Stadtteil Recoleta zur Fundación Internacional Jorge Luis Borges, die auch ein kleines Museum beherbergt. Nordöstlich von hier befindet sich der Friedhof Recoleta, auf dem viele von Borges' Familienmitgliedern begraben sind. Nahebei ist einer seiner Lieblingsorte: die in ihrem Stil für Buenos Aires typische Café-Bar La Biela.

Von hier geht es zur Calle Tucumán 840, wo der Autor geboren wurde, dann südwärts zum Stadtzentrum und weiter zu zwei Stadtteilen, die Borges' Schaffen stark inspirierten: Montserrat und San Telmo.

Schließlich geht es nach Westen ins Viertel Constitución und zur Avenida Juan de Garay. Laut der berühmten Erzählung *Das Aleph* gibt es dort in einem Keller »einen Punkt im Raum, der alle Punkte des Universums in sich vereint«.

# EUROPA

In den Ländern Europas entdeckten die Romantiker das Wandern als Form des Reisens und der Selbstreflexion. Folgen Sie den altehrwürdigen Spuren von Wordsworth oder Brahms, aber auch neueren wie denen von Andy Goldsworthy oder Christa Wolf.

# 153

## JULES VERNES MITTELPUNKT DER ERDE

### Snæfellsjökull, Island

**Streifzug mit:** Jules Verne (1828–1905)

**Route:** Auf den Vulkan Snæfellsjökull

**Länge:** 8 km

**Unsere Empfehlung:** *Reise zum Mittelpunkt der Erde* (1864)

Der französische Schriftsteller Jules Verne zählt mit seinen abenteuerlichen und fantastischen Geschichten zu den Pionieren der Science-Fiction-Literatur. Mehr als 60 Romane veröffentlichte er, darunter *Zwanzigtausend Meilen unter dem Meer* (1870), *Reise um die Erde in 80 Tagen* (1873) und *Reise zum Mittelpunkt der Erde* (1864).

Das letztgenannte Werk spielt in Island, das Verne nur durch Recherchen in der Pariser Bibliothèque Nationale kannte. Im Mittelpunkt der Handlung steht der exzentrische Professor Lidenbrock, der in seinem Forscherdrang durch einen Vulkan in das Zentrum der Erde gelangen will. Als Zugang wählt er den Snæfellsjökull in Island.

Im Sommer können Sie den 1500 m hohen Vulkan erklimmen, wenn auch nicht in ihn hinabsteigen. Für die Tour über die kahlen Hänge, die sich aus der bemoosten Mondlandschaft erheben, braucht man etwa fünf Stunden. Vernes Erzähler berichtet anschaulich und realistisch, wie »die Steine, denen es mangels jeglicher Vegetation an Halt fehlte, unter den Füßen nachgaben und wie eine Lawine über die schroffe Bergflanke in die Tiefe rollten.«

Oben auf der Gletscherkappe kann Nebel herrschen. Mit etwas Glück genießen Sie aber wie Professor Lidenbrock eine herrliche Fernsicht: »Ich war völlig überwältigt von der Verzückung, die jeder hohe Gipfel in uns auslöst …! Ich vergaß völlig, wo und wer ich war … und fühlte mich wie berauscht!«

**OBEN:** Jules Verne, Begründer der Science-Fiction-Literatur

**RECHTS:** Die Eiskappe des Vulkans Snæfellsjökull

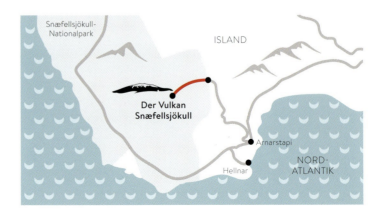

# 154

## LASSEN SIE SICH IN CONNEMARA POETISCH INSPIRIEREN

## Ballynahinch Lake, Connemara, Irland

**Auf den Spuren von:** Seamus Heaney (1939–2013)

**Route:** Um den Ballynahinch Lake

**Länge:** 6,5 km

**Unsere Empfehlung:** »Ballynahinch Lake« (1999)

**RECHTS:** Man sieht sofort, weshalb der See Seamus Heaney zu einem Gedicht inspirierte.

Das Ballynahinch Castle Hotel liegt inmitten der Heide- und Moorlandschaft Connemaras, die Schriftsteller, Maler und Fotografen schon lange für sich entdeckt haben. Auch der Lyriker Seamus Heaney kam bis zu seinem Tod 2013 regelmäßig hierher. In seinem Gedicht »Ballynahinch Lake« beschreibt Heaney, wie er und seine Frau mit dem Wagen anhalten, um die Aussicht auf den Ben Lettery zu genießen, der sich über dem See vor dem Hotel erhebt:

»*So hielten wir und blieben steh'n im frühlingsreinen Licht*
*Von Connemara an einem Sonntagmorgen,*
*Als ein fesselndes Leuchten sich auftat und innehielt.*
*Und der blanke Berg, im See sich widerspiegelnd,*
*drang in uns wie ein Keil, der endlich*
*einen leeren Spalt nun füllt.*«

Die Region bietet eine Vielzahl von Wegen, um sich selbst ein Bild vom Zauber Connemaras zu machen. Vom Hotel aus geht es über die Brücke und dann links in Richtung See. Dabei lohnt es sich, nach Wanderfalken, Baummardern, Atlantischen Lachsen und Rotwild Ausschau zu halten.

An einem kleineren See trifft der Weg auf den Connemara Greenway. Hier beginnt das erste fertiggestellte Teilstück des 76 Kilometer langen Rad- und Wanderwegs, der Clifden im Westen und Galway im Osten verbinden soll. Die Route folgt der ehemaligen Bahnstrecke, die bis in die 1930er Jahre in Betrieb war, und führt am alten Bahnhofsgebäude von Ballynahinch vorbei. Dann biegt die Straße nach rechts ab, und es geht wieder über den Fluss zum hinteren Eingang in den ummauerten Garten und zurück zum Schloss. Dort erwarten Sie ein wohlverdienter Whiskey und ein prasselndes Kaminfeuer.

## 155
### EINE INSEL VOR IRLAND
**Connemara, Irland**

Der Schriftsteller, Künstler und Kartograf Tim Robinson (1935–1920) richtete sich sein Studio am Pier des abgelegenen Dorfes Roundstone an der Westküste Irlands ein. Hier begann er seine Studien über Connemara. Zunächst erstellte er Landkarten, bevor er Bücher verfasste, über die ein Kritiker sagte: »Robinson ist wohl der einzige lebende Autor, dessen Darstellung von Torfmoos so spannend ist wie ein Thriller.« Die kleine Insel Inishnee in der Bucht von Roundstone ist über eine schmale Brücke mit dem Festland verbunden. Der dortige Innishee Loop ist ein leichter, sechs Kilometer langer Rundweg, der an der Küste entlang über morastige Hügel und Torfmoos führt.

## 156
### DIE GREEN ROAD AUF DER GRÜNEN INSEL
**Connemara, Irland**

Der Philosoph Ludwig Wittgenstein (1889–1951) war in den 1930er und 1940er Jahren oft in Irland und schrieb dort einige seiner wichtigsten Werke. Es begann mit einem Besuch des Dörfchens Rosroe, wohin er zurückkehrte, um an seinen *Philosophischen Untersuchungen* (1953) zu arbeiten. Die nahe gelegene, neun Kilometer lange und autofreie Green Road bietet auch heute noch die Möglichkeit, in aller Ruhe über die wichtigen Fragen rund um Leben und Tod nachzudenken.

## 157
### EINE BERG-WANDERUNG
**Ben Bulben, Sligo Bay, Irland**

Die Werke des irischen Dichters William Butler Yeats (1865–1939) machten nicht nur den Tafelberg Ben Bulben berühmt, sondern sorgten auch dafür, dass dieser Teil der grünen Insel als Yeats Country bezeichnet wird. »Unter Ben Bulben ruht hienieden / In Drumcliff nun auch Yeats in Frieden«, schrieb der Dichter im Jahr 1938. Tatsächlich finden Sie sein Grab auf dem Friedhof von Drumcliff am Fuße des Berges (obwohl so mancher bezweifelt, dass sich seine sterblichen Überreste darin befinden). Über die Südseite erreichen Sie das Gipfelplateau nach einem nicht allzu schweren Aufstieg. Vorsicht: Die Nordseite ist lebensgefährlich!

# 158

## »... STEH AUF UND GEH NACH INNISFREE«

### Lough Gill, Irland

**Auf den Spuren von:**
W. B. Yeats (1865–1939)

**Route:** Durch Slish Wood, Sligo

**Länge:** 3,2 km

**Unsere Empfehlung:** »Die Seeinsel von Innisfree« (1890)

Innisfree ist der Name einer unbewohnten Insel im Lough Gill. Der See liegt in der Grafschaft Sligo an der malerischen Nordwestküste Irlands. Als Kind verbrachte William Butler Yeats hier die Sommer, und der Charme der Region blieb ihm unvergessen. Das Gedicht »Die Seeinsel von Innisfree« verfasste er, als ihm 1888 auf dem Weg durch die Londoner Fleet Street eine Kindheitserinnerung durch den Kopf schoss.

*»Ich steh' hier auf der Straße, auf grauem Pflasterstein.
Doch tief in meinem Herzen, da hör' ich Tag und Nacht,
wie der See sich regt – ganz leis' und sacht.«*

Wenn Sie Yeats' Sehnsucht, die in diesen Zeilen zum Ausdruck kommt, nachempfinden wollen, sollten Sie den Lough Gill aufsuchen. Rund um den See gibt es viele Wandertouren, darunter auch einen kurzen Weg am Dooney Rock. Diese Erhebung inspirierte Yeats zu seinem Gedicht »Der Geiger von Dooney«. Für eine längere Tour sei Ihnen Slish Wood empfohlen: ein Waldgebiet, das in einigen von Yeats' Texten als »Sleuth Wood« auftaucht. Vom Parkplatz aus bietet ein Rundweg herrliche Ausblicke auf den See und Innisfree. Nach etwa 1,5 Kilometer kommt eine Gabelung: Rechts geht es weiter auf dem Rundweg, links gelangen Sie auf dem Fernwanderweg Sligo Way zum zehn Kilometer entfernten Dorf Dromahair.

**OBEN:** W. B. Yeats, der seine Erinnerungen an Innisfree mit der Welt teilte

**OBEN LINKS:** Wer würde sich nicht nach der Ruhe der Seeinsel Innisfree sehnen?

**LINKS:** Slish Wood eröffnet wunderbare Ausblicke auf Lough Gill und seine berühmte Insel.

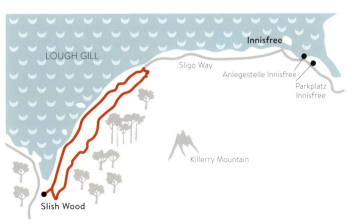

# 159

## WALK ON THE WILDE SIDE

### Dublin, Irland

**Auf den Spuren von:**
Oscar Wilde (1854–1900)

**Route:** Dublin, Irland

**Länge:** 1 km

**Unsere Empfehlung:** *Bunbury oder Ernst muss man sein* (1895)

**OBEN:** Der in Dublin geborene Oscar Wilde

**RECHTS:** In diesem Haus in Dublin wuchs Wilde auf.

Der extravagante und mit sprühendem Wortwitz gesegnete Dramatiker, Lyriker und Romancier Oscar Wilde wurde in der Dubliner Westland Row 21 geboren (hier befindet sich heute als Teil der Universität das Trinity Oscar Wilde Centre). Als er ein Jahr alt war, zog die Familie an den nur drei Gehminuten entfernten Merrion Square Park, wo regelmäßig Soireen mit Dublins Schriftstellern und Künstlern stattfanden.

In Dublin spielte sich Wildes Leben praktisch vor der Haustür ab, denn er studierte am Trinity College Klassische Literatur. Später ging er nach Oxford und kehrte nur dreimal kurz nach Irland zurück.

Die Oscar-Wilde-Statue im Merrion Square Park zeigt den Schriftsteller mit seiner Trinity-College-Krawatte und einem ambivalenten Gesichtsausdruck: Die eine Gesichtshälfte wirkt ironisch-heiter, die andere eher melancholisch. So sieht der Parkbesucher beide Seiten Oscar Wildes: den humorigen Zeitkritiker und den gebrochenen Mann, der er nach der Haftstrafe war, zu der er wegen seiner Homosexualität verurteilt wurde.

Nach einer Runde durch den Park können Sie Wildes Lebensstil bei einem Pint Bier im Kennedy's nachspüren. In diesem früheren Lebensmittelladen verdiente sich der junge Wilde samstags ein paar Pennys, mit denen er sich später in Gesellschaft anderer Schriftstellertalente einige Glas Stout leistete. Und durch die Nähe zum Trinity College könnte es durchaus sein, dass Sie im Kennedy's Seite an Seite mit einer zukünftigen irischen Dichtergröße sitzen.

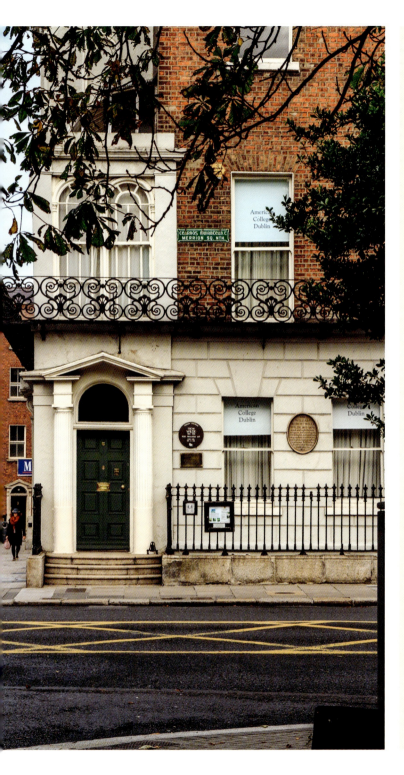

## 160
## KURZE KNEIPENTOUR
#### Dublin, Irland

Viele irische Schriftsteller liebten Pubs, nicht aber William Butler Yeats (1865–1939), der nur einen einzigen betrat: Toners in der Kildare Street. Noch auf der Türschwelle erklärte er seinem Begleiter: »Ich habe den Pub gesehen, jetzt bring mich bitte nach Hause!« Heimischer fühlte sich Yeats in der nahen Nationalbibliothek. Zu ihr gelangen Sie durch den Park St Stephen's Green, vorbei an der Yeats-Statue von Henry Moore. Über den Fluss Liffey kommen Sie zum Abbey Theatre, dessen Mitbegründer Yeats war.

## 161
## EIN TAG MIT JAMES JOYCE
#### Dublin, Irland

In der Eccles Street 7 beginnt Leopold Blooms Tag, den James Joyce (1882–1941) in seinem Hauptwerk *Ulysses* (1922) in epischer Breite beschreibt. Auf seinem Weg durch Dublin passiert Bloom die O'Connell Bridge (wo er Kuchen kauft, um Tauben zu füttern) und geht zum Park St Stephen's Green. Dort »dufteten die regennassen Bäume, und der aufgeweichte Boden verströmte den Geruch nach Sterblichkeit«. Wer will, beschließt den Tag wie Leopold Bloom wieder in der Eccles Street, wo der Roman – unter Verzicht auf jegliche Satzzeichen – mit einem Monolog auf über 40 Seiten endet.

## 162
### DRAMATISCHE SZENEN VON MAGGIE O'FARRELL

#### Omey Island, Irland

In ihrem Familiendrama *Der Sommer, als der Regen ausblieb* (2013) spürt Maggie O'Farrell (geb. 1972) dem Geheimnis nach, warum ein Mann Frau und Kinder verlässt. Die Handlung führt nach Omey, einer kleinen Gezeiteninsel, die vor der Westküste von Connemara bei Ebbe zu Fuß zu erreichen ist. »Der Weg führt über einen hellen Sandstrand, an dem sich auf beiden Seiten die Wellen brechen«, schreibt O'Farrell. Bitte beachten Sie den Gezeitenkalender und folgen Sie den Markierungen.

## 163
### DURCH VAN MORRISONS BELFAST

#### Belfast, Nordirland

Wer in Belfast den Spuren von George Ivan »Van« Morrison (geb. 1945) folgen will, kommt an der Cyprus Avenue nicht vorbei, nach der der irische Singer-Songwriter ein Lied benannte. Darin spielen – wie auch in *Madame George* (1968) – viele Orte der Gegend eine Rolle. Am besten beginnen Sie die Tour am Eastside Visitor Centre und holen sich einen Plan mit dem Van Morrison Trail. Die Route führt u. a. zur Elmgrove-Grundschule, zum Park The Hollow, zum Fluss Beechie, zur Hyndford Street, zum Orangefield Park, zur Cyprus Avenue, der St Donard's Church und zum Cyprus Avenue Restaurant.

**RECHTS:** Ein markierter Weg führt zur einzigartigen Gezeiteninsel Omey.

# 164

## MIT C. S. LEWIS IM HERZEN NARNIAS

### Mourne Mountains, Nordirland

**Auf den Spuren von:**
C. S. Lewis (1898–1963)

**Route:** Cloughmore Trail, Rostrevor, Nordirland

**Länge:** 4 km

**Unsere Empfehlung:** *Der König von Narnia* (1950)

**RECHTS:** Zweifellos inspirierte der Cloughmore Stone C. S. Lewis zu dem Steintisch in Narnia.

C. S. Lewis wurde in einem Vorort von Belfast geboren. Seine ersten zehn Lebensjahre verbrachte er in einem großen viktorianischen Haus, das vermutlich als Vorbild für das in den *Chroniken von Narnia* (1939–1954) diente.

Die hier vorgeschlagene Tour führt jedoch direkt ins Herz von Narnia, nämlich in die Nähe des Dorfes Rostrevor, wo der junge Lewis oft seine Ferien verbrachte.

»Der Teil von Rostrevor, von dem aus man auf den Meeresarm Carlingford Lough blickt, entspricht meiner Vorstellung von Narnia«, schrieb er seinem Bruder über diese pittoreske Region mit den grünen Tälern, sich auftürmenden Bergen und dem glitzernden Meer.

Machen Sie sich vom oberen Parkplatz am Kilbroney Park aus auf den Weg durch den Wald zum Cloughmore Stone: einem 55 Tonnen schweren Granitblock, der auf einem Hügel thront.

Hier empfiehlt sich eine Pause, um sich eine Textstelle aus *Der König von Narnia* zu vergegenwärtigen: »Sie befanden sich auf einem grünen Plateau, von dem aus sie in alle Richtungen auf den Wald unter ihnen blicken konnten … Weit im Osten glitzerte und bewegte sich etwas. ›Dort‹, flüsterte Peter Susan zu. ›Das Meer!‹ In der Mitte des Plateaus stand ein Tisch aus Stein: ein großer grauer Fels, der auf vier senkrechten Steinen ruhte.« Wer könnte an diesem Ort daran zweifeln, sich mitten in Narnia zu befinden?

# 165

## EIN SPAZIERGANG DURCH DIE WELT DES ALFRED WALLIS

## St. Ives, Cornwall, England

**Streifzug mit:** Alfred Wallis (1855–1942)

**Route:** Vom Bahnhof St. Ives zum Porthmeor Beach

**Länge:** 1 km

**Unsere Empfehlung:** *Das Blaue Schiff* (um 1934)

**OBEN RECHTS:** The Digey ist typisch für viele kopfsteingepflasterte Straßen in St. Ives.

**RECHTS:** Die Urwüchsigkeit des Porthmeor Beach inspirierte Alfred Wallis.

Der ehemalige Fischer Alfred Wallis war schon 70 Jahre alt, als er zum Zeitvertreib zu malen begann. Mangels Geld malte er mit Farbresten auf weggeworfenen Brettern und Kartons. Doch seine laienhaft-naiven Bilder brachten frischen Wind in die Kolonie der elitären Künstler, die aus London nach St. Ives kamen.

Vom Bahnhof in St. Ives geht es nach Norden, bis Sie den alten Küstenweg mit einem Kalkstein-Uferdamm zur Linken erreichen: The Warren. Wenn Sie ihm in Richtung Hafen folgen, tauchen zur Rechten kleine Fischerhäuser auf. Etwa 150 Meter weiter schließt sich dann der Pednolva Walk an, von dem aus Sie auf die Hafeneinfahrt und den Leuchtturm blicken. Diese Aussicht hat sich seit Wallis' Zeiten kaum verändert. Hier entstanden zwischen 1932 und 1934 seine Bilder *Das Blaue Schiff* und *Hafen mit zwei Leuchttürmen und einem Motorschiff* sowie viele andere.

Folgen Sie dem Pednolva Walk bis zur St Andrew's Street, biegen Sie dann rechts ab und gehen Sie – vorbei an der wunderschönen Pfarrkirche aus dem 15. Jahrhundert – weiter bis zur Fore Street. Diese schmale Fußgängerzone bildet mit ihrer Fülle an kleinen Läden und Cafés das Shopping-Zentrum der Stadt. Biegen Sie gegen Ende der Fore Street nach links in die Straße The Digey ab, die zum Porthmeor Beach führt. Dieser Strand bildete das pittoreske Setting für weitere Wallis-Bilder wie z. B. *St. Ives* (1928).

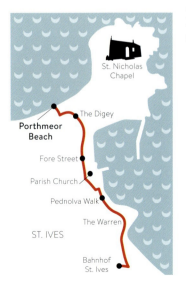

## 166
## BARBARA HEPWORTH
### St. Ives, Cornwall, England

Immer schon zog es zahlreiche Künstler wegen der Landschaft und des herrlichen Lichts nach St. Ives. Bereits seit rund 100 Jahren gibt es hier Ateliers, und in den 1920er Jahren vereinigten sich die Künstler zur St. Ives Society of Artists. Die britische Bildhauerin Barbara Hepworth (1903–1975) eröffnete ihr Atelier 1949 und hinterließ es nach ihrem Tod der Öffentlichkeit. Dort können Besucherinnen und Besucher im Barbara Hepworth Museum & Sculpture Garden einen Eindruck davon gewinnen, wie eine der bedeutendsten Bildhauerinnen Großbritanniens lebte und arbeitete.

## 167
### DIE RUINE, DIE ZU EINER SYMPHONIE INSPIRIERTE

**Tintagel, Cornwall, England**

Am Ende der Partitur seiner Symphonie Nr. 2 notierte Sir Edward Elgar (1857–1934) die Worte »Venice – Tintagel«. Später erläuterte er, dass ihn beim Komponieren des zweiten und dritten Satzes der Markusdom in Venedig inspiriert habe. Weniger klar ist, welche Teile der Symphonie durch die Burgruine und die malerischen Klippen nahe Tintagel geprägt wurden. Dort machte Elgar mit Alice Stuart Wortley und ihrem Ehemann Charles ausgedehnte Spaziergänge entlang der Küste. Folgen Sie seinen Spuren auf dem Tintagel Circular Walk. Der Rundweg führt hinauf zur Ruine und über die Klippen.

## 168
### MIT ARTHUR CONAN DOYLE IM DARTMOOR

**Dartmoor, England**

Arthur Conan Doyle (1859–1930) schrieb 1888: »Wer keine Fantasie hat, der kann auch keinen Grusel empfinden.« Davon bot Conan Doyle in seinem späteren Roman *Der Hund von Baskerville* (1902) reichlich. Wer die schaurige Atmosphäre des Buches nachempfinden will, sollte Fox Tor besuchen: eine entlegene Steinformation im Dartmoor. Der Ort zählt wohl zu den trostlosesten auf der Erde. Selbst an einem sonnigen Tag kann man sich dort leicht den beklemmenden Nebel kalter Winterabende vorstellen. Knapp einen Kilometer nördlich befindet sich das Sumpfgebiet Fox Tor Mire. Dort erhält Sherlock Holmes von dem Schurken Stapleton die Warnung: »Ein falscher Schritt bedeutet hier den Tod!«

## 169
### WANDERN AUF ENGLANDS INSPIRIERENDER BAHNLINIE

**River Camel, Cornwall, England**

Sir John Betjeman (1906–1984) beschrieb die Bahnlinie entlang des Flusses Camel nach Padstow als »die schönste, die ich je sah«. Aus ihr wurde später ein 27 Kilometer langer Rad- und Wanderweg, der durch eine Landschaft führt, die den Dichter zu einigen seiner großartigsten Werke inspirierte. Für Betjeman war Cornwall eine Welt voll »goldener, menschenleerer Buchten«, in denen »der Ginster leuchtend gelb blüht«. Betjeman verbrachte als Kind die Ferien auf dem Anwesen seines Vaters in Trebetherick. Gegen Ende seines Lebens kehrte er nach Cornwall zurück.

## 170
### J. D. SALINGER IN ENGLAND

**Tiverton, Devon, England**

Die ländliche Kleinstadt Tiverton in Devon gibt sich beschaulich. An diesem friedlichen Ort war J.D. Salinger (1919–2010) während des Zweiten Weltkriegs drei Monate stationiert. Die Ruhe dort gab ihm Gelegenheit, die Handlung und Charaktere seines bekanntesten Werks zu überdenken: *Der Fänger im Roggen* (1951). Salingers Erfahrungen mit dem Leben auf dem Land und dem bescheidenen Realitätssinn seiner Bewohner sorgten dafür, dass Holden Caulfield, die Hauptfigur des Romans, am Ende mehr Mitgefühl und weniger Sarkasmus an den Tag legt. Wie Salinger können auch Sie Ihren Gedanken nachhängen, wenn Sie dem Great Western Canal unter 24 Brücken hindurch folgen.

**LINKS:** Die Burgruine Tintagel inspirierte Elgar beim Komponieren seiner Symphonie Nr. 2.

# 171

## AGATHA CHRISTIE – AUF SPURENSUCHE IN TORQUAY

### Torquay, Devon, England

**Streifzug mit:** Agatha Christie (1890–1976)

**Route:** Die Agatha Christie Mile (vom Grand Hotel zum Hotel The Imperial)

**Länge:** 2 km

**Unsere Empfehlung:** *Ruhe unsanft* (1976); *Meine gute alte Zeit: Die Autobiographie einer Lady* (1977)

**OBEN:** Agatha Christie, die Altmeisterin des Kriminalromans.

**OBEN RECHTS:** Die Agatha Christie Mile führt Fans an Orte, die mit dem Leben und Werk der Autorin verknüpft sind.

**RECHTS:** Christie stammte aus Torquay und wählte oft Kleinstädte in Devon als Tatorte ihrer Mordgeschichten.

Leben und Werk Agatha Christies sind so mit ihrer Heimatstadt Torquay verwoben, dass dort ihr zu Ehren alle zwei Jahre ein Literaturfest stattfindet.

Viele ihrer Romane spielen in Devon, da sie ihre Morde nach eigener Auskunft gern mit einem überschaubaren, eng verstrickten Personenkreis in einem »beschaulichen, familiären Umfeld« inszenierte, wie man es an Ferienorten vorfindet.

In Torquay führt die Agatha Christie Mile rund um den Hafen zu zwölf Orten, die nicht nur im Leben der Autorin eine Rolle spielten. Auch wenn Christies berühmte Detektivfiguren Miss Marple und Hercule Poirot sich in den Romanen niemals begegnet sind, so besuchen doch beide Torquay. Mit ein wenig kriminalistischem Spürsinn und mithilfe der »kleinen grauen Zellen«, wie Poirot sagen würde, können Sie die Spuren der beiden finden.

Der Weg beginnt am Grand Hotel und führt um die Bucht zum Princess Pier: in ihren Jugendjahren einer der Lieblingsorte der Autorin. Die exotischen Palmen und atemberaubenden Ausblicke in die nahen Princess Gardens kennt man aus *Die Morde des Herrn ABC* (1936).

Die Tour endet auf dem Beacon Hill am eleganten Hotel The Imperial. Diesen Ort nutzte Agatha Christie nicht nur zur Pflege gesellschaftlicher Kontakte, sondern auch als Setting für zahlreiche ihrer Krimis. So taucht das Hotel unter dem Namen The Majestic in *Das Haus an der Düne* (1932) auf. Und auf der Hotelterrasse, von der aus man die Bucht von Torquay überblickt, spielt das Schlusskapitel von Miss Marples letztem Fall in *Ruhe unsanft* (1976).

## 172
### WAS FÜR EIN ORT ZUM MORDEN!
**Burgh Island, Devon, England**

Burgh Island – eine kleine Gezeiteninsel vor der Küste Devons – lieferte das Setting für zwei der beliebtesten Krimis von Agatha Christie. Bei Ebbe ist das Eiland von Bigbury-on-Sea aus zu Fuß zu erreichen. Folgen Sie dem Pfad hinter dem luxuriösen Art-déco-Hotel über die Anhöhe zur ablandigen und spektakulären Seite der Insel, »wo es kein ruhiges Meer gibt, sondern immer, immer nur Bewegung«. Von den Klippen dort wird Dr. Armstrong in *Und dann gab's keines mehr* (1939) in die Tiefe gestoßen. Und ganz in der Nähe befindet sich die Bucht, in der Arlena Stuart in *Das Böse unter der Sonne* (1941) ihr Ende findet.

## 173
### THOMAS HARDY IN CORNWALL
**Valency Valley, Cornwall, England**

Bevor er literarischen Ruhm erlangte, arbeitete Thomas Hardy (1840–1928) als Architekt. In Boscastle sollte er 1870 die Restaurierung der Saint-Juliot-Kirche aus dem 14. Jahrhundert planen. Sie steht außerhalb des Ortes im Norden des Valency Valley. Dort traf Hardy auf Emma Lavinia Gifford, die Schwägerin des Pfarrers. Es war Liebe auf den ersten Blick. Hardys dritter Roman *Blaue Augen* (1873) handelt von seinem damaligen Werben um Emma, die er 1874 heiratete. Folgen Sie dem Fluss Valency von Boscastle zur Saint-Juliot-Kirche, wo Hardy 1912 nach Emmas Tod eine Gedenktafel für sie errichten ließ.

## 174
### DER MELBURY VILLAGES WALK
**Dorset, England**

Thomas Hardys Roman *Die Woodlanders* (1867) spielt im fiktiven Little Hintock im nordwestlichen Dorset. Einige der Örtlichkeiten sind leicht zu identifizieren, andere frei erfunden. »Ich bin mit einem Freund stundenlang auf dem Fahrrad durch die Gegend gefahren, um das echte Little Hintock zu finden – erfolglos«, schrieb Hardy einmal. Doch King's Hintock ist eindeutig dem Landsitz Melbury House und Great Hintock dem Dorf Melbury Bubb nachempfunden. Beide verbindet ein herrlicher Weg durch Wälder und Felder.

# 175

## MIT THOMAS HARDY UNTERWEGS IN UND UM DORCHESTER

### Dorchester, Dorset, England

**Auf den Spuren von:** Thomas Hardy (1840–1928)

**Route:** Von Dorchester zu Hardy's Cottage

**Länge:** 5 km

**Unsere Empfehlung:** *Der Bürgermeister von Casterbridge* (1886); *Tess von D'Urbervilles* (1891); *Fern vom Treiben der Menge* (1874)

Das am Fluss Frome gelegene Dorchester ist der Verwaltungssitz der Grafschaft Dorset. Bei Thomas Hardy begegnet uns die Stadt unter dem Namen Casterbridge in der gleichfalls fiktiven Grafschaft Wessex gleich mehrfach: in *Der Bürgermeister von Casterbridge* (1886), in *Tess von D'Urbervilles* (1891) und in den *Meistererzählungen* (1888).

Hardy wurde fünf Kilometer von Dorchester entfernt in dem Dorf Higher Bockhampton geboren. Dort wuchs er in einem kleinen pittoresken Haus auf, das sein Urgroßvater gebaut hatte. In Dorchester ging Hardy zur Schule und später auch zur Arbeit.

Viele Örtlichkeiten in Dorset nutzte er als Vorbilder: so das Dorf Puddletown für das fiktive Weatherbury, wo sich Bathsheba Everdenes Farm in *Fern vom Treiben der Menge* befindet. Im selben Roman sowie in *Der Bürgermeister von Casterbridge* spielt die Getreidebörse von Dorchester eine Rolle.

Am besten beginnen Sie Ihren Gang in Dorchester in der South Street 39, wo Hardy einst für den Architekten John Hicks arbeitete. Das Gebäude, heute eine Filiale der Barclays Bank, ist im Roman das Haus des Bürgermeisters von Casterbridge. Folgen Sie dann – wie Hardy als Kind und junger Mann – der High East Street über die Grey's Bridge und dann dem Reitweg zu Hardy's Cottage, dem Geburtshaus des Dichters.

**OBEN:** Thomas Hardy erschuf in seinen Romanen die Grafschaft Wessex.

**LINKS:** Die Getreidebörse von Dorchester ist ein beliebter Ort in Hardys Romanen.

# 176

## UNTERWEGS AUF DEM COLERIDGE WAY

### Somerset und Devon, England

**Streifzug mit:** Samuel Taylor Coleridge (1772–1834)

**Route:** Der Coleridge Way

**Länge:** 82 km

**Unsere Empfehlung:** »Die Ballade vom alten Seemann« (1798)

**RECHTS:** Der Coleridge Way führt von Nether Stowey durch die Quantock Hills nach Lynmouth.

»*Über die blühende Heide und die Hügelkuppen wandert wohlgemut dahin. Dann steigt hinab in das Tal, von dem ich euch erzählte: ein üppig bewaldetes Tal, so eng und tief.*«

Die Verse aus dem Gedicht »Die Lindenlaube mein Kerker« schrieb der Romantiker Samuel Taylor Coleridge 1797, als seine Freunde, die Dichter William Wordsworth und Charles Lamb, zu einer weiteren Wanderung aufbrachen. Er selbst musste unter einer Linde zurückbleiben, da ein Fuß durch kochende Milch verbrüht worden war.

Die Route führte durch die Quantock Hills, ein Höhenzug in Somerset. Den Einheimischen kamen die exzentrischen Wandertouren der Literaten merkwürdig vor, und sie verdächtigten Coleridge sogar, ein Spion der Franzosen zu sein.

Die Strecke von seinem Wohnort Nether Stowey ins 39 Kilometer entfernte Dorf Porlock legte Coleridge oft an einem Tag zurück. (Und es war ein Besucher aus diesem Ort, der ihn beim Verfassen seines Gedichts »Kubla Khan« derart störte, das es ein Fragment blieb.)

Heute ist der Coleridge Way ein doppelt so langer Wanderweg, der vom Haus des Dichters durch den ruhigen Exmoor-Nationalpark über Porlock nach Lynmouth führt. Die Route verläuft durch unterschiedliche Landschaften, darunter weite Moore und uralte Wälder. Sehenswerte Dörfer entlang der Strecke laden zum Pausieren und Erkunden ein.

## 177
### SEHEN SIE DIE WELT DURCH MARTIN PARRS OBJEKTIV

**Bath und Bristol, England**

Der britische Fotojournalist und Dokumentarfotograf Martin Parr (geb. 1952) ist bekannt für seine Darstellungen des reichen britischen Kulturerbes und zugleich ein begeisterter Wanderer. Bei seinen Touren entstanden einige seiner berühmtesten Fotos. Heute lebt Parr in Bristol, wo ihn die vielfältigen Landschaftsformen bei den sonntäglichen Spaziergängen mit seiner Frau inspirieren. Schnappen Sie sich Ihre eigene Kamera für eine Abenteuertour auf dem zehn Kilometer langen Bath Skyline Walk durch Wiesen, Wälder und einsame Täler.

## 178
### MIT DAPHNE DU MAURIER DURCH CORNWALL

**Fowey, Cornwall, England**

Die windumtoste und zerklüftete Küste Cornwalls liefert das Setting für zahlreiche Romane von Daphne du Maurier (1907–1989). Hier verbrachte sie den größten Teil ihres Lebens. Starten Sie in Fowey (mit dem Daphne du Maurier Literary Centre) und folgen Sie dem spektakulären South West Coast Path nach Westen Richtung Gribben Head zur 3,5 Kilometer entfernten Polridmouth Cove. Der Strand war einer von du Mauriers bevorzugten Badespots. Er liegt unterhalb des Menabilly House, in dem die Schriftstellerin viele Jahre lebte und schrieb. Es lieferte zudem das Vorbild für den Landsitz Manderley in dem Roman *Rebecca* (1938) mit dem berühmten Eröffnungssatz: »Letzte Nacht träumte ich, ich wäre wieder in Manderley.«

## 179
### EIN FARBENFROHER AUSFLUG IN DIE DORSET HILLS

**Dorset Hills, England**

Die neuseeländische Malerin Frances Hodgkins (1869–1947) lebte die meiste Zeit in England. Berühmt für ihre Landschaftsbilder und Stillleben zog sie in den 1920er Jahren in ein Atelier in Burford, Oxfordshire. »Die Cotswolds sind eine malerische Hügellandschaft, und die Luft hier ist herrlich«, schwärmte sie damals in einem Brief. Östlich des Ortes folgt ein Rundweg dem Fluss Windrush und führt dann durch die mittelalterlichen Dörfer Swinbrook und Widford. In dieser Region entstanden viele von Hodgkins' avantgardistischen Landschaftsbildern, die zu einem Markenzeichen moderner Malerei wurden.

## 180
### JOHN FOWLES' DRAMATISCHE JURASSIC COAST

**Lyme Regis, Dorset, England**

Der anspruchsvolle, 5,6 Kilometer lange Abschnitt des South West Coast Path zwischen Seaton und Lyme Regis führt durch das Undercliffs-Naturschutzgebiet. In diesem spektakulären Teil der Jurassic Coast lebte John Fowles (1926–2005) und verfasste *Die Geliebte des französischen Leutnants* (1969) mit eindrucksvollen Beschreibungen der Region. Laut Fowles gleicht sie »einer Silbermöwe, die von einer Klippe aus misstrauisch Richtung Devon und Dorset späht«. Gehen Sie in Lyme Regis zur mächtigen Hafenmauer The Cobb, von wo aus die Geliebte des französischen Leutnants allein hinaus aufs Meer schaut.

**RECHTS:** Der idyllische Fischerort Fowey in Cornwall

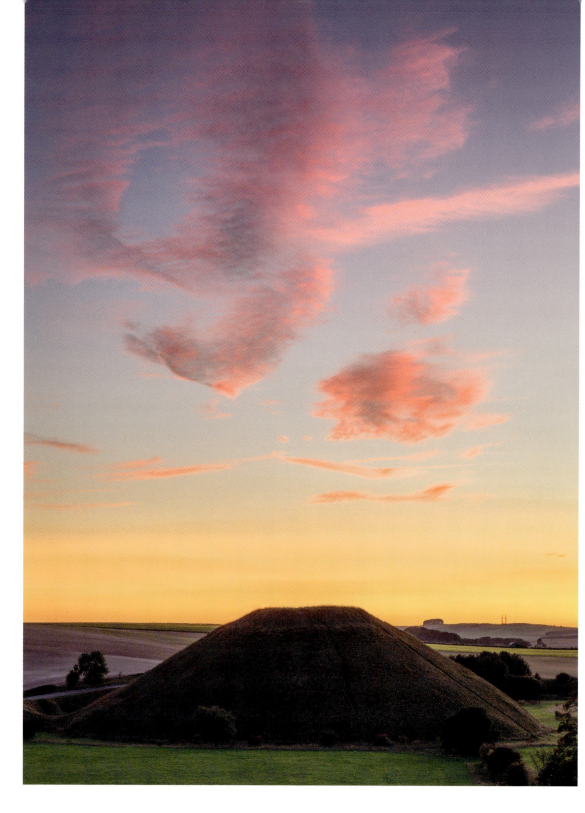

## 181
### JOHN CONSTABLE UND DIE KATHEDRALE VON SALISBURY

#### Salisbury Wiltshire, England

Erleben Sie die Perspektive, aus der John Constable (1776–1837) die Kathedrale von Salisbury 1820 malte. Treten Sie von der Exeter Street durch das St Anne's Gate und folgen Sie dem North Walk bis zum mittelalterlichen Sarum-Kolleg. Gegenüber verläuft der Bishop's Walk, der einen freien Blick auf das großartige Gotteshaus bietet. Weiter geht es bis zum North Walk und links ab auf den West Walk, von dem aus Sie die Westseite der Kathedrale sehen. Weiter auf dem Weg und vorbei am Salisbury Museum finden Sie Leaden Hall, wo der Künstler im Jahr 1820 wohnte.

## 182
### WANDERN SIE VON EINEM GEDICHT ZUM ANDEREN

#### Slad Valley, Gloucestershire, England

In der Hügellandschaft der Cotswolds liegt das Slad Valley. Unsterblich wurde es durch die Jugenderinnerungen des Dichters Laurie Lee (1914–1997) in *Des Sommers ganze Fülle* (1959). Der Laurie Lee Wildlife Way ist ein zehn Kilometer langer Rundweg durch das Tal, wo »der Morgentau gelb-grünes Sonnenlicht in meine Augen träufelt« und »Hecken unter üppigen Rosen ächzen«. Zehn Säulen aus Zedernholz mit Gedichten Laurie Lees markieren Aussichtspunkte entlang der Route. Sie führt auch zum ebenfalls durch Lee bekannt gewordenen Pub The Woolpack.

## 183
### RICHARD LONG UND DIE LEGENDE DES SILBURY HILL

#### Avebury, Wiltshire, England

Der Land-Art-Künstler Richard Long (geb. 1945) schuf 1970 für eine Ausstellung in New York das Werk *A Line the Length of a Straight Walk from the Bottom to the Top of Silbury Hill*. Es bestand aus einem Foto des Silbury Hill – Europas größtem künstlich erschaffenen Hügel aus prähistorischer Zeit – sowie einem Text zur Legende des Hügels und einer 37 Meter langen Gips-Spirale mit Fußabdrücken: Diese Strecke entsprach der, die Long vom Fuß bis zum Gipfel des Hügels zurücklegte. Alle Werke Longs thematisieren Wege, die er beschritten hat. »Meine Kunst ist die Essenz meiner Erfahrungen und nicht nur deren symbolische Widerspiegelung«, sagt er. Heute darf man den Silbury Hill nicht mehr besteigen, aber von Avebury aus führt ein lohnenswerter Weg um ihn herum.

## 184
### DIE NATUR IN DEN »WORDS« VON EDWARD THOMAS

#### Dymock, Gloucestershire, England

Bis 1914 machte sich Edward Thomas (1878–1917) als Biograf und Literaturkritiker einen Namen. Dabei lernte er den US-amerikanischen Lyriker Robert Frost kennen, der in Dymock in Gloucestershire lebte. Thomas besuchte ihn oft, wobei Frost ihn ermutigte, selbst Gedichte zu schreiben. Das tat Thomas fortan, bis zu seinem Tod im Ersten Weltkrieg. Über die gemeinsamen Wanderungen mit Frost schrieb er »The Sun Used to Shine« (dt. Damals schien die Sonne). Folgen Sie den Spuren der beiden auf dem May Hill nahe Boxbush. Dort begann Thomas, sein berühmtes Gedicht »Words« zu verfassen, in dem er Worte mit Naturphänomenen vergleicht.

**LINKS:** Der prähistorische Silbury Hill in Wiltshire inspirierte Richard Long.

# 185

## ERLEBEN SIE DIE ORTE, DIE JANE AUSTEN PRÄGTEN

## Chawton, Hampshire, England

**Auf den Spuren von:** Jane Austen (1775–1817)

**Route:** The Writers' Way

**Länge:** 18 km

**Unsere Empfehlung:** Jane Austen, *Briefe* (posthum 1932)

Die englische Autorin Jane Austen wuchs im Dorf Steventon in Hampshire auf und verbrachte später mehrere Jahre in Bath. Dann zwang der Tod ihres Vaters die Familie dazu, in sehr bescheidenen Verhältnissen zu leben. Als Jane 32 war, erbte ihr Bruder Edward das Anwesen Chawton House, wo sie, ihre Schwester und ihre Mutter fortan in einem kleinen Landhaus wohnen durften.

Über das hübsche Backsteinhaus aus dem 17. Jahrhundert schrieb Jane Austen beim Einzug: »Wie sehr wir uns hier jetzt schon wohlfühlen. Und wenn es erst hergerichtet ist, wird es schöner als alle anderen Häuser sein.« Heute ist es das Jane Austen's House Museum.

Von hier aus führt der 18 Kilometer lange Writers' Way durch eine sanfte Hügellandschaft. Nach der kleinen Marktstadt Alton geht es bergauf über eine Anhöhe. Dann folgt der Weg der tief eingeschnittenen Watery Lane, in der sich bei Regen Wasser sammelt. Weiter geht es durch Wälder und Dörfer bis Farringdon. Hinter Massey's Folly, einem außergewöhnlichen Backsteinbau, führt die Rundtour über einen Abschnitt des Fernwanderwegs St Swithun's Way zurück nach Chawton.

Beenden Sie die Wanderung im Tearoom von Chawton House, über das Jane Austen stets als das »Große Haus« sprach.

**OBEN:** Jane Austen – eine Ikone der britischen Literatur

**OBEN RECHTS:** Massey's Folly in Farringdon – ein exzentrisches Gebäude an der Route

**RECHTS:** Das Landhaus in Chawton, in dem Jane Austen lebte, ist heute ein Museum.

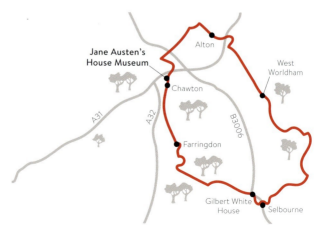

## 186
## DAS BATH DER REGENCY-ZEIT
### Bath, Avon, England

Zu Beginn des 19. Jahrhunderts lebte Jane Austen einige Jahre in Bath. In *Die Abtei von Northanger* (1817) und *Anne Elliot* (1818) offenbart sie ihre einstige jugendliche Begeisterung für das frivole gesellschaftliche Leben, dessen sie später überdrüssig wurde. Verschaffen Sie sich an Orten, die Jane Austen gut kannte, einen Eindruck von ihrem Lebensgefühl. Gehen Sie von den Römischen Bädern zu Sally Lunns Eating House, zur Pulteney Bridge und dann vom Theatre Royal nach Norden zu den bogenförmigen Gebäudekomplexen Royal Crescent und The Circus sowie zu den Upper Assembly Rooms.

# 187

## ERLEBEN SIE DEN THEMSEPFAD MIT DEN AUGEN J. M. W. TURNERS

## Von Gloucestershire nach London, England

**Auf den Spuren von:**
J. M. W. Turner (1775–1851)

**Route:** Von den Cotswolds, Gloucestershire, nach London

**Länge:** 296 km

**Unsere Empfehlung:** *Schloss Windsor von der Themse aus* (um 1805); *Isleworth* (1819)

Im Süden Englands folgt der Thames Path über eine Strecke von 296 Kilometer dem idyllischen Verlauf des Flusses: von Cricklade, nahe Cirencester in den Cotswolds, durch die Chiltern Hills nach Oxford, dann entlang der Flussschleifen an Windsor und Hampton Court vorbei und schließlich über Teddington, Twickenham, Richmond und Hammersmith nach Greenwich. J. M. W. Turner malte im Laufe der Jahre viele Abschnitte des Flusses entlang dieser Route. Auch heute präsentiert sich die Flusslandschaft oftmals noch so wie zu Zeiten Turners.

Eine Reihe seiner Oxford-Gemälde haben Uferregionen der Themse als Motiv. Ebenfalls an Orten entlang des Themsepfads entstanden *Schloss Windsor von der Themse aus* (um 1805), *Die Themse bei den Walton-Brücken* (um 1807) und *Dorchester Mead, Oxfordshire* (1810). Das Bild *Isleworth* (1819) malte der Künstler möglicherweise von einem Boot aus. Diese Methode verwendete Turner auch bei einem seiner grandiosen Seestücke, als er sich an einem Mast festband, um riesige Wellen besonders lebendig einzufangen.

1840 entwarf und baute Turner sein Haus in Twickenham – Sandycombe Lodge. Es steht Besuchern offen und ist nur elf Gehminuten vom Themsepfad entfernt. Der Weg führt durch einen Teil der Orleans Gardens zum Marble Hill Park.

**OBEN:** J. M. W. Turner – ein Meister in der Darstellung von Wasserflächen

**OBEN RECHTS:** Der fast 300 km lange Themsepfad bietet viele idyllische Abschnitte.

**RECHTS:** Freizeitaktivitäten in und auf der Themse an einem Sommertag in Richmond

## 188
## DAS MEERES-PANORAMA IN MARGATE
### Margate, Kent, England

»Der Himmel über Thanet ist der schönste in ganz England«, bemerkte J. M. W. Turner einst über diese Region in Kent. Bei seinem ersten Besuch war er elf und wohnte bei einem Onkel in Margate. Später kehrte er regelmäßig hierher zurück, um den Himmel und das Meer zu malen, und wohnte ganz in der Nähe des heutigen Kunstmuseums Turner Contemporary. Mehr als 100 Bilder entstanden in Margate und an der Ostküste. Ein Spaziergang über den Marine Drive führt am Turner Contemporary vorbei zum Harbour Arm. Dort öffnet sich ein grandioses Meerespanorama, das bereits den Maler inspirierte.

## 189
## PETWORTH PARK
### Petworth, West Sussex, England

Bei seinen Besuchen in Petworth House zwischen 1809 und 1837 wurde J. M. W. Turner vom 3. Earl of Egremont ein eigenes Atelier zur Verfügung gestellt. Zu den eindrucksvollen Landschaftsgemälden, die Turner dort für den Hausherrn erstellte, zählen *Petworth House vom See aus an einem taubenetzten Morgen* (1810) und *Der See von Petworth bei Sonnenuntergang mit kämpfenden Hirschböcken* (1829–1830). Bei einem Besuch des Herrenhauses und der 280 Hektar großen Parkanlagen können Sie sowohl Turners Bilder als auch dessen Motive in natura genießen.

# 190

## BRITISH SEA POWER

### Firle, East Sussex, England

**Auf den Spuren der:** Rockband British Sea Power

**Route:** Von Firle zur Lullington Church

**Länge:** 10,5 km

**Unsere Empfehlung:** *The Smallest Church in Sussex* (2015)

**OBEN LINKS:** Ein Blick vom Firle Beacon auf die South Downs

**LINKS:** Die kleine Kirche in Sussex inspirierte British Sea Power zu einem Song.

Es waren vor allem die Dichter, Komponisten und Maler der Romantik, die sich für Landschaften und das Wandern begeisterten. Heute gibt es nur wenige Künstler, die in dieser Tradition stehen. Die Rockband British Sea Power bildet da eine Ausnahme. Für die Musiker sind das Wandern und künstlerische Kreativität eng miteinander verknüpft. »Auf dem Land zu leben, ist für die meisten mit Rockmusik nicht zu vereinbaren. Aber in der Natur unterwegs zu sein, kann einen genauso berauschen wie Musik«, erklärte der Gitarrist Martin Noble in einem Interview.

Die sechsköpfige Band lebte mehrere Jahre in East Sussex und trat mit den Songs ihres ersten Albums in The Ram Inn, einem Pub im Dorf Firle, auf, wo sie im Garten kampierte.

Dort beginnt die Wanderung hinauf auf die Erhebung Firle Beacon. Von hier aus hat man einen herrlichen Ausblick über die Landschaft bis nach Eastbourne und zum Meer. Folgen Sie dann dem South Downs Way nach Osten, bis Sie das Dorf Alfriston erreichen. Überqueren Sie unweit der Hauptkirche den Fluss. Von dort führt ein Fußweg zur Lullington Church: »The Smallest Church in Sussex«. So besingt British Sea Power – nicht zu Unrecht – die wohl kleinste Kirche Englands. Gerade mal 20 Besucher können an den Gottesdiensten teilnehmen.

Der Ort und die Kirche haben es Neil Hamilton Wilkinson – dem Songwriter, Bassgitarristen und Sänger der Band – angetan. Im Song ist auch die Orgel der Kirche zu hören.

# 191

## FOLGEN SIE VIRGINIA WOOLF DURCH DIE SOUTH DOWNS

### Rodmell, East Sussex, England

**Streifzug mit:** Virginia Woolf (1882–1941)

**Route:** Von Monk's House, Rodmell, zum Charleston Farmhouse

**Länge:** 10 km

**Unsere Empfehlung:** *Zwischen den Akten* (1941); *Tagebücher* (1953)

Viele denken bei Virginia Woolf eher an London: an Mrs. Dalloways Spaziergänge in Westminster und die Künstlergruppe Bloomsbury. Doch die britische Autorin verbrachte einen Großteil ihres Lebens in der ländlichen Grafschaft East Sussex. Wer sich dort auf Spurensuche begibt, stößt im Dorf Rodmell auf Monk's House: ein »schlichtes lang gestrecktes und niedriges Haus mit vielen Türen«. Leonard und Virginia Woolf kauften es 1919 als ländlichen Rückzugsort für sich und ihre literarischen Freunde.

Eine zehn Kilometer lange Wanderung führt von Rodmell über den Fluss Ouse durch die Hügellandschaft South Downs zum Charleston Farmhouse. Das einstige Heim von Woolfs Schwester Vanessa Bell – in jener Zeit ebenfalls ein Intellektuellen- und Künstlertreff – ist heute ein Museum.

Diesen Weg ging Woolf unzählige Male, um ihre Schwester zu besuchen. »Was würde ich dafür geben, wenn ich jetzt durch den Wald von Firle nach Hause laufen könnte«, schrieb sie 1921. Und sie ging diesen Weg auch, als sie sich 1941 im Fluss Ouse ertränkte. Ihre Asche wurde im Garten ihres Hauses verstreut.

Die Wanderung offenbart spektakuläre Blicke auf die South Downs, über die Woolf schrieb: »Die Landschaft ist viel zu schön für nur ein Augenpaar. Sie könnte ein ganzes Volk glückselig stimmen, wenn es nur hinsähe.«

**OBEN:** Virgina Woolf lebte viele Jahre in Sussex.

**OBEN RECHTS:** Monk's House in Rodmell war Virginia Woolfs ländlicher Rückzugsort.

**RECHTS:** Das 6 km entfernte Charleston Farmhouse war das Zuhause von Virginia Woolfs Schwester Vanessa Bell.

## 192
## ZUM LEUCHTTURM
### Isle of Skye, Schottland

Virginia Woolfs Roman *Zum Leuchtturm* (1927) spielt auf der Isle of Skye. Viele Details des Settings wurden allerdings durch St. Ives in Cornwall geprägt, etwa die Beschreibung des Hauses, in dem im Roman die Familie Ramsay ihre Ferien verbringt. Als Vorbild diente Talland House, wo Woolfs eigene Familie ihre Urlaube in St. Ives verlebte. Davon abgesehen erkennt man auf der Hebrideninsel viele der im Roman beschriebenen Landschaften wieder. So blicken Sie bei einer Wanderung zur Landzunge Brother's Point über das Meer auf die urwüchsige Nachbarinsel Rona. Dort steht auf einer Anhöhe ein kleiner Leuchtturm, der »sich in der Ferne im Violett des Heidekrauts verliert«.

## 193
### ERWANDERN SIE WATERSHIP DOWN
#### Ecchinswell, Hampshire, England

Die mit Watership Down bezeichneten Hügel in Hampshire liefern das Setting für das epische Abenteuer, das Richard Adams (1920–2016) eine Gruppe von Kaninchen in *Unten am Fluss* (1972) erleben lässt. Dorthin gelangen Sie vom Dorf Ecchinswell aus, vorbei an der Nuthanger Farm.

## 194
### AUF ZUM HUNDERT-MORGEN-WALD
#### Ashdown Forest, East Sussex, England

Im Hundert-Morgen-Wald lebt der von A. A. Milne (1882–1956) ersonnene und bis heute bei Jung und Alt beliebte Pu der Bär. Als Vorbild für Pus Heimat diente der Ashdown Forest in East Sussex. Ein Rundweg führt über Pus Spielorte Poohsticks Bridge und Roo's Sandy Pit.

## 195
### ABENTEUER MIT ROALD DAHL
#### Great Missenden, Buckinghamshire, England

Roald Dahl (1916–1990) lebte mehr als 30 Jahre in Great Missenden, Buckinghamshire. Spüren Sie bei einem Spaziergang durch die Straßen den Vorbildern für Dahls Figuren und Handlungsorten nach: im örtlichen Pub, bei der Red Pump Garage, beim Crown House und im Atkins's Wood, wo Dahl gern wanderte.

# 196

## KIPLINGS SOUTH DOWNS

### Burwash, East Sussex, England

**Streifzug mit:** Rudyard Kipling (1865–1936)

**Route:** Rundweg um Burwash und Bateman's

**Länge:** 3,6 km

**Unsere Empfehlung:** »Das Land« (1917)

**OBEN:** Rudyard Kipling, ein Befürworter des Kolonialismus

**OBEN LINKS:** Bateman's war Kiplings Familiensitz in Sussex.

**LINKS:** Das Arbeitszimmer, in dem Kipling viele seiner Spätwerke schrieb

Anders als seine politischen Ansichten finden Rudyard Kiplings literarische Werke noch immer Anerkennung: etwa sein ergreifendes Gedicht »Wenn« (1896) und *Das Dschungelbuch* (1894). Der Autor liebte die »urwüchsigen« Hügel der South Downs, die er mit »Walbuckeln« verglich. Hier siedelte er sich 1897 an, zuerst in Rottingdean, dann bezog er Bateman's, ein Anwesen nahe Burwash, das er als »schönen und friedlichen Ort« beschrieb.

Dorthin führt ein Rundweg durch Felder und Wiesen, der am Bear Inn in Burwash beginnt. Bateman's gehört heute dem National Trust. Besucher können nicht nur das Haus und das Arbeitszimmer besichtigen, in dem Kipling Bücher wie *Puck vom Buchsberg* (1906) verfasste, sondern auch das 130 Hektar große Anwesen. In seinem Gedicht »Das Land« beschreibt Kipling die geschichtsträchtige Kultivierung der Region am Fluss Dudwell:

»Die Römer kamen und entwässerten das Land, wir sind ihre Erben,
Noch immer finden wir am Fluss antike Scherben.
Und sommerliche Dürre lässt die Auen Relikte offenbaren
von Menschen, die hier lebten vor sechzehnhundert Jahren.«

Diesen Spuren können auch Sie folgen. Vom Haus führt der Weg zu einem Mühlteich und rechts weiter zum Mühlbach. Von dort gehen Sie über eine Fußgängerbrücke, dann nach Norden durch Felder zur A 265, die zurück nach Burwash führt.

## 197
### HELEN ALLINGHAMS STROHGEDECKTE HÄUSER

**Witley, Surrey, England**

Die in Derbyshire geborene und in Birmingham aufgewachsene Künstlerin Helen Allingham (1848–1926) ließ sich in Sandhills nahe Witley in der Grafschaft Surrey nieder. Ursprünglich arbeitete sie als Illustratorin u. a. für Thomas Hardys *Fern vom Treiben der Menge*. Doch nach ihrer Heirat mit dem Dichter William Allingham widmete sie sich wieder ihrer Leidenschaft für die Aquarellmalerei. Ihre Lieblingsmotive waren strohgedeckte Bauernhäuser in der Umgebung. Der Weg beginnt an der Bahnstation Witley, führt über die Schienen und durch eine kleine Straße vorbei am früheren Wohnhaus der Malerin in Sandhills. Sie erkennen es anhand von Allinghams Bildern.

## 198
### MIT JOHN KEATS DURCH WINCHESTERS FLUSSAUEN

**Winchester, Hampshire, England**

In Winchester schrieb der englische Romantiker John Keats (1795–1821) mit »An den Herbst« (1819) eine seiner berühmtesten Oden. Von seinem Quartier nördlich der Kathedrale von Winchester unternahm er täglich Spaziergänge, die ihn über den Kirchengrund und die Auen des Flusses Itchen zum mittelalterlichen Armenhaus St. Cross führten. Wenn Sie dort zu Fuß eintreffen, erhalten Sie noch immer als milde Gabe die Wanderern vorbehaltene »Wayfarer's Dole«: Brot und Ale. Bei einer Herbstwanderung können Sie nachempfinden, was Keats treffend mit »Zeit der Nebel und der reifen Fruchtbarkeit« beschrieb.

## 199
### CHARLES DARWINS »WEG ZUM NACHDENKEN«

**Down House, Downe, Kent, England**

Im Jahr 1846 pachtete Charles Darwin (1809–1882) ein Stück Land nahe Down House, seinem Wohnhaus in der Grafschaft Kent. Dort ließ er um ein Wäldchen herum einen 400 Meter langen Rundweg aus Sand anlegen. 40 Jahre lang drehte Darwin fast jeden Tag auf seinem »thinking path« seine Runden, um dabei über seine Arbeit nachzudenken. Nach jeder Runde fügte er einem Haufen Steine einen weiteren Stein hinzu. Oft entfernten seine Kinder heimlich einige Steine, damit er länger unterwegs war. Heute kann jedermann auf diesem Weg schreiten und dabei über sattgrüne Wiesen blicken, dem Gesang der Vögel lauschen und mitunter auch Rotwild begegnen.

## 200
### EIN ETWAS ANDERER BLICK AUF KENT

**Dungeness, Kent, England**

Wenn Sie in diesem windumtosten Teil von Kent dem Dungeness Trail am Strand entlang folgen, kommen Sie an einer auffälligen schwarzen Fischerhütte mit einem ausgedehnten Garten vorbei. Sie gehörte einst dem britischen Filmregisseur, Künstler und Autor Derek Jarman (1942–1994). Als er erkrankte, kaufte er das Prospect Cottage als Rückzugsort. »Der Horizont bildet die Grenzen meines Gartens«, schrieb er auf der ersten Seite seines Tagebuchs *Modern Nature* (1991). Er hat recht. Der liebevoll angelegte Garten geht mit seinen einheimischen Pflanzen nahtlos in den Kies und den natürlichen Bewuchs am Strand über.

**RECHTS:** Derek Jarmans Hütte und Garten verschmelzen mit dem Strand von Dungeness.

## 201
### EAST ANGLIA – BENJAMIN BRITTENS KLANGLANDSCHAFT

**Aldeburgh, Suffolk, England**

Der zehn Kilometer lange Sailor's Path vom Dorf Snape am Fluss Alde bis zur kleinen Küstenstadt Aldeburgh steht im Zeichen der Musik von Benjamin Britten (1913–1976). Der unweit von hier in Lowestoft geborene Komponist fühlte sich diesem Teil East Anglias eng verbunden. Der Weg beginnt nahe der von Britten gegründeten Snape Maltings Concert Hall und führt an einem Naturschutzgebiet entlang. Umgeben von den Rufen zahlloser Wasservögel bekommen Sie eine Ahnung davon, wodurch Britten zu seiner Komposition *Curlew River* (1964, dt. Fluss der Möwen oder Der Brachvogel-Fluss) inspiriert wurde. Und am Strand in Aldeburgh glauben Sie zwischen den anbrandenden Wellen die Schritte der Titelfigur aus seiner Oper *Peter Grimes* (1945) zu hören.

## 202
### AN MATTHEW ARNOLDS »STRAND VON DOVER«

**Dover, Kent, England**

Wenn Sie den Ort besuchen wollen, den Matthew Arnold (1822–1888) in seinem berühmten Gedicht »Dover Beach« so wunderschön beschrieb, sollten Sie es abends bei klarem Himmel tun. Folgen Sie dem Kiesstrand, wo »die Klippen Englands stehen, leuchtend und mächtig in der ruhigen Bucht« und wo »das Meer auf das vom Mond gebleichte Land trifft«. Lauschen Sie dem »von Knirschen erfüllten Brausen« und dem »bebenden Rhythmus«, wenn die Brandung über die Kiesel rauscht. Das Setting des Gedichts, das Arnold während seiner Flitterwochen in Dover verfasste, lohnt auf jeden Fall einen Strandspaziergang.

# 203

## ERKUNDEN SIE CHARLES DICKENS' HIGHAM

### Higham, Kent, England

**Auf den Spuren von:** Charles Dickens (1812–1870)

**Route:** Rings um Dickens' Haus

**Länge:** 5 km

**Unsere Empfehlung:** *Große Erwartungen* (1861); *Die Pickwickier* (1836)

**RECHTS:** Als Kind träumte Charles Dickens davon, einmal in Gads Hill Place zu wohnen. Als erfolgreicher Autor erfüllte er sich diesen Traum.

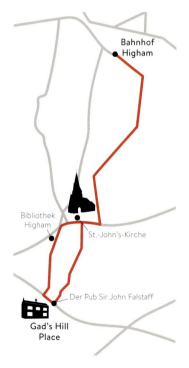

Der in Portsmouth geborene Charles Dickens wird als Repräsentant des viktorianischen London gesehen, doch er blieb Kent stets verbunden. Als Kind war er an Gads Hill Place in Higham vorbeigelaufen und hatte beschlossen, dort eines Tages zu wohnen. 1865 konnte er es sich leisten, das Haus zu kaufen, und verbrachte dort den Rest seines Lebens.

Die Tour beginnt am Bahnhof. Passieren Sie die Brücke über die Eisenbahn und folgen Sie dem Fußweg durch die Felder zum Land Way. Zur Rechten liegt die Whitehouse Farm, hinter der der Weg zur St.-John's-Kirche führt. Deren Pfarrer verkaufte seinerzeit Gads Hill Place an Dickens, durfte aber noch so lange darin wohnen, bis ein neues Pfarrhaus gebaut worden war. Der durch öffentliche Lesungen geschulte Dickens gab ihm noch den Rat, »mehr aus der Brust heraus« zu sprechen, um sich deutlicher Gehör zu verschaffen.

Eine Ecke weiter finden Sie auf der Forge Lane die Bibliothek von Higham, in der es eine Karte aus der Dickens-Zeit gibt. Geht man am Ende der Forge Lane noch ein Stück weiter in die Crutches Lane, erreicht man Gads Hill Place. »Als kleiner Junge erschien mir das Haus wie ein wahres Schloss, was es bei Gott nicht ist«, schrieb Dickens.

Wenn es im Haus keinen Platz mehr gab, quartierte der Schriftsteller seine Besucher oft im nahen Pub Sir John Falstaff ein, den es noch heute gibt. Von dort führt die Straße Telegraph Hill zurück zur Hermitage Road hinter der St.-John's-Kirche. Wenn Sie von hier zum Bahnhof zurückkehren, haben Sie fünf Kilometer zurückgelegt. Diese Strecke hätte Dickens, dessen größte Freude darin bestand, täglich 19 Kilometer zu Fuß zurückzulegen, als läppisch erachtet.

## 204
## LONDONS DUNKLE GASSEN

**The Arches, Charing Cross, London, England**

»Die Umgebung dort war trostlos. In ganz London gab es keinen verlasseneren und beklemmenderen Ort.« Dickens' Beschreibung einer Gerberei nahe Charing Cross trifft jedoch auf viele Londoner Orte in seinen Romanen zu. Bis auf die Straßenbeleuchtung hat sich daran bis heute oft nicht viel geändert. Wenn Sie Londons dunkle Gassen erleben wollen, gehen Sie am besten an einem Winterabend nach Sonnenuntergang von der St.-Michaels-Kirche in Cornhill durch die St Michael's Alley. An deren Ende stand einst Londons erstes Kaffeehaus. Biegen Sie rechts ab in die kleine Gasse Castle Court: Hier befindet sich das Restaurant George and Vulture, das bereits von Mr. Pickwick in *Die Pickwickier* (1836) aufgesucht wurde.

# 205

## ENTDECKEN SIE LONDON MIT DEN AUGEN CLAUDE MONETS

### Von Bankside nach Westminster, London, England

**Auf den Spuren von:**
Claude Monet (1840–1926)

**Route:** Von der Tower Bridge zur Westminster Bridge

**Länge:** 4 km

**Unsere Empfehlung:**
*Die Themse unterhalb von Westminster* (1871)

**RECHTS:** Hier in der Nähe entstanden Monets Gemälde der Parlamentsgebäude.

»Ohne Nebel wäre London nicht so schön«, bemerkte Claude Monet zu Beginn des 19. Jahrhunderts.

Um dem Deutsch-Französischen Krieg (1870/1871) zu entfliehen, kam der Künstler 1870 nach London. Während seines mehrmonatigen Aufenthalts malte er viele Stadtansichten. Bei Ebbe können auch Sie oberhalb der Tower Bridge dort am Ufer stehen, wo 1871 Monets Werke *Pool von London* und *Boote im Pool von London* entstanden. Die Schornsteine und Lagerhallen gibt es längst nicht mehr, doch in einiger Entfernung sieht man heute noch das Custom House (Zollhaus) und den Fischmarkt in Billingsgate.

Bei dem drei Kilometer langen Spaziergang entlang des nördlichen Themseufers kann man sich heute nur schwer vorstellen, wie hektisch, laut und schmutzig es zu Monets Zeiten zugegangen sein muss, als hier noch die weltweit größten Docks lagen. Setzen Sie Ihren Weg unter der London, Southwark und Blackfriars Bridge hindurch fort, und steigen Sie dann die Treppen der Waterloo Bridge hinauf. Weiter am Ufer entlang erreicht man den Hintereingang des Savoy Hotels, wo Monet von 1899 bis 1901 Bilder der Themse malte. Blicken Sie hoch zur fünften Etage, wo sich sein Apartment befand. Kurz darauf erreichen Sie die Golden-Jubilee-Fußgängerbrücke, von wo aus sich die Szenerie von Monets Bild *Die Themse unterhalb von Westminster mit dem Parlamentsgebäude* vor Ihnen auftut.

Südlich der Westminster Bridge gelangt man zum St.-Thomas-Krankenhaus, von wo aus Monet viele seiner unwirklich anmutenden Ansichten des im Nebel gehüllten Parlaments malte.

### 206
#### PETER BLAKES KLETTERBAUM
**Chiswick Garden, London, England**

Einige Werke des Pop-Art-Künstlers Peter Blake wie *The Climbing Tree* (dt. Der Kletterbaum) gehen auf Erinnerungen an Aufenthalte mit seiner Familie in den Gärten von Chiswick House zurück.

### 207
#### DAS SOHO VON FRANCIS BACON
**Soho, London, England**

Die Bilder des Künstlers Francis Bacon (1909–1992) zeigen die Einsamkeit der Menschen, die ihm bei seinen Streifzügen durch Soho begegneten.

### 208
#### WHISTLERS CHELSEA
**Chelsea Embankment, London, England**

James Abbott McNeill Whistler (1834–1903), dessen Statue an der Battersea Bridge steht, malte seine *Nocturnes* (dt. Nachtstücke) der Themse in Chelsea. Er bewohnte das Lindsay House im Cheyne Walk und malte auch die Cremorne Gardens.

### 209
#### HOGARTHS LONDON
**Smithfield, London, England**

Einen Eindruck von William Hogarths (1697–1764) London vermitteln die Gassen, die von der Straße Cloth Fair abzweigen. Im St Barts Hospital Museum können Sie Hogarths großformatige Darstellung biblischer Motive sehen.

EUROPA 173

## 210
### SYLVIA PLATH LIEBTE PRIMROSE HILL

#### Primrose Hill, London, England

Die US-amerikanische Dichterin Sylvia Plath (1932–1963) kam 1955 nach London und besuchte Vorlesungen am Bedford College. Jenseits des British Museum steht die Kirche St George the Martyr, in der Plath 1956 Ted Hughes heiratete. Gehen Sie von hier aus durch den Regent's Park – wie die Dichterin bei Besuchen des Londoner Zoos mit ihrer Tochter – zum Chalcot Square 3 im Stadtteil Primrose Hill. Plath und Hughes wohnten hier in einer Dachwohnung, wo die Autorin *Der Koloss* (1960) und *Die Glasglocke* (1963) schrieb. Nach ihrer Trennung von Hughes zog Plath in die Fitzroy Road 23. Dort nahm sie sich das Leben, nur Wochen nach dem Tagebucheintrag: »Als ich in mein geliebtes Primrose Hill mit dem goldenen Laub zurückkehrte, war ich so voller Freude.«

## 211
### ENTDECKEN SIE MRS. DALLOWAYS LONDON

#### Von Westminster nach Bloomsbury, London, England

»Ich liebe es, durch London zu streifen«, sagt Mrs. Dalloway in dem gleichnamigen Roman von Virginia Woolf (1882–1941), die viele Gemeinsamkeiten mit ihrer Hauptfigur teilte. In einem Essay schrieb Woolf: »Allein durch London zu laufen, ist die beste Erholung«. Hier verfasste sie *Mrs. Dalloway* (1925), nachdem sie zehn Jahre in Surrey gelebt hatte. Die Freude, wieder in London zu sein, ist dem Roman anzumerken. Starten Sie die Tour in Mrs. Dalloways Wohnviertel in Westminster nahe Dean's Yard. Folgen Sie ihren Spuren durch den Green Park zur Bond Street und zum Stadtteil Bloomsbury, in dem die nach ihm benannte Künstlergruppe lebte. Virginia Woolf wohnte dort am Gordon Square und später am Tavistock Square.

## 212
### MIT ZADIE SMITH DURCH LONDONS NORDWESTEN

#### Willesden, London, England

Zadie Smith (geb. 1975) wurde im Nordwesten Londons in Willesden geboren. Dort wuchs sie auf, und dort spielen auch ihre Romane. Ihre guten Ortskenntnisse erlauben es der Autorin, mithilfe echter Straßennamen Fiktion und Realität verschmelzen zu lassen. Am Ende von *London NW* (2012) durchquert Keisha, eine der Protagonistinnen, von ihrer Wohnung nahe Queen's Park das nördliche London. Anhand der Kapiteltitel kann man Keishas Route folgen: »Von der Willesden Lane zur Kilburn High Road«, »Von Hampstead nach Archway« und schließlich zur Hornsey Lane mit der »Selbstmörder-Brücke«.

## 213
### UNTER BEOBACHTUNG AUF GEORGE ORWELLS SPUREN

#### Islington, London, England

Nahe der U-Bahn-Station Highbury & Islington wohnte George Orwell (1903–1950) ab 1945 am Canonbury Square 27b. Dort schrieb er seinen dystopischen Roman *1984*, der im Jahr 1948 erschien. Er handelt von einem totalitären Regime, das seine Bürger allgegenwärtig abhört – und auch visuell kontrolliert. Orwells letztere Prophezeiung ist heute aktueller denn je: London besitzt viermal mehr Überwachungskameras als jede andere Stadt in der westlichen Welt. Gehen Sie die paar Schritte von Orwells Wohnung bis zur Kreuzung Canonbury Square und New North Road und zählen Sie dabei, wie viele Kameras Sie unterwegs entdecken!

**RECHTS:** Dean's Yard, wo Mrs. Dalloway wohnte und so gern spazieren ging

## 214
*BALLADE VON PECKHAM RYE*

### Peckham Rye, London, England

Muriel Spark (1918–2006) lebte in Camberwell im Süden Londons. Dort verfasste sie einen Roman, der in ihrer Nachbarschaft spielt: *Die Ballade von Peckham Rye* (1960). Einige Schauplätze hat die Autorin frei erfunden, doch die meisten sind real. So existieren zwei der auf der ersten Buchseite erwähnten Pubs heute noch: The White Horse in der Nigel Road und ganz in der Nähe The Rye (im Buch das Hotel Rye). Gegenüber sieht man hinter Bäumen immer noch blaue Betonmauern – das ist alles, was von dem im Roman erwähnten Schwimmbad geblieben ist. Ansonsten lädt Peckham Rye zu ausgiebiger Erkundung ein.

## 215
*NATUR AUF DEM FRIEDHOF*

### Nunhead Cemetery, London, England

Der Roman *Happiness* (2018, dt. Glück) der Autorin Aminatta Forna (geb. 1964) spielt im modernen London und handelt von zwei Besuchern der Stadt. Einer von ihnen joggt über den Nunhead Cemetery. Auf dem Friedhof fallen ihm »die unzähligen Grüntöne« auf: »leuchtend grünes Moos, blassgrüne Flechten auf den Grabsteinen, dunkler Efeu an den Bäumen …« An diesem atmosphärischen Ort im Südosten Londons schlängeln sich an den Bäumen Pfade vorbei bis zu einer Stelle, von der aus man in der Ferne die Kuppel der St.-Pauls-Kathedrale sieht.

## 216
*RUND UM HAMPTON COURT PALACE MIT HILARY MANTEL*

### Hampton Court, East Molesey, Surrey, England

Der Hampton Court Palace ist Stein gewordene Geschichte. Wie Kardinal Wolsey 1529 von Heinrich VIII. aus dem Schloss gejagt wurde, beschreibt Hilary Mantel (1952–2022) in ihrem historischen Roman *Wölfe* (2009). Zum Ort des Geschehens führt die Chestnut Avenue: eine prächtige Allee, die Christopher Wren, der Architekt der St.-Pauls-Kathedrale, für König Wilhelm III. von Oranien und Königin Maria II. anlegte. Direkt zur charakteristischen Tudor-Fassade gelangen Sie aus westlicher Richtung, vorbei an Wrens Haus am Ende der Hampton Court Road. Die Süd- und die Ostfassade des Palastes präsentieren sich dagegen in barockem Stil. Wilhelm und Maria beabsichtigten, den gesamten Palast umzugestalten, doch selbst Monarchen geht bisweilen das Geld aus.

## 217
*NACHTIGALLEN IM GREEN PARK*

### Piccadilly, London, England

Lady Caroline Lamb, eine der Geliebten Lord Byrons (1788–1824), war bekannt für ihre Bemerkung, er sei »verrückt, böse und gefährlich«. Als Byron im Jahr 1815 Annabella Millbanke heiratete und das elegante Stadthaus am Piccadilly 139 bezog, galt er bereits als notorischer Frauenheld und Spieler. Wenig überraschend hielt die Ehe kaum länger als ein Jahr. In dieser Zeit, als er gegenüber vom Green Park wohnte, schrieb Byron sein Gedicht »Parisina« (1816):

*»Es ist die Stunde, wenn aus dem Geäst das Lied der Nachtigall erklingt.«*

Durchqueren Sie den Green Park und lauschen Sie, ob Sie eine Nachtigall singen hören.

**LINKS:** Der Hampton Court Palace im charakteristischen Tudor-Stil

## 218
### SATISFACTION IM RICHMOND PARK

#### Richmond, London, England

Zu Beginn lebten die Rolling Stones in Chelsea, doch erst der Crawdaddy Club in Richmond-upon-Thames katapultierte sie 1963 ins Rampenlicht. Der Club existiert nicht mehr, wohl aber die Verbindung zwischen Richmond und den Stones. Frontmann Mick Jagger (geb. 1943) und seine damalige Ehefrau Jerry Hall bewohnten eine viktorianische Prachtvilla in Richmond Hill von den 1990ern bis in die 2000er Jahre. Gehen Sie hinüber zu den Terrace Gardens und genießen Sie den Themseblick, den Joshua Reynolds und J. M. W. Turner gemalt haben. Setzen Sie dann Ihren Weg fort zu den Pen Ponds im Richmond Park. Bei den Seen steht die Royal Oak: eine 750 Jahre alte Eiche, Mick Jaggers Lieblingsbaum im Park.

## 219
### TUMMELN SIE SICH AUF AMY WINEHOUSES SPIELPLATZ

#### Camden, London, England

Der frühe Tod von Amy Winehouse (1983–2011) im Alter von nur 27 Jahren verstärkt noch die Aura der Traurigkeit ihrer ausdrucksstarken Jazz- und Soul-Alben. Ihr außergewöhnliches musikalisches Talent bescherte ihr zahlreiche Grammys und weltweiten Erfolg. Doch im Herzen blieb sie dem rauen Londoner Stadtteil Camden treu, den sie als ihren »Spielplatz« bezeichnete. Winehouse verbrachte viel Zeit im nahen Primrose Hill. Nicht weit von hier befindet sich das Roundhouse, wo sie am 20. Juli 2011 ihr letztes Konzert gab. Auf dem Stables Market an der Chalk Farm Road steht eine Bronzestatue der Sängerin, und in der Castlehaven Road finden Sie den Pub The Hawley Arms, ihre frühere Stammkneipe. Amy Winehouse starb am 23. Juli 2011 in ihrem Haus am Camden Square 30.

## 220
### DER KLANG DES GLOCKEN-SPIELS VON WESTMINSTER

#### London, England

Ralph Vaughan Williams (1872–1958) wurde zur Arbeit an der *London Symphony* (1914) von seinem Freund George Butterworth ermutigt, dem er sein Werk widmete. Viele reale Orte inspirierten Williams zu seiner Komposition. Ein Motiv, das immer wieder auftaucht, sind die Glocken von Westminster. Zum dritten Satz merkte Williams an, man solle sich beim Zuhören »vorstellen, nachts am Ufer der Themse in Westminster zu stehen, umgeben von den Geräuschen, die von The Strand herüberklingen«. Warum nur vorstellen? Gehen Sie mit der poetischen *London Symphony* im Ohr von der Westminster Bridge in Richtung der Straße The Strand.

## 221
### AUF DEN SPUREN EINES KÖNIGLICHEN KONZERTS

#### Die Themse, London, England

Seine *Wassermusik* komponierte Georg Friedrich Händel (1685–1759) als Begleitmusik für eine Lustfahrt, die König Georg I. auf der Themse unternahm. Am 17. Juli 1717 ging der Monarch mit einer Gruppe ranghoher Adeliger am Whitehall Palace an Bord seiner Barke, die mit der Strömung nach Chelsea trieb. Auf einem anderen Schiff dirigierte Händel höchstpersönlich die 50 Musiker, die seine drei Suiten spielten. Beginnen Sie die Tour am Banqueting House und folgen Sie dem Themseufer bis zum Cadogan Pier in Chelsea.

**RECHTS:** Amy Winehouse liebte das quirlige Camden.

# 222

## AUF GEOFFREY CHAUCERS PILGERPFAD

## Von London nach Canterbury, England

**Auf den Spuren von:** Geoffrey Chaucer (1343–1400)

**Route:** Von Southwark, London, nach Canterbury, Kent

**Länge:** 97 km

**Unsere Empfehlung:**
*Die Canterbury-Erzählungen* (1387–1400)

**OBEN RECHTS:** The George Inn in Borough ist ein typisches Gasthaus aus der Zeit Chaucers.

**RECHTS:** Das Ziel des Wegs – die Kathedrale von Canterbury

Angeblich auf Geheiß von König Heinrich II. wurde Erzbischof Thomas Becket 1170 in der Kathedrale von Canterbury ermordet. Nach seiner Heiligsprechung machte sein Reliquienschrein die Kirche zu einem Wallfahrtsort.

Geoffrey Chaucer begann 1387 die Arbeit an seinen *Canterbury-Erzählungen*. Eingebettet in die Rahmenhandlung einer Pilgerreise, tragen sich die Wallfahrer zur gegenseitigen Unterhaltung Geschichten vor: die erste – »Die Erzählung des Ritters« – handelt von höfischer Liebe und Eifersucht; es folgen 23 weitere, darunter die besonders derbe und raubeinige »Erzählung des Müllers«.

Chaucers Route beginnt am Gasthaus The Tabard in Southwark. Da dieses nicht mehr existiert, empfiehlt es sich, die Tour am nahe gelegenen George Inn in der Borough High Street zu beginnen. Der kopfsteingepflasterte Innenhof ist typisch für mittelalterliche Gasthöfe. Der Weg führt von hier an der Kirche St George the Martyr vorbei und dann nach links in die Old Kent Road zum Stadtteil Blackheath. Dabei blicken Sie zurück auf Southwark, dann auf Shooters Hill und in die Grafschaft Kent.

Die ganze Pilgerreise zur Kathedrale dauert fünf bis sechs Tage, doch es gibt unterwegs ja viel zu erzählen.

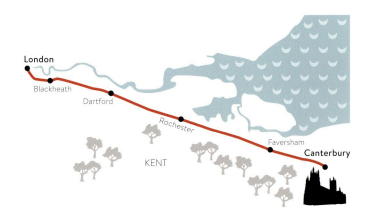

## 223
## VINCENT VAN GOGH IN ENGLAND
### Von Ramsgate nach London, England

Vor seiner Zeit als Maler lebte Vincent van Gogh (1853–1890) einige Monate in Ramsgate. Dort unterrichtete er ohne Bezahlung als Internatslehrer in der Royal Road 6. Der junge Vincent liebte es, zu Fuß zu gehen. Seine Schwester Anna wohnte in Welwyn Hatfield, einem etwa 150 Kilometer entfernten Ort in Hertfordshire. Er machte sich zu Fuß auf den Weg und wurde nur gelegentlich von einer Kutsche mitgenommen. Der Weg führte ihn auch durch die ärmsten Winkel Londons. Seine Eindrücke verarbeitete er in den Bildern, die er 1880 zu malen begann. Zudem beschrieb van Gogh die Wanderung eindrucksvoll in seinen Briefen nach Hause, die in verschiedenen Ausgaben vorliegen.

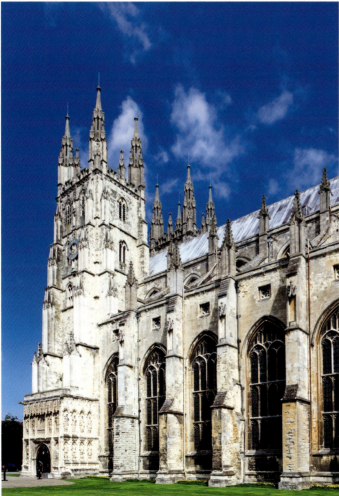

# 224

## AUF DEM DYLAN THOMAS TRAIL

### Ceredigion, Wales

**Streifzug mit:** Dylan Thomas, (1914–1953)

**Route:** Von Llanon nach New Quay

**Länge:** 40 km

**Unsere Empfehlung:** *Unter dem Milchwald* (1954)

**OBEN:** Dylan Thomas, der wohl bedeutendste walisische Poet

**OBEN RECHTS:** Das Black Lion Inn in New Quay war Thomas' Lieblings-Pub im Ort.

**RECHTS:** Der Dylan Thomas Trail führt am idyllischen Hafen von Aberaeron vorbei.

»Geh nicht gemächlich in die gute Nacht« ist einer der meistzitierten Verse von Dylan Thomas. Er könnte zugleich als Motto des kurzen und ausschweifenden Dichterlebens gelten. Thomas wurde 1914 in Swansea geboren und starb 1953 in New York. Er war nicht nur berühmt für seine faszinierenden Gedichte, sondern ebenso für seine Alkoholexzesse und permanente Untreue. Als jemand, der sich zugleich am Bier und an der Sprache berauschte, schuf er einige der visionärsten Verse des 20. Jahrhunderts.

Thomas war viel auf Reisen, doch seine Heimat Wales stimulierte ihn zu einigen seiner besten Werke. In den 1940er Jahren verfasste er in dem Küstenstädchen New Quay das Prosagedicht »Quite Early One Morning« (dt. Eines frühen Morgens). Darin beschreibt er einen Gang entlang der Klippen, während der Ort zum Leben erwacht.

Der Dylan Thomas Trail folgt den Spuren des Dichters durch die Küstenregion Ceredigion, die ihn stark inspirierte. Der Weg beginnt im Dorf Llanon und führt landeinwärts durch Eichenwälder und stille Täler nach Talsarn, wo Thomas einige Zeit im Landhaus Plas y Gelli wohnte. Dann geht es zurück ans Meer und an der Küste von Aberaeron nach New Quay. Dort wohnte Thomas in dem kleinen Sommerhaus Majoda und trank sein Bier am liebsten im Black Lion Inn. Zudem war der Ort das Vorbild für das fiktive Dorf Llareggub in *Unter dem Milchwald*.

## 225
## DYLAN THOMAS' SPAZIERGANG
**Carmarthenshire, Wales**

Seine letzten Lebensjahre verbrachte Dylan Thomas in Laugharne an der Mündung des Flusses Taf. Das 1944 verfasste »Gedicht im Oktober« handelt von einem Spaziergang des Poeten an seinem 30. Geburtstag:

*»Und ich brach auf im regnerischen Herbst
Und ging hinaus in einen Schauer all meiner Tage.«*

Folgen Sie Dylan Thomas' Beispiel und gehen Sie vom Bootshaus (in dem er wohnte) an der Burgruine sowie am Hafen vorbei auf den Sir John's Hill, von dem aus Sie einen großartigen Ausblick haben. Den gut drei Kilometer langen Weg säumen Bänke mit Worten des Dichters.

EUROPA

## 226
### AUF DEM BLACK HILL MIT BRUCE CHATWIN

**Brecon Beacons, Wales**

Bruce Chatwin (1940–1989) verfasste Reiseberichte und auch Romane wie *Auf dem schwarzen Berg* (1982). Darin geht es um Zwillingsbrüder auf einer Farm im Grenzgebiet zwischen der walisischen Grafschaft Radnorshire und der englischen Grafschaft Hereford: »Es hieß, die Grenze verlaufe durch die Mitte der Treppe.« Die Farm mit dem Namen The Vision gibt es tatsächlich. Sie liegt nördlich von Llanthony und grenzt an den Brecon Beacons National Park. Den dahinter liegenden Black Hill können Sie von Llanthony aus auf einem steilen, gut sieben Kilometer langen Rundweg erwandern, der über den Gebirgskamm Hatterall Ridge verläuft.

## 227
### EINE WANDERUNG IM TAL DES ELWY

**Elwy Valley, Wales**

»Wie sehr des Waldes, des Flusses und des Tales Pracht und alles, was in Wales wir sehen, die Herzen glücklich macht«.

So porträtierte Gerard Manley Hopkins (1844–1889) das Elwy Valley in seiner poetischen Liebeserklärung an diese idyllische Region im Norden von Wales. Viele Wanderwege erschließen die Region: von kurzen Spaziergängen in St. Asaph entlang des Flusses Elwy bis zu einer zehn Kilometer langen Route, die von Llansannan aus an beiden Ufern des Afon Aled durch Wälder, Wiesen, über Kämme und durch Täler nordwärts führt. Dabei lernen Sie die Natur der Region so kennen, wie Hopkins sie beschrieb.

## 228
### SHIRLEY BASSEYS TIGER BAY

**Cardiff, Wales**

Seit Shirley Bassey (geb. 1937) in Tiger Bay geboren wurde, hat sich das Hafenviertel stark verändert. Doch die spätere Dame Shirley, die einst *The Girl From Tiger Bay* (und drei Bond-Titelsongs) sang, war längst fort, als die Gentrifizierung begann. Ihre ersten Auftritte hatte sie als 15-jährige im Pub Ship & Pilot in der James Street 36, wo ihr auch Dylan Thomas zuhörte. Heute wird hier in der Coffee Bar Mischief's Livemusik geboten. Die Sängerin wurde um die Ecke in der Bute Street 116 geboren, die in das Zentrum von Cardiff führt. Gehen Sie weiter bis zur Queen Street und dem New Theatre, in dem Shirley Bassey mit 17 ihr erstes festes Engagement in *Hot From Harlem* erhielt. Mit 20 nahm sie bereits Platten in New York auf.

## 229
### HOCH ÜBER LED ZEPPELINS RÜCKZUGSORT

**Machynlleth, Powys, Wales**

Die Led-Zeppelin-Songwriter Jimmy Page und Robert Plant brauchten 1970 nach einer anderthalbjährigen Tournee eine Erholungspause. Sie zogen sich in das im 18. Jahrhundert erbaute Landhaus Bron-Yr-Aur nahe Machynlleth in den walisischen Hügeln zurück, wo Plant als Kind mit seiner Familie die Ferien verbracht hatte. Dort schrieben er und Page – vom Haus und der Umgebung inspiriert – Songs wie *Bron-Yr-Aur* und *Bron-Y-Aur Stomp*. Die Hügel rings um das Haus sind ein beliebtes Wandergebiet. Ein landschaftlich schönes, aber anstrengendes Teilstück des 217 Kilometer langen Fernwanderwegs Glyndwr's Way beginnt in Aberhosan. Der 15,3 Kilometer lange Weg führt hoch hinauf über das Tal Cwm Cemrhiw und verläuft oberhalb von Machynlleth.

**LINKS:** Das Hafenviertel in Shirley Basseys Tiger Bay

# 230

## DER AUSSICHTSPUNKT IM WYE VALLEY, DER WORDSWORTH INSPIRIERTE

## Wye Valley, Wales

**Auf den Spuren von:** William Wordsworth (1770–1850)

**Route:** Der Whitestone Walk

**Länge:** 3,2 km

**Unsere Empfehlung:** »Tintern Abbey« (1798)

**OBEN RECHTS:** Ein Blick hinab auf eine Flussbiegung des River Wye

**RECHTS:** Die Ruine von Tintern Abbey war lange ein populäres Motiv bei Dichtern und Malern.

Ende des 18. Jahrhunderts waren Bildungsreisen nach Südeuropa äußerst populär. Dennoch wurde das verschlafene Wye Valley zu einer Art Geheimtipp. Nicht nur Dichter und Maler unternahmen Bootstouren auf dem Rye von Ross nach Chepstow, um vom Fluss aus die Landschaft und die Klosterruine Tintern Abbey zu bestaunen.

»Einsam wie eine Wolke« erkundete der große englische Romantiker William Wordsworth das pittoreske Tal zu Fuß. Im Jahr 1798 besuchte er das Grenzgebiet zwischen Wales und England zum zweiten Mal:

*»Fünf Jahre sind vergangen: fünf Sommer, die so lang*
*mir schienen wie fünf Winter! Und wieder höre ich*
*die Wasser sich von ihren Quellen in den Bergen*
*mit sanftem Murmeln hinab ins Tal ergießen.«*

Wordsworth dichtete »Tintern Abbey«, als er die Hügel oberhalb des Dorfes Llandogo hinaufstieg, um die herrlichen Blicke von dort auf das Tal zu genießen. Heute gelangt man am besten vom Parkplatz Whitestone (16 Kilometer nördlich von Chepstow) dorthin. Wenn Sie dem Weg nach oben folgen, mit dem Fluss im Osten, finden Sie an jedem Aussichtspunkt eine Bank, in die Verse des Gedichts eingraviert sind. Vor allem dort, wo heute die dritte und höchste Bank steht, soll der Dichter seine Inspiration erfahren haben. An der Weggabelung führt die rechte Abzweigung über einen uralten Pfad zu einem Wasserfall, den Cleddon Falls. Dorthin lenkte wohl auch Wordsworth seine Schritte, wie folgende Verse verraten:

*»… das Rauschen des Wasserfalls*
*ließ mich nicht ruhen: so auch der steile Fels,*
*der Berg und der tiefe, dunkle Wald.«*

## 231
## DIE QUANTOCK HILLS
### Holford, Somerset, England

Zwischen 1797 und 1798 bewohnten William Wordsworth und seine Schwester Dorothy in den Quantock Hills ein Haus bei Holford, um ihrem gemeinsamen Freund Samuel Coleridge in Nether Stowey nahe zu sein. Fast täglich wanderte das Poetentrio durch die Täler und Wälder. Ein 13 Kilometer langer Rundweg verbindet beide Orte, führt über einen Teil des Coleridge Way sowie durch das Dorf Holford Combe und bietet schöne Blicke auf die Küste von Somerset. Das Plough Inn in Holford lädt zum Lunch ein. Von dort können Sie einen zusätzlichen Abstecher zum (für die Öffentlichkeit nicht zugänglichen) Alfoxton House machen, wo die Geschwister Wordsworth wohnten.

## 232
### ALAN BENNETTS ERINNERUNGEN AN LEEDS

#### Headingley, Leeds, England

Der Dramatiker Alan Bennett (geb. 1934) beschrieb seine Jugend als »so grau und farblos wie die Papiertüten, in denen damals Lebensmittel verpackt wurden«. Dennoch kehrte er später oft nach Headingley, einem Vorort von Leeds, zurück, wo er in der Otley Road 92 A über dem (2005 geschlossenen) Metzgerladen seines Vaters aufwuchs. »Mein Zimmer ging nach hinten raus auf die Weetwood Lane.« Dort – so erinnert sich Bennett – »bestellten wir bei Bryan's Pommes frites, die wir auf gebutterten Broten aßen, die meine Mutter unter dem Tisch versteckte«. Hinter Bryan's führt die Weetwood Lane hinauf zu The Hollies: einem Park, in dem sich der Bach Meanwood Beck ein tiefes Bett gegraben hat. Seine Aura faszinierte nicht nur den Universitätsdozenten J. R. R. Tolkien, sondern auch den jungen Alan Bennett.

## 233
### MIT ELGAR DURCH DIE MALVERN HILLS

#### The Malvern Hills, Worcestershire, England

Der Höhenzug Malvern Hills inspirierte den dort geborenen Komponisten Sir Edward Elgar (1857–1934). Beginnen Sie Ihre Tagestour an der Kirche St. Wulstan in Little Malvern, wo Elgar, seine Frau und ihre gemeinsame Tochter beerdigt sind. Wandern Sie von hier auf den 425 Meter hohen Worcestershire Beacon, die höchste Erhebung der Malvern Hills, und genießen Sie den herrlichen Ausblick. Danach geht es hinunter ins Zentrum vom Worcester zur dortigen Kathedrale, in der Elgar 1884 spielte. Ein Gedenkfenster erinnert an eine von Elgars berühmtesten Kompositionen: das Oratorium *Dream of Gerontius* (1886, dt. Der Traum des Gerontius).

## 234
### PHILOSOPHISCHER SPAZIERGANG MIT IRIS MURDOCH

#### Oxford, England

Die in Dublin geborene Iris Murdoch (1919–1999) ging 1938 nach Oxford an das Somerville College, um dort Philosophie zu studieren. Später wurde sie zu einer der bekanntesten britischen Philosophinnen und Romanschriftstellerinnen. Trotz ihrer vielen Reisen behaupten manche, dass vor allem Oxford – die Stadt der träumenden Türme – Iris Murdoch geprägt habe. Der Rundgang beginnt am College, führt dann zur Themse und folgt dem Themsepfad, bis man rechter Hand Port Meadow erreicht: eine weite Wiesenfläche mit wild lebenden Ponys, Vögeln und Wildblumen. Lassen Sie sich von so viel Natur gerne zu philosophischen Gedanken anregen!

## 235
### AUF TOLKIENS SPUREN IN OXFORD

#### Oxford, England

In Oxford schrieb J. R. R. Tolkien (1892–1973) *Der Hobbit* (1937) und *Der Herr der Ringe* (1937–1949). Sowohl vom Pembroke College als auch vom Merton College aus (Tolkien unterrichtete an beiden als Professor) gelangen Sie zum Exeter College, an dem Tolkien 1911 studierte. Von hier sind es nur wenige Schritte zum Pub The Eagle and Child in der St. Giles' Street 49. Dort traf Tolkien seine Freunde der »Inklings«-Literatengruppe, der auch C. S. Lewis angehörte. Weiter nördlich wird die Straße zur Banbury Road. Parallel zu ihr verläuft die Northmoor Road, wo Tolkien im Haus Nummer 20 viele Jahre lebte. Der gut sieben Kilometer lange Streifzug endet weiter nördlich auf dem Friedhof Wolvercote an Tolkiens Grab.

**OBEN LINKS:** Iris Murdoch studierte inmitten der träumenden Türme von Oxford Philosophie.

**LINKS:** Vom Zentrum Oxfords aus führen Spaziergänge an den malerischen Ufern der Themse entlang.

# 236

## DURCHS LÄNDLICHE OXFORDSHIRE

## Oxfordshire, England

**Auf den Spuren von:** Flora Thompson (1876–1947)

**Route:** Von Juniper Hill nach Bicester, Oxfordshire

**Länge:** 2 km

**Unsere Empfehlung:** *Lark Rise to Candleford* (1945)

**OBEN RECHTS:** Die Umgebung von Bicester ist geprägt durch weite Felder und Waldgebiete.

**RECHTS:** Die Route veranschaulicht den Übergang vom Land- zum Stadtleben in Bicester.

In ihrer Romantrilogie *Lark Rise to Candleford* (dt. Von Lark Rise nach Candleford) analysiert Flora Thompson die familiären Beziehungen und das gesellschaftliche Umfeld der Protagonistin Laura Timmins, die von dem kleinen Dorf Lark Rise in die Stadt Candleford umzieht. Die zwischen 1939 und 1943 veröffentlichten Bände sind stark von Thompsons eigenen Erlebnissen als junge Frau geprägt.

Die Autorin beschreibt Lark Rise (nach dem Vorbild von Juniper Hill) als »ein Bauerndörfchen im nordöstlichen Zipfel von Oxfordshire«, in dem es für einen außenstehenden Beobachter »so spannend zugeht wie in einem Maulwurfshügel«.

Doch Thompson erzählt auch, wie die Mechanisierung und Privatisierung der vormals gemeinschaftlich betriebenen Landwirtschaft sowie der gesellschaftliche Wandel das ruhige und friedliche Miteinander des Dorflebens verändern. Am Ende stehen die Kleinbauern vor dem Aus und die ländliche Bevölkerung wandert in Städte wie Bicester ab.

Wie ihre Protagonistin verließ Thompson im Alter von 14 ihr Heimatdorf, um in einem Postamt zu arbeiten. Folgen Sie ihrem Weg nach Südosten über Felder und Landstraßen durch das Dorf Cottisford, wo die Autorin zur Schule ging, dann weiter nach Fringford (im Roman als Candleford Green bezeichnet) und schließlich über die Fringford Road zur Post in Bicester.

## 237
### DER BLUE LINE TRAIL VON D. H. LAWRENCE
#### Eastwood, Nottingham, England

Der englische Schriftsteller D. H. Lawrence (1885–1930) war in seiner Heimatstadt Eastwood in Nottinghamshire tief verwurzelt. Sein Geburtshaus in der Victoria Street 8a beherbergt heute das D. H. Lawrence Museum. Von dort bis zum Pub Three Tuns stoßen Sie auf viele Örtlichkeiten, die die ersten 23 Lebensjahre des Autors prägten. Folgen Sie dem Blue Line Trail, der Sie rings um die Stadt zu weiteren Plätzen führt, an denen sich Lawrence aufhielt und die Sie aus *Lady Chatterley* (1928) und *Liebende Frauen* (1920) kennen.

## 238
### ERKUNDEN SIE *HOWARDS END*
#### Forster Country, Hertfordshire, England

Der in London geborene E. M. Forster (1879–1970) wurde berühmt durch Romane wie *Zimmer mit Aussicht* (1908) und *Auf der Suche nach Indien* (1924). Sein Meisterwerk *Wiedersehen in Howards End* (1910) spielt in einem Haus, in dem Forster als Kind lebte: Rooks Nest nahe der Stadt Stevenage. Heute wird die ländliche Umgebung auch als Forster Country bezeichnet. Die mit einem Zitat aus *Howards End* versehene Skulptur von Angela Godfrey am Fußweg neben dem Friedhof der St.-Nicholas-Kirche markiert den Startpunkt für einen anregenden Spaziergang auf dem Forster Country Walk.

# 239

## AUF DEN SPUREN SHAKESPEARES

### Stratford-upon-Avon, Warwickshire, England

**Auf den Spuren von:** William Shakespeare (1564–1616)

**Route:** Der Shakespeare's Way

**Länge:** 235 km

**Unsere Empfehlung:** Peter Titchmarsh, *Shakespeares Way, a Journey of Imagination* (2006)

William Shakespeare gilt als der bedeutendste Poet und Dramatiker englischer Sprache. Seine Stücke werden noch immer auf der ganzen Welt gelesen, aufgeführt und als Filmvorlagen verwendet.

Der Shakespeare's Way folgt einer Route, die von Stratford-upon-Avon, dem Geburtsort des wortmächtigen Dichters, nach London führt, wo er arbeitete und ewigen Ruhm erlangte.

Forscher gehen davon aus, dass Shakespeare vermutlich 1580 in London eintraf und während seines restlichen Arbeitslebens zwischen der britischen Hauptstadt und Stratford pendelte. In dieser Zeit wurde er zu einer festen Größe der Theaterszene und zu einem Liebling der zeitgenössischen Zuschauer: Sogar Königin Elizabeth I. besuchte Aufführungen seiner Stücke.

Der Weg beginnt an Shakespeares Geburtshaus in Stratford-upon-Avon, führt durch die nördlichen Cotswolds zum Blenheim Park, weiter zu den träumenden Türmen von Oxford, durch die Wälder und Wiesen der Chilterns, trifft bei Marlow auf die Themse, folgt ihr bis zum Grand-Union-Kanal nahe Hayes und endet schließlich am Globe-Theater auf der Londoner Southbank. Für die Strecke sollten Sie zwischen zehn bis fünfzehn Tagen einplanen.

**OBEN:** Die unverkennbaren Züge von William Shakespeare

**OBEN RECHTS:** Shakespeare's Way folgt im Wesentlichen der Route, die auch der Dichter von Stratford-upon-Avon nach London wählte.

**RECHTS:** Shakespeares Geburtshaus und Familiensitz ist heute eine Touristenattraktion.

## 240
## SHAKESPEARES FAMILIE

### Stratford-upon-Avon, Warwickshire, England

Besucher der historischen Marktstadt Stratford-upon-Avon finden überall Verweise auf William Shakespeare, und ein kurzer, ein Kilometer langer Weg um die Stadt spürt dem Dichter von dessen Geburt bis zu seinem Tod nach. Gehen Sie von seinem Geburtshaus zum Museum New Place, weiter zum Haus Hall's Croft und dann zur Dreifaltigkeitskirche, wo Shakespeare und seine Frau Anne Hathaway beigesetzt wurden. Jeder dieser Orte ermöglicht Interessierten einen unterschiedlichen Blick auf das Leben des Dichters. Bei Interesse können Sie noch 2,4 Kilometer weiter zum Dorf Shottery spazieren und sich das Haus ansehen, in dem Anne Hathaway aufwuchs – die Frau, die hinter dem Erfolg Shakespeares stand.

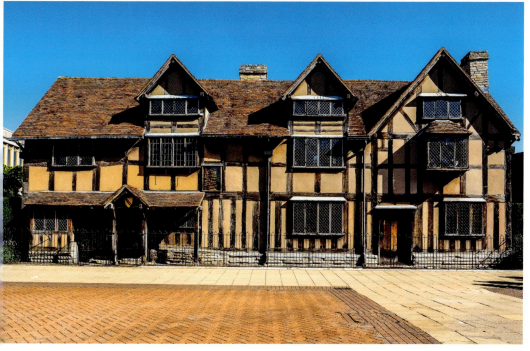

## 241
### RINGS UM SHAW'S CORNER

#### Ayot St. Lawrence, Hertfordshire, England

George Bernard Shaw (1856–1950) lebte 44 Jahre in dem Dorf Ayot St. Lawrence, das man heute eher unter dem Namen Shaw's Village kennt. Ein Rundweg, der im vier Kilometer entfernten Wheathampstead beginnt, vermittelt einen Eindruck von der Natur und der Landschaft, die Shaw liebte. Sehen Sie sich den alten Bahnsteig an, auf dem Shaw auf den Zug wartete, und Lamer Park, wo Shaws Freund, der Polarforscher Apsley Cherry-Garrard, wohnte. Shaw's Corner, der Hauptwohnsitz des großen Dramatikers, ist heute ein Museum.

## 242
### HENRY MOORES SKULPTUREN-GARTEN

#### Much Hadham, Hertfordshire, England

In den Sommermonaten stehen Ihnen das frühere Haus und Atelier des britischen Bildhauers Henry Moore (1898–1986) sowie das 28 Hektar große Freigelände offen, auf dem mehr als 20 der monumentalen Werke des Künstlers ausgestellt sind. Nördlich vom Besucherzentrum stoßen Sie auf eines von Moores Frühwerken: die *Family Group* (dt. Familiengruppe) aus dem Jahr 1948. Weiter nach Norden folgt die große *Two Piece Reclining Figure No. 2* (dt. Die zweiteilig liegende Figur Nr. 2). Die imposanteste Skulptur steht jedoch am nördlichsten Punkt des Ausstellungsgeländes: *The Arch* (dt. Der Bogen).

## 243
### NATURSCHUTZ, WIE IHN JOHN CLARE ERTRÄUMTE

#### Swaddywell Pit, Lincolnshire, England

Die Liebe zur Natur inspirierte den als »Bauernpoet« bekannten John Clare (1793–1864) zu seinen Gedichten, in denen er das englische Landleben feierte und zugleich seiner Trauer über die zunehmende Zerstörung seiner Umwelt Ausdruck verlieh. Zwei seiner Gedichte widmete er dem Swaddywell-Steinbruch, in dessen Nachbarschaft Clare wohnte und dessen Nutzung er beklagte. Zum Glück ist das Gelände heute ein Naturschutzgebiet. Ein acht Kilometer langer Weg führt durch die Heimat von summenden Bienen, Schmetterlingen und vielen Vogelarten. Dieses idyllische Naturparadies hätte John Clare stolz und glücklich gemacht.

## 244
### STANLEY SPENCERS »DORF IM HIMMEL«

#### Cookham, Berkshire, England

Stanley Spencer (1891–1959) wurde in Cookham geboren und verbrachte dort den Großteil seines Lebens. Dieses »Dorf im Himmel« inspirierte Spencer zu vielen seiner erzähldichten Bildmotiven. Die Tour beginnt in der High Street an seinem Geburtshaus Fernlea, das eine blaue Gedenktafel trägt. Danach geht es zur Themse und zur Cookham Bridge, einem Lieblingsmotiv des Künstlers. Auf dem Weg dorthin sehen Sie zur Linken den Friedhof der Dreifaltigkeitskirche. Ihn wählte Spencer als Setting für sein berühmtestes Gemälde: *The Resurrection, Cookham* (1924–1927, dt. Die Auferstehung, Cookham). Dargestellt ist, wie sich Spencers noch lebende Freunde aus ihren Gräbern erheben.

**RECHTS:** *The Arch*, eine Henry-Moore-Skulptur bei seinem früheren Wohnhaus in Hertfordshire

## 245
### GENIESSEN SIE JOHN CONSTABLES SUFFOLK

**East Bergholt, Suffolk, England**

Im Dorf East Bergholt beginnt gegenüber der Kirche St. Mary, in der John Constable (1776–1837) getauft wurde, die Flatford Road. Folgen Sie ihr gut einen Kilometer, bis Sie den Ort erreichen, an dem 1821 Constables Gemälde *Hay Wain* (dt. Der Heukarren) entstand. Bis heute hat sich hier an der Biegung des Flusses, mit Willy Lott's Cottage auf der linken Seite, wenig verändert. Nur der Heukarren fehlt. Weiter rechts von Ihrem Standort sehen Sie die Wassermühle Flatford Mill, die Constable ebenfalls malte.

## 246
### EINE LITERARISCHE WANDERUNG DURCH MARSCHLAND

**Southwold, East Anglia, England**

W. G. Sebald (1944–2001) kam 1970 aus Deutschland nach East Anglia und lehrte dort Germanistik. Im Jahr 1995 veröffentlichte er sein Prosawerk *Die Ringe des Saturn: eine englische Wallfahrt*. Das Buch ist eine eigenwillige Mischung aus historischen Fakten und Fiktion, von Texten und Bildern, die sich um eine mehrtägige Wanderung an der Küste von Suffolk ranken. Eine 14,5 Kilometer lange Etappe führt den Erzähler von Southwold nach Dunwich. Die Route quert den Fluss Blythe durch das Marschland bei Walberswick und – bei Ebbe – über den Strand des kleinen Dorfes Dunwich, wo Sturmfluten im 13. und 14. Jahrhundert einen der damals größten Häfen Englands zerstörten.

## 247
### EIN ANDERER BLICK AUFS MEER

**Crosby Beach, Liverpool, England**

Nahe des Freizeitzentrums in Crosby erblicken Sie am Strand bewegungslose Figuren: einige näher an der Strandpromenade, andere weiter entfernt direkt am Meer, viele teilweise im weichen Sand versunken. Insgesamt stehen hier 100 dieser gusseisernen Statuen. Sie wurden in einer Form gegossen, die nach einem Abdruck vom Körper des Künstlers Sir Antony Gormley (geb. 1950) gefertigt wurde. Mit seiner Installation *Another Place* (2005, dt. Ein anderer Ort) will er das Verhältnis zwischen Mensch und Natur hinterfragen. Bei Flut verschwinden viele der Statuen vollständig im Wasser.

## 248
### GEORGE ELIOTS MILBY

**Nuneaton, Warwickshire, England**

George Eliot (1819–1880), die eigentlich Mary Ann Evans hieß, verwendete einen Künstlernamen, und hinter dem fiktiven Milby in ihren Romanen verbirgt sich ihr Geburtsort Nuneaton. Die Stadt ehrt ihr Andenken mit dem George Eliot Quotation Trail. Er führt Sie zur Statue der Autorin am Newdegate Square, und gleich um die Ecke – wo die Bridge Street den Fluss Anker überquert – ist das George Eliot Inn, das in *Der gelüftete Schleier* (1857) als »Der rote Löwe« vorkommt. Im selben Roman spielt die Orchard Street eine zentrale Rolle, deren Vorbild die Church Street ist. Und im George Eliot Memorial Garden an der Mill Street steht der George Eliot Obelisk. Am Ende des Trails erwartet Sie Nuneatons Museum & Art Gallery, wo persönliche Gegenstände und das nachgestellte Wohnzimmer mit dem Schreibtisch der Schriftstellerin zu sehen sind.

**LINKS:** Eine von Antony Gormleys Statuen, die am Strand von Crosby aufs Meer hinausblicken

# 249

## WANDERN SIE MIT DEN BRONTË-SCHWESTERN DURCH YORKSHIRE

### Haworth, Yorkshire, England

**Auf den Spuren von:** Charlotte (1816–1855), Emily (1818–1848) und Anne (1820–1849) Brontë

**Route:** Von Thornton nach Haworth

**Länge:** 16,7 km (einfach)

**Unsere Empfehlung:** Alle Romane der Brontë-Schwestern

Im Norden Englands gibt es im Grenzgebiet der Grafschaften Lancashire und West Yorkshire eine Region, die man als Brontë Country bezeichnet. Jede der drei Brontë-Schwestern war eine hochbegabte Schriftstellerin des 19. Jahrhunderts.

Sie lebten in dem Dorf Haworth am Rande eines Moors im Pfarrhaus Haworth Parsonage, da ihr Vater Vikar war. Die Mutter der Schwestern verstarb 1821. Charlotte erlangte mit *Jane Eyre* (1847) und Emily mit *Sturmhöhe* (1847) Berühmtheit; Anne, die Jüngste, verfasste *Die Herrin von Wildfell Hall* (1848). Die Romane wurden Klassiker romantischer Prosa, indem sie vor dem atmosphärischen Hintergrund der Moorlandschaft spannende Handlungen, Intrigen, Liebesverwirrungen und Klassenkonflikte verknüpften.

Der Brontë Way ist ein 69 Kilometer langer Fernwanderweg. Er führt von Oakwell Hall nahe Birstall – ein Ort, den Charlotte einst besuchte und als Setting in ihrem Roman *Shirley* verwendete – zum Landhaus Gawthorpe Hall in Padiham, dem Anwesen von Charlottes Freund John Kay-Shuttleworth.

Eine kürzere, 16 Kilometer lange Tour beginnt in Thornton, dem Geburtsort der Schwestern, und führt durch die in den Romanen beschriebene Moorlandschaft nach Haworth zum Pfarrhaus, das heute das Brontë Parsonage Museum beherbergt. Von hier aus können Sie den Brontë-Wasserfall besuchen, an dem die Schwestern gern picknickten, und die Brontë-Brücke. Dort führt ein Weg zur Ruine des Bauernhauses Top Withens, das laut Ellen Nussey, einer guten Freundin von Charlotte, als Vorbild für das Haus der Familie Earnshaw in *Sturmhöhe* gedient haben soll.

**OBEN:** Die Schwestern auf einem Gemälde ihres Bruders

**RECHTS:** Die drei Autorinnen wurden von der Landschaft inspiriert, in der sie lebten.

# 250
# DAS MANCHESTER DER ELIZABETH GASKELL

## Manchester, England

**Auf den Spuren von:** Elizabeth Gaskell (1810–1865)

**Route:** Durch das historische Manchester

**Länge:** 5,5 km

**Unsere Empfehlung:** *Mary Barton – Eine Geschichte aus Manchester* (1848); *Norden und Süden* (1854)

**OBEN:** Elizabeth Gaskell – eine Frau mit sozialem Gewissen

**OBEN LINKS:** Die Central Library: eines der Wahrzeichen von Manchester

**LINKS:** Die Royal Exchange war das Epizentrum des Handels während der Industriellen Revolution.

Im 18. und 19. Jahrhundert galt Manchester weithin als Vorbild für die voranschreitende Industrialisierung sowie das Schaffen von Arbeitsplätzen und Wohlstand. Doch in den Augen Elizabeth Gaskells verschärfte der wirtschaftliche Aufschwung vor allem die Klassenunterschiede und das Elend der Arbeiter.

Die in London geborene Autorin war nach ihrer Heirat nach Manchester gezogen. Die dortige Entwicklung prägten ihr Leben und ihr Schreiben und machte sie zum Sprachrohr des Widerstands gegen Armut und die Missachtung der sozialen Fragen.

Gaskell beschrieb die Stadt aus der Sicht ihrer Figur Libbie Marsh als »vertrautes hässliches und verqualmtes Manchester, wo die Menschen hart arbeiten, wo Kinder geboren werden und viele auch begraben, wo die Leute sich ihrem Schicksal beugen, das Gott ihnen auferlegt hat«.

Ein Gang durch die Stadt führt Sie zu Orten, die Elizabeth Gaskell regelmäßig besuchte. Beginnen Sie bei der Royal Exchange – der früheren Börse, die ein Zentrum der Industriellen Revolution war – und gehen Sie dann zur Portico Library, der historischen Bibliothek, in der William Gaskell für seine Gemahlin Bücher entlieh (was Frauen damals nicht möglich war). Am Rathaus und der Central Library vorbei erreichen Sie das Science & Industry Museum für Technik- und Industriegeschichte. Hier befanden sich früher Lagerhäuser und der Bahnhof. Weiter geht es über das Universitätsgelände in die Plymouth Grove 84 bis zu Elizabeth Gaskells Haus, das Sie besichtigen können.

# 251

## DIE PENNINE-GEDICHTE VON SIMON ARMITAGE

### Yorkshire, England

**Auf den Spuren von:** Simon Armitage (geb. 1963)

**Route:** Über den Stanza Stones Trail und den Pennine Way

**Länge:** 76 km

**Unsere Empfehlung:** *Walking Home* (2012)

**OBEN:** Der begeisterte Wanderer und Poet Simon Armitage

**OBEN RECHTS:** Marsden, der Heimatort des Dichters

**RECHTS:** Das Monument auf dem Stoodley Pike und ein herrlicher Panoramablick über die South Pennines

Simon Armitage (geb. 1963) bewältigte 2019 zu Fuß den 431 Kilometer langen Pennine Way von der schottischen Grenze zurück in seinen Heimatort Marsden in Yorkshire. Kost und Logie verdiente er sich unterwegs als moderner Troubadour durch Gedichtlesungen. Seine Erfahrungen schrieb er nieder in *Walking Home* (dt. Wanderung nach Hause).

Im selben Jahr verfasste er sechs Gedichte, die zwischen Marsden und Ilkley in Felsen gemeißelt wurden. Sie bilden den 76 Kilometer langen Stanza Stones Trail.

Vom Bahnhof Marsden führt die Route zunächst über den Treidelpfad zum Standedge Tunnel, dann verläuft sie bergauf und bietet schöne Blicke zurück auf den Heimatort des Dichters. Weiter geht es nach Westen zum Pule Hill Quarry, einem Steinbruch. Hier erwartet Sie das erste Gedicht – »Snow« (dt. Schnee): »Der Himmel hat seine weiße Botschaft gesendet. Das Moor ruht in tiefem Schlaf …«

Später folgt der Trail dem Verlauf des Pennine Way nach Norden über eine schwindelerregend hohe Brücke, die die M 62 überquert. Dann jedoch weicht der Autobahnlärm der Stille beim Aufstieg auf den Gipfel Blackstone Edge mit dem Aiggin Stone, den Armitage als »derb gehauenen und mit rätselhaften Zeichen versehenen Wegweiser« beschrieb. Von dort führt ein gepflasterter Weg aus dem 18. Jahrhundert zum Broad Head Drain, einem befestigten Entwässerungsgraben, und zum nächsten Gedicht – »Rain« (dt. Regen): »… lass es herabregnen, hier oben, wo der Geist alle Last der Welt in Tropfen verwandelt«.

Weiter südlich erreicht der Trail Stoodley Pike: eine 400 Meter hohe Erhebung mit einem Monument, das an die Napoleonischen Kriege erinnert und ein atemberaubendes Panorama über die südlichen Pennines bietet. Von dort geht es wieder hinab durch ein bewaldetes Tal bis zur Hebden Bridge.

## 252
### TED HUGHES' YORKSHIRE
#### Calder Valley, Yorkshire, England

Viele Gedichte von Ted Hughes (1930–1998) zeigen die Natur nicht nur majestätisch, sondern auch brutal, etwa wenn er »gegen die Wucht des Windes, die die Augäpfel eindrückt« durch sein Heimattal wandert. Hughes wurde in Mytholmroyd geboren. Ein paar Kilometer weiter liegt im Calder Valley der Pub Stubbing Wharf. Hughes machte ihn unsterblich, als er beschrieb, wie er seine Frau Sylvia Plath dazu überredete hierherzuziehen:

*»Weiter oben im Tal
wartet ein künftiges Zuhause
auf uns –
und sogar noch ein weiteres.«*

Ein Stück weiter folgt Lumb Bank: Hughes' im 18. Jahrhundert erbautes Haus, in dem heute Schreibworkshops angeboten werden.

## 253
### EINE GALERIE OHNE WÄNDE
#### West Bretton, Yorkshire, England

Der in Yorkshire geborene Henry Moore (1898–1986) war einer der ersten Förderer des Yorkshire Sculpture Garden in Bretton Hall. Moores monumentale Skulpturen verlangten geradezu nach Ausstellungsflächen wie dieser Galerie ohne Wände. Das 200 Hektar große Gelände wartet mit einer Fülle faszinierender Kunstobjekte auf.

## 254
### DAS WUNDERLAND VON DARESBURY

#### Daresbury, Cheshire, England

*Alice im Wunderland* (1865) ist eine Geschichte voller Magie und Fantasie. Vielleicht war es der Charme seines Elternhauses und seines Heimatdorfes Daresbury, der Lewis Carroll (1832–1898) zu Alices Abenteuern anregte. Beginnen Sie die Tour am Lewis Carroll Centre bei der Kirche All Saints, um etwas über die Kindheit des Autors zu erfahren. Von dort führt Sie ein kurzer Spaziergang zu Carrolls Elternhaus und zu Davenports Tea Room, in dem Sie sich in die Welt von Alice versetzt fühlen. Ein natürliches Wunderland ist der Lewis Carroll Centenary Wood, durch den außerhalb des Dorfes ein neun Kilometer langer Rundweg führt.

## 255
### SPAZIERGANG MIT DAVID HOCKNEY

#### Millington, East Riding of Yorkshire, England

Der Künstler David Hockney (geb. 1937) wurde in Yorkshire geboren und wuchs dort auf. Später führte sein rastloser Lebensstil dazu, dass er zwischen England und Kalifornien pendelte. In den 1990er Jahren verbrachte er wieder mehr Zeit in Yorkshire, wo er sich – oft großformatig – der Landschaftsmalerei zuwandte. Eines seiner berühmtesten Bilder in dieser Phase ist zwölf Meter breit und trägt den Titel *Bigger Trees Near Warter* (2007, dt. Größere Bäume nahe Warter). Ein Spaziergang zum sechs Kilometer entfernten Dorf Millington führt zu einem weiteren Lieblingsort des Künstlers und eröffnet Blicke auf die wunderschöne Hügellandschaft der Yorkshire Wolds.

## 256
### MIT BRAM STOKER AUF DEN SPUREN DRACULAS

#### Whitby, Yorkshire, England

Der Whitby Dracula Trail ist ein 6,8 Kilometer langer Rundweg in und um Whitby, einer kleinen Küstenstadt. Sie inspirierte Bram Stoker (1847–1912) zu seinem berühmten Roman Dracula (1897). 199 Stufen führen hoch zu einer Klippe, auf der die imposante Klosterruine der gotischen Whitby Abbey steht (»eine wahrhaft erhabene Ruine von immenser Größe und voller wunderbarer romantischer Details«). Dort hinauf eilt Dracula in Gestalt eines schwarzen Hundes, als er mit dem Schiff in Whitby eintrifft. Sehen Sie sich neben der Ruine den Friedhof der Marienkirche an und suchen Sie den Grabstein mit dem Namen Swales: Ihn verwendete Stoker als Draculas erstes Opfer im Ort.

## 257
### WO LENNON AUF McCARTNEY TRAF

#### Woolton, Liverpool, England

Als John Lennon (1940–1980) für den Song *In My Life* (1965) die Textzeile über unvergessliche Orte schrieb, dachte er gewiss auch an Woolton und Paul McCartney (geb. 1942). Denn der damals 15-jährige Paul war 1957 unter den Zuschauern, als der 16-jährige John mit seiner Skiffelgroup The Quarrymen in dem Liverpooler Stadtteil auftrat. Danach schloss sich McCartney der Band an. Beide hatten 1959 gemeinsam einen Gig im Woolton Village Club in der Allerton Road 23. Nicht weit entfernt war Lennon bei seiner Tante Mimi in der Menlove Avenue 251 aufgewachsen. Von hier zweigt die Beaconsfield Road ab, wo das ehemalige Kinderheim Strawberry Field liegt, das in dem gleichnamigen Beatles-Song verewigt wurde.

**RECHTS:** Strawberry Field in Liverpool, berühmt geworden durch den Song der Beatles

# 258

## IM LAKE DISTRICT, DER WELT VON BEATRIX POTTER

### Cumbria, England

**Auf den Spuren von:** Beatrix Potter (1866–1943)

**Route:** Vom Wray Castle zur Bowness Bay

**Länge:** 13 km

**Unsere Empfehlung:** *Peter Hase* (1902)

Die Wanderung beginnt beim Wray Castle am Nordwestufer des Lake Windermere. In dem prächtigen Gebäude aus dem 19. Jahrhundert verbrachte die 16-jährige Beatrix Potter mit ihren Eltern die Ferien und verliebte sich dabei in die Region. Genießen Sie von den Befestigungsmauern der Burg die herrliche Aussicht über den See bis zu den Bergen im Hintergrund.

Dann geht es bergab nach Südwesten zum fünf Kilometer entfernten Dorf Hawkshead. Auf dem Weg bietet sich die Landschaft in ihrer ganzen Schönheit dar, die Beatrix Potter dazu inspirierte, *Peter Hase* und viele andere Kindergeschichten zu schreiben und zu illustrieren. Folgen Sie im Dorf den Schildern zur Beatrix Potter Gallery in der Main Street.

Danach geht es am Ostufer des Sees Estwaite Water entlang nach Süden, bis Sie das kleine Dorf Near Sawrey erreichen. Dort lebte Beatrix Potter fast 40 Jahre in ihrem Bauernhaus Hill Top. Die Route führt dann über 2,4 Kilometer durch Far Sawrey zur Claife Viewing Station: einem Aussichtspunkt am Westufer des Lake Windermere. Hier bietet sich Ihnen ein wunderbares Panorama über den See und die Claife Heights.

Ganz in der Nähe ist der Anleger für das Fährboot, das Sie über den See zur Bowness Bay und zur World of Beatrix Potter bringt: einem Museum, in dem Kinder und Junggebliebene Peter Hase und anderen Figuren der Autorin interaktiv begegnen können. Beatrix Potter hätte gewiss ihre Freude an der Touristenattraktion gehabt, die im Einklang steht mit ihrem Credo: »Wenn ich dazu beitragen konnte, mit meinen kleinen Geschichten Kindern Vergnügen zu bereiten, dann habe ich viel Gutes erreicht!«

**OBEN:** Beatrix Potter, deren Kinderbücher bis heute ein Millionenpublikum begeistern

**OBEN RECHTS:** Potter verliebte sich in den Lake District, als sie mit ihren Eltern den Lake Windermere besuchte.

**RECHTS:** Als Erwachsene zog Potter in das hübsche Dorf Near Sawrey.

## 259
### SCHWALBEN UND AMAZONEN
#### Coniston, Cumbria, England

Arthur Ransome (1884–1967) arbeitete als Journalist in London, bevor er in den Lake District zog, wo er 1929 mit *Schwalben und Amazonen* seinen berühmtesten Kinderroman schrieb. Obwohl darin der Handlungsort nicht präzise benannt wird, weist vieles auf den See Coniston Water hin. Beginnen Sie Ihre Wanderung am südlichsten Punkt des Sees, an dem der River Crake abfließt: In Ransomes Roman taucht dieser Bereich als Kraken-Bucht auf. Gehen Sie dann am Ostufer entlang nach Norden, bis Sie zu einer kleinen Halbinsel gelangen. Davor liegt Peel Island – im Roman die Wildkatzen-Insel.

# 260

## FOLGEN SIE EINER WANDERPIONIERIN AUF DAS DACH ENGLANDS

### Scafell Pike, Cumbria, England

**Auf den Spuren von:** Dorothy Wordsworth (1771–1855)

**Route:** Über die Corridor Route zum Scafell Pike

**Länge:** 14 km

**Unsere Empfehlung:** *Das Grasmere-Journal* (1897)

**LINKS:** Wanderer auf dem Weg zum Scafell Pike – 100 Jahre, nachdem Dorothy Wordsworth den Gipfel bestieg

Besonders für Frauen war es 1818 noch absolut ungewöhnlich, nur zum Vergnügen wandern zu gehen. Dennoch bestiegen in diesem Jahr Dorothy Wordsworth und ihre Freundin, die Dichterin Mary Barker, den Scafell Pike im Lake District – Englands höchsten Gipfel.

Dorothy verfasste einen Bericht darüber, den ihr Bruder William Wordsworth in seinem Buch *A Description of the Scenery of the Lakes* (1810, dt. Eine Beschreibung der Seenlandschaft) veröffentlichte. Allerdings erwähnte er nicht, dass seine Schwester – die keine ihrer Schriften zu Lebzeiten veröffentlichte – den Text verfasst und die abenteuerliche Wanderung unternommen hatte.

Sie beschrieb sehr anschaulich die Ruhe auf dem Gipfel: »Die Stille dort schien nicht von dieser Welt. Als wir uns ausruhten, schwiegen wir, um zu horchen, doch kein Laut ließ sich vernehmen, nicht einmal das Summen eines Insekts.«

Dorothy begann den Aufstieg in Rosthwaite. Die Route führte dann über den Weiler Seathwaite zum Scafell Pike. Den Rückweg wählte sie vorbei an den Seen Sprinkling Tarn und Sty Head Tarn. Heute nimmt die gut markierte Corridor Route einen ähnlichen Verlauf.

Blicken Sie auf dem Gipfel nicht nur in die Ferne, sondern auch auf den Fels unter ihre Füßen. Dorothy Wordsworth beschrieb ihn als »bedeckt mit uralten Flechten, die von Wolken und Nebel genährt werden und sich in erlesenen Farben darbieten«.

# 261

## IM NATÜRLICHEN HABITAT DES SAMUEL TAYLOR COLERIDGE

## Helvellyn, Lake District, England

**Streifzug mit:** Samuel Taylor Coleridge (1772–1834)

**Route:** Über den Grat Striding Edge auf den Helvellyn

**Länge:** 13 km

**Unsere Empfehlung:** *Coleridges Notebooks: A Selection*, hg. von Seamus Perry (2002)

**OBEN RECHTS:** Der Blick vom Helvellyn

**RECHTS:** Die fantastischen Panoramen im Lake District begeisterten Samuel Taylor Coleridge.

Samuel Taylor Coleridge zog 1800 aus der Grafschaft Somerset nach Keswick im Lake District. Der Blick über den See Derwent Water und die herrliche Landschaft, die er nun erkunden konnte, begeisterten ihn auf Anhieb.

Legendär ist seine neuntägige Tour, die er ohne einen Führer über die zehn höchsten Gipfel des Seengebietes unternahm. Dabei gingen seine Schuhe kaputt, er brach sich seine Finger, verlief sich auf gefährlichen Graten und musste mehrmals heftigen Stürmen trotzen. Doch indem Coleridge sein Schicksal der Natur überantwortete, erlangte er wie kein anderer Einblicke in den spirituellen Kern ihres Wesens.

Seine berühmten Gedichte »Kubla Khan«, »Frost um Mitternacht« und »Die Ballade vom alten Seemann« hatte Coleridge bereits verfasst. Doch auch während der Jahre im Lake District schrieb er auf seinen Wanderungen spontan viele Prosagedichte nieder.

Oft legte er von seinem Haus in Keswick den Weg zu seinen Freunden Dorothy und William Wordsworth zurück, die im Dove Cottage in Grasmere wohnten. Dabei musste Coleridge den Berg Helvellyn und den Höhenzug der Eastern Fells bewältigen.

»Worte können keine Vorstellung von dieser ungeheuren Wildnis vermitteln«, notierte er auf dem Gipfel des Helvellyn. »Der Grat war scharf wie ein gewetztes Messer und stieg steil an … und der Felsabsturz zu meiner Rechten ergoss sich wie ein Wasserfall in die Tiefe, der auf einen Vorsprung prallt, um dann weiter hinabzustürzen.«

Eine der schönsten, aber auch anspruchsvollsten Routen auf den Helvellyn, die Sie die dramatischen Eindrücke des Dichters nacherleben lässt, führt vom Dorf Glenridding über den Grat Striding Edge hinauf und über die Swirral Edge sowie über den Gipfel des Berges Catstye Cam wieder hinunter.

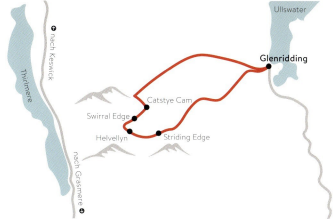

## 262
## BEI WILLIAM MORRIS & CO.
### Brampton, Cumbria, England

In der ländlichen Umgebung des nahe Carlisle gelegenen Städtchens Brampton liegt Naworth Castle. Dort sprach William Morris (1834–1896), einer der Begründer der Arts-and-Crafts-Bewegung, mit George Howard, dem 9. Earl von Carlisle, über die Gestaltung einer neuen Kirche in Brampton. Naworth Castle ist bis heute in Privatbesitz und liegt in Sichtweite der Lanercost Priory: eines früheren Priorats. Von hier führt ein vier Kilometer langer Spaziergang nach Brampton und zur St. Martins-Kirche mit ihren prächtigen Glasmalereien aus der Firma von William Morris & Co.

## 263
## WANDERN MIT WORDSWORTH
### Cumbria, England

Der Rydal-Water-Rundweg in Grasmere wird auch als Wordsworth Walk bezeichnet. Die zehn Kilometer lange Tour beginnt auf dem St.-Oswalds-Friedhof, wo William Wordsworth (1770–1850), der große Dichter der Romantik, begraben liegt. Von dort führt der Weg vorbei an Dove Cottage und Rydal Mount, beides Häuser, die Wordsworth bewohnte. Eine weitere Station ist Wordsworth's Seat: ein Fels am Ufer des Rydal Water, von dem aus der Dichter auf den See blickte. Das Grasmere-Tal beschrieb er als »den bezauberndsten Ort, den je ein Mensch entdeckte«.

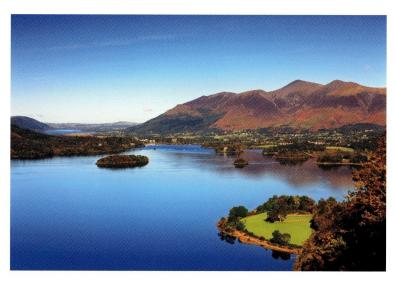

# 264

## NAN SHEPHERDS CAIRNGORMS

### Cairngorms, Schottland

**Streifzug mit:** Nan Shepherd (1893–1981)

**Route:** Auf den Gipfel des Meall a'Bhuachaille

**Länge:** 8 km

**Unsere Empfehlung:** *Der lebende Berg* (1977)

**OBEN RECHTS:** Im Spätsommer färbt das Heidekraut den Meall a'Bhuachaille violett.

**RECHTS:** Das Panorama auf dem Gipfel des Meall a'Bhuachaille

Nan Shepherd war bereits eine anerkannte Schriftstellerin, als sie während des Zweiten Weltkriegs mit der Arbeit an ihrem berühmtesten Werk begann: *Der lebende Berg*. Die Fertigstellung ihres Erfahrungsberichts über Wanderungen in den Cairngorms sollte drei Jahrzehnte dauern. Das Buch ist eine Mischung aus Erinnerungen und Reflexionen über die Geheimnisse der Natur. Ähnliches kennen wir von Henry David Thoreau oder John Muir, ihrem schottischen Landsmann, der Großes zum Schutz der amerikanischen Wildnis leistete. Nachdem ein Verleger die Veröffentlichung abgelehnt hatte, verschwand das Manuskript bis 1977 in einer Schublade. Doch seither haben Nan Shepherds geistreiche Betrachtungen und ihre lebendigen Beschreibungen des schottischen Hochlands viele Fans gewonnen: »Wie oft ich auch hier wandere, kommt keine Langeweile auf, denn die Berge halten immer wieder Überraschungen für mich parat.«

Die acht Kilometer lange Wanderung auf den Meall a' Bhuachaille (dt. Berg des Schäfers), der zehn Kilometer von Aviemore entfernt liegt, bietet einen herrlichen Eindruck von den Cairngorms. Vom Parkplatz am Glenmore Forest führt der gut markierte Trail Richtung Nethy Bridge, vorbei an der Glenmore Lodge und dann hinein in den Restbestand eines 9000 Jahre alten Urwalds. »Hier dringt der Duft der Kiefern wie ein Lebenselixier tief in meine Lunge«, schrieb die Autorin.

Jenseits des atemberaubend schönen Sees An Lochan Uaine, dessen Farbe Nan Shepherd als »das Grün eines winterlichen Himmels« beschrieb, überschreitet der Weg die Baumgrenze und zweigt an der Berghütte Ryvoan Bothy links zum 810 Meter hohen Gipfel ab. Dort genießt man ein imposantes Panorama, dessen Wirkung Nan Shepherd so charakterisierte: »Die Details ringsum bilden keine Szenerie mehr mit mir im Mittelpunkt, sondern der Fokus ruht auf allem zugleich. So als würde sich die Erde selbst wahrnehmen.«

## 265
## GROSSBRITAN- NIENS LETZTE WILDNIS
### Rannoch Moor, Schottland

In seinem Buch *Berge im Kopf* (2003) untersucht Robert Macfarlanes (geb. 1976) unsere Faszination für Gipfel. Und *In Karte der Wildnis* (2007) geht er der Frage nach, wo es in Großbritannien und Irland noch unberührte Wildnis gibt. Durch eine der Regionen führt eine 20 Kilometer lange Wanderung, die westlich vom Bahnhof Rannoch durch das Glencoe Mountain Resort im abgelegenen und düsteren Rannoch Moor führt: »So endlos war das Gebiet, durch das wir uns bewegten, dass ich bei meinen Blicken auf die Berge im Westen des Moors immer wieder das Gefühl hatte, überhaupt nicht voranzukommen.«

## 266
### HUNTER DAVIES AUF DEM HADRIANSWALL

**Bowness-on-Solway, Tyneside, England**

Der 117 Kilometer lange Hadrianswall verläuft von Ost nach West zwischen Wallsend in Tyneside und Bowness-on-Solway. Seit 1987 zählt er zum UNESCO-Weltkulturerbe. Der Bau der römischen Grenzbefestigung begann 122 n. Chr. auf Befehl von Kaiser Hadrian. Heute ist der Wall ein Ziel für Wanderer wie den britischen Autor Hunter Davies (geb. 1936), der ihn bestens kennt. Sein Buch *A Walk Along the Wall: A Journey Along Hadrian's Wall* (1974, dt. Wanderung auf dem Wall. Eine Reise entlang des Hadrianswalls) zeigt profundes Wissen. Ein Muss an der Route sind die Überreste der römischen Kastelle Housesteads, Vindolanda und Birdoswald.

## 267
### J. K. ROWLINGS MAGISCHES EDINBURGH

**Edinburgh, Schottland**

Harry Potter mag in einer Zauberwelt mit Muggeln leben und sich für Quidditch begeistern, doch erdacht wurden die Abenteuer des jungen Zauberers in ganz realen Cafés im Zentrum von Edinburgh. J. K. Rowling (geb. 1965) besuchte damals oft das Elephant House, das sich stolz zum »Geburtsort von Harry Potter« erklärt hat. Ganz in der Nähe befinden sich die Candlemaker Row und die Victoria Street: Straßen voller bunter, kleiner Läden, denen man sofort ansieht, dass sie als Vorbilder für die Winkelgasse in den Romanen dienten. Nur wenige Schritte entfernt stehen Sie vor dem Edinburgh Castle, das so imposant emporragt wie die Hogwarts-Schule für Hexerei und Zauberei.

## 268
### HÖREN SIE DEN KLANG DER FINGALSHÖHLE

**Isle of Staffa, Schottland**

Zurück in Deutschland, begann Felix Mendelssohn Bartholdy (1809–1847) sofort, die ersten Takte seiner Ouvertüre *Die Hebriden oder Die Fingalshöhle* zu komponieren, nachdem er zuvor auf der Insel Staffa die für ihre Basaltsäulen berühmte Höhle besucht hatte. Bei ruhigem Wetter erzeugen die Wellen dort einen melodischen Klang, der sich bei Sturm in ein brausendes Tosen verwandelt. Steigen Sie vom Bootsanleger auf der Ostseite der Insel die Treppe hinauf auf das Plateau und folgen Sie dem Pfad nach Norden zur Kolonie der Papageientaucher. Von dort gelangen Sie über einen naturbelassenen, aus Basaltsäulen bestehenden Weg in die Höhle, um ein Finale zu erleben, das eine Ouvertüre wert ist.

**LINKS UND RECHTS:**
Die Klangkulisse in der Fingalshöhle inspirierte Felix Mendelssohn Bartholdy.

## 269
### IN DUMFRIES MIT ROBERT BURNS
#### Dumfries, Schottland

Der in Alloway geborene Robert Burns (1759–1796) wird noch heute in Schottland als Nationaldichter verehrt. Seine Gedichte brachten ihm viel Geld ein, das er jedoch schnell wieder ausgab. Deshalb nahm er 1789 in Dumfries das ihm angebotene Amt eines Steueraufsehers an. Sein Denkmal finden Sie auf dem Burns Statue Square am Ende der High Street. Folgen Sie der Straße etwa 800 Meter nach Süden zum Robert Burns House in der Burns Street, wo er mit seiner Familie wohnte. Der Dichter starb mit nur 37 Jahren an einem rheumatischen Fieber und wurde auf dem Friedhof der nahen St. Michael's Church beerdigt.

## 270
### McCARTNEYS MULL OF KINTYRE
#### Mull of Kintyre, Schottland

Mit seinem gleichnamigen Song von 1977 machte Sir Paul McCartney (geb. 1942) den Mull of Kintyre am westlichen Ende Schottlands weltberühmt. Mit McCartneys Liebeserklärung an einen Ort, wo er ein Haus gekauft hatte, landete seine Band Wings ihren größten Erfolg in Großbritannien. Der 160 Kilometer lange Kintyre Way ist ein Wanderweg, der von Norden nach Süden durch Wälder, Fischerdörfer und Moore über die schmale Halbinsel führt, wobei das Meer nie weit entfernt ist.

# 271

## L. S. LOWRY MAL GANZ ANDERS

### Berwick-upon-Tweed, England

**Auf den Spuren von:**
L. S. Lowry (1887–1976)

**Route:** Der Lowry Trail

**Länge:** 8–10 km

**Unsere Empfehlung:** *Dewar's Lane* (1936)

Der britische Maler L. S. Lowry ist berühmt für seine naiven Bilder, die häufig Szenen aus dem industriellen Nordwesten Englands zeigen. Die oft als Menschengewimmel dargestellten Personen erinnern an Streichholzmännchen. Lowry malte viel in Pendlebury, wo er mehr als 40 Jahre lebte, und in Salford: Dort wurde ein Galeriekomplex nach ihm benannt, in dem über 50 seiner Gemälde und an die 300 Zeichnungen ausgestellt sind.

Seine Urlaube verbrachte Lowry jedoch meist an der Ostküste in Berwick-upon-Tweed. Dort entstanden einige seiner weniger bekannten Werke. Statt Fabriken und Mietskasernen malte er Strandmotive und kopfsteingepflasterte Gassen. Eine davon ist die schmale, aus dem Mittelalter stammende Dewar's Lane: die erste Station des Lowry Trails, der Sie zu den Motiven des Malers führt. Dazu zählt auch der 46 Meter hohe Rathausturm, der als Blickfang aus dem Herzen der Stadt emporragt und auf vielen Bildern Lowrys zu sehen ist.

Dann geht es auf der Pier zum Leuchtturm, dessen Besuch sich bei jedem Wetter lohnt. Folgen Sie nun den Überresten der alten Befestigungsmauer, bevor Sie über den Fluss Tweed zum Hafen gelangen. Anschließend geht es weiter nach Tweedmouth und auf der Promenade mit Blick aufs Meer durch Spittal. Informationstafeln entlang des Trails zeigen Ihnen die Gemälde und Zeichnungen, die Lowry an den verschiedenen Punkten anfertigte.

**OBEN:** Bei L. S. Lowry denkt man meist an Englands Nordwesten, doch er verbrachte auch Zeit in Berwick-upon-Tweed.

**OBEN RECHTS:** Der alte Befestigungswall bildet einen Teil des Trails in Berwick-upon-Tweed.

**RECHTS:** Der Leuchtturm am Ende der Pier – ein spektakuläres Setting

## 272
## DIE MACHT DES SUBLIMEN
### Glencoe, Schottland

Obwohl er die meiste Zeit in Edinburgh arbeitete, wurde der schottische Landschaftsmaler Horatio McCulloch (1805–1867) vor allem durch seine romantischen Darstellungen des Hochlands bekannt. Besondere Beachtung verdient sein Gemälde *Glencoe* (1864), in dem nur Rotwild in der einsamen Bergwelt zu sehen ist. Den sublimen Zauber eines solchen Anblicks können auch Sie im Naturschutzgebiet Ben Nevis and Glen Coe erleben. Der eindrucksvollste Berg ist der pyramidenartig aufragende Buachaille Etive Mòr, der seinem Namen nach als Hüter über das Tal wacht.

## 273
### ZU HAUSE BEI HENRIK IBSEN IN SKIEN

#### Skien, Norwegen

Mit Stücken wie *Nora oder Ein Puppenheim* (1879) und *Ein Volksfeind* (1882) avancierte Henrik Ibsen (1828–1906) zu einem der bedeutendsten Dramatiker des 19. Jahrhunderts. Die Schauplätze seiner Werke erinnern oft an seine Heimatstadt Skien, eine der ältesten Städte Norwegens. Beginnen Sie den Rundgang am Telemarkkanal. Ein kurzer Spaziergang führt Sie vorbei am Kulturzentrum Ibsenhuset in die Henrik Ibsens gate – eine Fußgängerzone. Der Erkundungsgang endet beim Telemark Museum, das eine kleine Ibsen-Abteilung hat.

## 274
### EDVARD MUNCHS *SCHREI* AM OSLOFJORD

#### Oslo, Norwegen

Folgen Sie den Spuren von Edvard Munch (1863–1944) vom Engebret Café am Osloer Bankplassen hinauf zum Restaurant Ekeberg hoch über dem Oslofjord. Der halbstündige Spaziergang führt Sie zu dem Aussichtspunkt, der Munch laut eigener Aussage zu seinem berühmten Bild *Der Schrei* (1893) inspiriert hat. Beim Blick über den Fjord erfasste ihn eine Panikattacke: »Auf einmal färbte sich der Himmel blutrot – erschöpft blieb ich am Geländer stehen – ich sah Blut und Feuerzungen über dem dunklen Fjord und der Stadt – zitternd vor Angst stand ich da, und ein grenzenloser Schrei durchfuhr die Natur.«

## 275
### EIN STREIFZUG MIT AUGUST STRINDBERG

#### Stockholm, Schweden

August Strindberg (1849–1912) schrieb in einem Brief an seinen Verleger, er müsse »verreisen, um Schweden und der schwedischen Dummheit zu entfliehen«. Dennoch inspirierte ihn gerade Stockholm zu vielen seiner Werke. Ihre Strindberg-Tour startet im südlichen Stadtteil Södermalm. Hier beginnt auch der Roman *Das Rote Zimmer* (1879), mit dem Strindberg der erhoffte Durchbruch gelang. Weiter geht es zur Österlänggatan, der »Straße des Lasters, des Schmutzes und der Prügeleien«. In der Gamla stan (dt. Altstadt) endet die Tour am Blauen Turm, in dem Strindberg seine letzten Jahre verbrachte.

## 276
### STIEG LARSSONS GEHEIMNISVOLLES STOCKHOLM

#### Stockholm, Schweden

Der Schwede Stieg Larsson (1954–2004) ist der Autor der *Millennium*-Trilogie, einer international erfolgreichen Thriller-Serie mit den Titeln *Verblendung* (2005), *Verdammnis* (2006) und *Vergebung* (2007). Viele Handlungsorte der Romane können Sie im Stockholmer Stadtteil Södermalm aufsuchen. Beginnen Sie Ihre Tour an der Bellmansgatan 1, wo die Hauptfigur Michael Blomquist wohnt. Von dort aus gelangen Sie zu weiteren Schauplätzen wie dem Restaurant Kvarnen in der Tjärhovsgatan oder zu Lisbeth Salanders Apartmentadresse in der Lundagatan.

**RECHTS OBEN UND RECHTS:**
Die Farben des Himmels über dem Oslofjord inspirierten Edvard Munch zu *Der Schrei*.

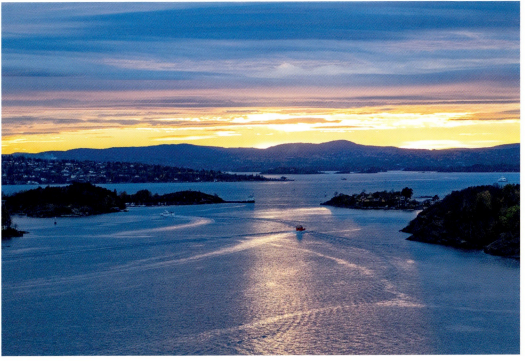

# 277

## WILLKOMMEN IN DER WELT VON PIPPI LANGSTRUMPF

## Vimmerby, Schweden

**Auf den Spuren von:** Astrid Lindgren (1907–2002)

**Route:** Vom Stora Torget zum Näs-Pfarrhof

**Länge:** 2,2 km

**Unsere Empfehlung:** *Pippi Langstrumpf* (1945)

Astrid Lindgrens Geschichten sind voller Erinnerungen an Orte und Menschen aus der südschwedischen Stadt Vimmerby, in der die Schriftstellerin aufwuchs. Ihre Erzählungen von den Abenteuern Pippi Langstrumpfs machten sie weltberühmt. Darüber hinaus verfasste sie zehn weitere Buchserien für Kinder.

Den Ausgangspunkt für Ihren Rundgang bildet das Denkmal auf dem Marktplatz (Stora Torget). Das originelle Kunstwerk von Marie-Louise Ekman zeigt Lindgren in ihrem Arbeitszimmer an der Schreibmaschine.

Um mit eigenen Augen zu sehen, was die Autorin zu ihren Geschichten inspirierte, besuchen Sie am besten Båtmansbacken: Das Viertel mit dem Kopfsteinpflaster lieferte das Vorbild für die Gassen, in denen *Kalle Blomquist* (1946–1953) seine Kriminalfälle löst und die beiden rivalisierenden Banden – die Weißen und die Roten Rosen – ihre Kämpfe ausfochten.

Zudem finden Sie hier sowohl das gelbe Haus, alias Pippis Süßwarenladen, als auch die Gasse Klemens Gränd, in der die Geschichten über *Michel aus Lönneberga* (1963–1997) verfilmt wurden.

Dann geht es zum Friedhof mit dem Grabkreuz der Brüder Phalén, das Lindgren zu ihrem Roman *Die Brüder Löwenherz* (1973) angeregt haben soll. Dort finden Sie auch das Grab der Autorin.

Ein Weg durch die Felder führt Sie auf den Pfarrhof Näs. Hier wurde Astrid Lindgren geboren und hier verbrachte sie ihre Kindheit. Im Garten sehen Sie die Ulme, die als Pippis Limonadenbaum Berühmtheit erlangte.

**OBEN:** Astrid Lindgren, die mit ihren Büchern über die Abenteuer von Pippi Langstrumpf weltberühmt wurde

**OBEN RECHTS:** Die Straße, in der Astrid Lindgrens Romanfiguren ihre Streiche spielen

**RECHTS:** Vimmerby liegt an einem idyllischen Waldgebiet.

## 278
### STREIFZUG MIT DEN MUMINS
#### Helsinki, Finnland

Erfahren Sie mehr über die Autorin, die 1945 Finnlands meistgeliebte Comicfiguren erfand: die Mumins. Die Finnin Tove Jansson (1914–2001) verbrachte als Schriftstellerin, Malerin und Illustratorin fast ihr ganzes Leben in Helsinki. Ein Rundgang durch die Stadt führt Sie in der Luotsikatu-Straße 4 zu dem lachsfarbenen Haus, in dem die Künstlerin aufwuchs, zur Uspenski-Kathedrale, zum angrenzenden Tove-Jansson-Park, wo sie als Kind spielte, und schließlich zum Observatorium, das sie zu ihrem Buch *Komet im Mumintal* (1946) anregte.

## 279
### DER TOVE-JANSSON-ABENTEUERWEG
#### Pellinki, Finnland

Tove Janssons Familie verbrachte die Sommer mit Wanderungen in den Wäldern des Pellinki-Archipels im Südosten Finnlands. Auf einer dieser Touren kam Jansson die Idee zu ihrem ersten Bilderbuch *Mumin, wie wird's weitergehen?* (1952). Darin erzählt sie davon, wie ein kleiner Mumin-Troll vom Milchladen quer durch den Wald nach Hause läuft: so, wie sie es selbst als Kind getan hatte. Heute befindet sich dort ein Mumin-Abenteuerweg. Auf ihm können alte und junge Fans den Spuren der Autorin von ihrem Ferienhaus zum Dorfladen Söderby-Boden folgen, in dem die Inselbewohner schon seit fast 100 Jahren einkaufen.

EUROPA

## 280
### AUF DER KLANGSUCHE MIT JEAN SIBELIUS

#### Die Wälder von Hämeenlinna, Finnland

Der nach dem finnischen Komponisten und Violinisten Jean Sibelius (1865–1957) benannte Sibelius-Wald ist ein etwa 100 Hektar großes Naturschutzgebiet bei Hämeenlinna, dem Geburtsort des Musikers. Hier verbrachte er seine Jugendjahre, hier streifte er mit seiner Geige durch die Wälder, stets auf der Suche nach Ideen für seine berühmten Werke. Folgen Sie entweder dem mit blauen Hinweisschildern markierten Naturpfad oder dem Sibelius-Wald-Wanderweg, der den See Aulangonjärvi umrundet und dann zur Hauptstraße zurückführt.

## 281
### AUF DEN SPUREN VON HANS CHRISTIAN ANDERSEN

#### Kopenhagen, Dänemark

Einen Einblick in die Geschichte und Kultur bekommen Sie auf den Spuren des berühmtesten Schriftstellers Dänemarks – Hans Christian Andersen (1805–1875). Märchenklassiker wie *Die Kleine Meerjungfrau* (1837) und *Das hässliche Entlein* (1843) entstammen seiner Feder. Mit 14 kam Andersen nach Kopenhagen, wo er im Laufe seines Lebens in mehreren der bunten Stadthäuser am Kanal Nyhavn wohnte. Von hier gelangen Sie auch zur Statue der Kleinen Meerjungfrau am Langelinie-Pier. Andersens Grab befindet sich auf dem parkartigen Assistenzfriedhof.

## 282
### SØREN KIERKEGAARDS KOPENHAGEN

#### Kopenhagen, Dänemark

»Und verliere vor allem nie die Lust am Gehen«. Dieses Zitat von Søren Kierkegaard (1813–1855) belegt, wie gern der dänische Philosoph durch seine Geburtsstadt Kopenhagen spazierte. Denken Sie an seine Worte, wenn Sie an seinem mit einer Gedenktafel versehenen Geburtshaus am Nytorv, dem größtem Platz der dänischen Hauptstadt, vorbei zur Heiliggeistkirche gehen, die Kierkegaard als Kind oft besuchte. Unbedingt sehenswert ist auch der Stadtteil Christianshavn, über den Kierkegaard in seinem Tagebuch vermerkte, dass man sich dort »sehr weit weg von Kopenhagen« fühle.

## 283
### AM STRAND VON GRENEN MIT P. S. KRØYER

#### Skagen, Dänemark

Der Gruppe der skandinavischen Künstlerkolonie Skagen gehörte auch P. S. Krøyer (1851–1909) an. Der Maler kam in den Sommermonaten regelmäßig nach Skagen und überzeugte andere Kreative, es ihm gleichzutun. Vergessen Sie nicht Ihre Malutensilien, wenn Sie vom Zentrum der Hafenstadt Skagen im äußersten Norden Dänemarks zum Strand von Grenen laufen. Dort treffen die Wellen der beiden Meeresgebiete Skagerrak und Kattegat aufeinander, was Sie mit bloßem Auge an der kabbeligen See erkennen können. Dort entstanden auch Gemälde wie Krøyers *Sommerabend am Skagener Südstrand* (1893).

**OBEN RECHTS:** Der weitläufige Sandstrand von Skagen

**RECHTS:** So sah der Maler P. S. Krøyer den Strand.

# 284

## UNTERWEGS IM SCHATTEN REMBRANDTS

### Amsterdam, Niederlande

**Streifzug mit:** Rembrandt Harmenszoon van Rijn (1606–1669)

**Route:** Vom Rijksmuseum zu Rembrandts letzter Wohnung

**Länge:** 5 km

**Unsere Empfehlung:** *Die Nachtwache* (1642)

**OBEN:** Rembrandts fesselndes Selbstporträt

**RECHTS:** Amsterdams Blaue Brücke: der Ort, an dem Rembrandt viele Alltagsszenen malte

Wie kein anderer Künstler verkörpert Rembrandt Harmenszoon van Rijn das Goldene Zeitalter der Niederlande. Geboren 1606 in Leiden, ging er im Alter von 25 Jahren nach Amsterdam. Dort erhielt er lukrative Aufträge, denn im 17. Jahrhundert erlebte die Stadt einen enormen wirtschaftlichen Aufschwung, und reiche Kaufleute schmückten ihre Grachtenhäuser mit kostbaren Kunstgegenständen.

Das Amsterdamer Rijksmuseum beherbergt die umfangreichste Sammlung von Rembrandts Werken. Nur einen kurzen Spaziergang entfernt steht das Haus der Patrizierfamilie Six (Amstel 218). In deren Besitz befindet sich noch immer das 1654 erstellte Porträt von Jan Six, der ein Freund und Förderer des Malers war. Auf der nahen Blauwbrug (dt. Blaue Brücke) verbrachte Rembrandt viele Stunden, um das Stadtleben zu beobachten und Alltagsszenen zu malen, die sowohl Reiche als auch Bettler zeigen.

In der Nachbarschaft kaufte der Künstler 1639 das heutige Rembrandthaus, das als Museum dient. Von dort gelangen Sie an den Grachten entlang zum ehemaligen Sitz der Amsterdamer Bürgerwehr, deren Mitglieder Rembrandt in seinem berühmten Gemälde *Die Nachtwache* (1642) darstellte. Nordöstlich von hier finden Sie De Waag am Nieuwmarkt 4. In der früheren, im 15. Jahrhundert erbauten Stadtwaage wurde einmal im Jahr öffentlich die Leiche eines Kriminellen seziert. Rembrandt nahm dies zum Anlass für sein Gemälde *Die Anatomie des Dr. Tulp* (1632).

Ganz in der Nähe wurde Rembrandts Frau Saskia in der Oude Kerk (dt. Alte Kirche) beigesetzt. Der heute weltberühmte »Maler von Licht und Schatten« starb am 4. Oktober 1669 verarmt in einer Mietwohnung in der Rozengracht 184 und wurde anonym beerdigt.

## 285
### MULTATULIS AMSTERDAM
#### Amsterdam, Niederlande

Eduard Douwes Dekker (1820–1887) – besser bekannt unter seinem Pseudonym Multatuli (dt. »Ich habe viel ertragen!«) – erwies sich mit seinem Roman *Max Havelaar* (1860) als scharfer Kritiker des niederländischen Kolonialismus, den er im damaligen Niederländisch-Indien erlebt hatte. Im Korsjespoortsteeg 20 steht das Haus, in dem der Autor geboren wurde und starb. Heute residiert hier das Multatuli-Museum, das Führungen zu Orten in Amsterdam anbietet, die Dekker inspirierten.

## 286
### PIET MONDRIANS FRÜHWERK
#### Abcoude, Niederlande

Man kann sich nur schwer vorstellen, dass Piet Mondrian (1872–1944) ursprünglich impressionistische Landschaftsbilder malte, wenn man seine abstrakten Gemälde der 1920er Jahre betrachtet: Sie zeigen ausnahmslos in Primärfarben gehaltene, strenge geometrische Formen. »Die Kunst steht über der Realität und hat keinen direkten Bezug zu ihr«, so Mondrian. Das galt noch nicht für sein Frühwerk. Gern ging er in Abcoude, einem Dorf südlich von Amsterdam, am Fluss Gein spazieren. Um 1905 malte er mehrmals die dortige Windmühle. Die Weite des Himmels, eingetaucht in die Vielfalt des Lichts bei Sonnenuntergang, inspirierte ihn dazu, ungewöhnliche Farben zu verwenden. Ein Beispiel ist sein Gemälde *Der rote Baum* (1908).

# 287

## PILGERN SIE AUF DEM JAKOBSWEG

## Camino de Compostela, Spanien

**Auf den Spuren von:** Paulo Coelho (geb. 1947)

**Route:** Camino de Santiago de Compostela

**Länge:** 800 km

**Unsere Empfehlung:** *Auf dem Jakobsweg* (1987)

**OBEN LINKS:** Der spanische Jakobsweg verlangt Pilgern einiges ab.

**LINKS:** Nach der Ankunft in Santiago de Compostela geht es direkten Wegs in die Kathedrale.

Als Paulo Coelho (geb. 1947) sich 1986 zu dem berühmten Pilgerweg nach Santiago de Compostela in Spanien aufmachte, war er ein noch wenig bekannter brasilianischer Schriftsteller. Die Entscheidung zu der Reise bescherte ihm nicht nur ein spirituelles, sondern auch ein literarisches Erweckungserlebnis. Zwei Jahre später feierte er mit *Der Alchemist* (1988) seinen internationalen Durchbruch als Autor.

In seinem Buch *Auf dem Jakobsweg* (1987) – einer Mischung aus autobiografischem Roman und Abenteuergeschichte – beschreibt Coelho seine Erlebnisse auf der Pilgertour. Ziel des Jakobswegs ist die Kathedrale von Santiago de Compostela am nordwestlichen Ende Spaniens. Dort sollen die sterblichen Überreste des Apostels Jakobus begraben sein.

Traditionell beginnt eine Pilgertour vor der eigenen Haustür, doch zum Glück sind die heutigen Pilgerreisen weniger streng reglementiert, wenn auch noch immer lang und anstrengend. Der bekannteste Streckenabschnitt ist der Camino Francés. Er beginnt auf der französischen Seite der Pyrenäen in Saint-Jean-Pied-de-Port, 800 Kilometer vom Ziel entfernt. Pilger benötigen durchschnittlich 35 Tage, um die Strecke zu bewältigen. Mit einem Pilgerpass können Sie in den Herbergen entlang der Route übernachten.

# 288

## DALÍS ZUFLUCHTSORT

### Cadaqués, Katalonien, Spanien

**Auf den Spuren von:** Salvador Dalí (1904–1989)

**Route:** Von Cadaqués über Port Lligat zum Leuchtturm von Cap de Creus

**Länge:** 7,2 km

**Unsere Empfehlung:** *Hafen von Cadaqués (Die Nacht)* (1918)

Der spanische Surrealist Salvador Dalí (1904–1989) war von der kargen Schönheit der Landschaft Kataloniens fasziniert und verbrachte in der Region zwischen Cadaqués und dem Cap de Creus den größten Teil seines Lebens. Seine Familie besaß ein Sommerhaus nahe Cadaqués. Dort begann er zu malen. Ein Rundweg führt durch den wunderschönen Küstenabschnitt, der Dalí zu vielen seiner Bilder inspirierte. Auf ehemaligen Pilgerpfaden geht es vorbei an seinem Wohnhaus in Port Lligat und durch die wilde Felslandschaft am Cap de Creus. Einige von Dalís berühmtesten Gemälde haben den Ort und die Küste verewigt: *Das Gespenst des Sex-Appeal* (1934), *Die Beständigkeit der Erinnerung* (1931) und *Hafen von Cadaqués (Die Nacht)* (1918).

Dalí kaufte 1930 eine Reihe von alten Fischerhütten bei Port Lligat, die er zum Wohnhaus für sich und seine Frau Gala umbaute. Heute bietet das Museum Casa Salvador Dalí die Möglichkeit nachzuerleben, wie der Künstler damals wohnte und wo er arbeitete. Vom Haus sind es nur wenige Minuten bis zum Naturpark Cap de Creus. Gala und Dalí liebten den kleinen Ort in der Bucht als romantischen Zufluchtsort, wo sie ausgiebig schwammen, segelten, Strandgut sammelten und daraus Installationen schufen. Dalís Gemälde *Der große Masturbator* (1929) zeigt ein menschliches Gesicht, dessen Gestalt der Felsformation in der Bucht ähnelt. Wenn Sie wollen, können Sie weitergehen bis zum Leuchtturm – dem östlichsten Punkt der Iberischen Halbinsel.

**OBEN:** Salvador Dalí mit seinem unverwechselbaren Schnurrbart

**OBEN RECHTS:** Cadaqués, wo Dalí während der Sommeraufenthalte mit seiner Familie zu malen begann

**RECHTS:** Der Leuchtturm von Cap de Creus

## 289
### PABLO PICASSO IN KATALONIEN
**Cadaqués, Spanien**

Bei einem Strandspaziergang versteht man sofort, weshalb Cadaqués auch eine Inspirationsquelle für Pablo Picasso (1881–1973) war. Der pittoreske Ort ist umgeben von felsigen Bergen und wirkt aus der Ferne wie eine Ansammlung verschiedenartigster geometrischer Körper, die in gleißendes Sonnenlicht getaucht sind – das perfekte Setting für Picassos Entwicklung hin zum Kubismus. Ein frühes kubistisches Werk entstand während eines Urlaubsaufenthalts im Jahr 1910: *Frau mit Mandoline*.

## 290
### PICASSOS JUGEND IN MÁLAGA
**Málaga, Spanien**

Pablo Picasso wurde in der andalusischen Stadt Málaga an der Südostküste Spaniens geboren. In seiner Taufkirche, der Iglesia de Santiago Apostól in der Calle Granada 78, ist seine Geburtsurkunde ausgestellt. Picasso besuchte die Schule San Rafael in der Calle Comedias 20. Von hier aus führt ein kurzer Spaziergang Richtung Süden zum Museo Picasso in der Calle San Agustín 8, das 2003 eröffnet wurde. Seinen ersten Stierkampf besuchte Picasso übrigens in der Arena im Viertel La Malagueta.

## 291
### ANTONI GAUDÍS BARCELONA

#### Barcelona, Spanien

Es ist fast unmöglich, Barcelona zu erkunden, ohne auf die Architektur von Antoni Gaudí (1852–1926) zu stoßen. Sein Meisterwerk ist die in ihrem Baustil unverwechselbare Kirche *Sagrada Família*. Unbedingt lohnenswert ist auch ein Besuch in dem ebenfalls von Gaudí gestalteten und 1926 eingeweihten *Park Güell*. Zwei Pförtnerhäuser mit Zuckergussdächern flankieren den Haupteingang. Beeindruckend ist der mit fantasievollen bunten Mosaikfiguren und Grotten gesäumte Weg hinauf zur Terrasse mit einer langen Serpentinenbank, die mit einem Fliesenmosaik in leuchtenden Farben gestaltet ist. Von hier aus genießt man einen wunderbaren Ausblick über die Stadt und das Meer.

## 292
### BLICK ZUM HORIZONT MIT EDUARDO CHILLIDA

#### Donostía-San Sebastián, Spanien

Als Kind liebte es der baskische Bildhauer Eduardo Chillida (1924–2002), über die Felsen am westlichen Ende der Bucht von San Sebastián zu klettern, den Wellen zuzusehen und den Blick bis zum Horizont schweifen zu lassen. Als Künstler schuf er für diesen Ort seine Installation *Peine del Viento* (1976, dt. Windkamm). Es sind drei rostige Stahlskulpturen, die aus den Felsen ragen und eine dramatische Szenerie schaffen. Auf dem Weg vom Hafen dorthin kommen Sie am Strand an einem früheren Kunstwerk Chillidas vorbei: seiner *Hommage an Fleming* (1955).

## 293
### DURCHS NÄCHTLICHE MADRID MIT ERNEST HEMINGWAY

#### Madrid, Spanien

»Niemand geht in Madrid schlafen, ohne vorher die Nacht durchgemacht zu haben«, schwärmte Ernest Hemingway (1899–1961) von der Stadt, in der man ihn Don Ernesto nannte. Er wohnte im Hotel Tryp Gran Vía, das in den Kurzgeschichten »Der Abend vor der Schlacht« (1939) und »Die fünfte Kolonne« (1938) vorkommt. Gegenüber ist das Hochhaus, von dem aus Hemingway seine Berichte über den Bürgerkrieg verschickte. An der Gran Vía liegt auch die Bar Museo Chicote, erwähnt in »Die Denunziation« (1938). Um die Ecke erreicht man über die Plaza Mayor das Botín, das älteste Restaurant der Welt. Hier schrieb Don Ernesto das Schlusskapitel des Romans *Fiesta* (1926), scheiterte jedoch bei der Zubereitung einer Paella. Weiter östlich, auf der Plaza de Santa Ana, hängt in der Cervecería Alemana über Hemingways Stammplatz bis heute sein Foto. Nahebei, in der Calle de Echegaray, hat die Sherry-Bar La Venecia nichts von ihrem alten Charme verloren.

## 294
### DAS BARCELONA DER ANA MARÍA MATUTE

#### Barcelona, Spanien

Leben und Werk der spanischen Autorin Ana María Matute (1925–2014), geboren und auch verstorben in Barcelona, stand unter dem Einfluss des Spanischen Bürgerkriegs. Matute, die im Alter von vier Jahren schwer erkrankte, bediente sich oft fantasievoller und märchenhafter Bilder, um aus der Perspektive von Kindern Verzweiflung und Hilflosigkeit auszudrücken. Viele Orte in Barcelona waren Kriegsschauplätze. So fielen in der Hauptstraße Las Ramblas die ersten Schüsse, und ein heutiges Einkaufszentrum war damals die Zentrale der Kommunistischen Partei Spaniens. Das Grab der bedeutenden und hochgeschätzten Nachkriegsautorin befindet sich auf dem Friedhof Montjuïc.

**OBEN RECHTS:** Eduardo Chillidas *Peine del Viento* in San Sebastián

**RECHTS:** Von Antoni Gaudis Park Güell hat man einen herrlichen Blick über Barcelona.

## 295
### ENTDECKEN SIE GOYA IN SARAGOSSA
**Saragossa, Spanien**

Der Spanier Francisco de Goya (1746–1828), dessen drastische Darstellungen die Kunst ab Mitte des 19. Jahrhunderts stark beeinflusste, besuchte in Saragossa das Colegio Escuelas Pías in der Calle del Conde de Aranda. Gehen Sie von der Schule zur Avenida de César Augusto. Dort steht auf der Plaza del Pilar ein mächtiges Monument zu Ehren des Malers und Grafikers. Weiter Richtung Süden, in der Calle Espoz y Mina, liegt das fabelhafte Museo Goya.

## 296
### AUF DEN SPUREN VON EL GRECO
**Toledo, Spanien**

»Ich wurde vom allmächtigen Gott geschaffen, um das Universum mit meinen Werken zu bereichern«, sagte Doménikos Teotokópoulos (1541–1614). Das Ziel war hochgesteckt, sein Wirken in Toledo überaus erfolgreich. Dort lebte er von 1577 bis 1614 und wurde als El Greco (dt. Der Grieche) bekannt. In der Iglesia de Santo Tome auf dem Paseo Transito finden Sie sein Meisterwerk *Das Begräbnis des Grafen von Orgaz* (1586). Richtung Norden sind es zehn Minuten bis zur Plaza Santo Domingo, wo er Altarbilder für die Klosterkirche Santo Domingo el Antiguo und die Capilla de San José (Calle Nuñez de Arce) schuf. Den Höhepunkt Ihrer Tour bildet die Kathedrale auf der Plaza del Ayuntamiento mit El Grecos Gemälde *Die Entkleidung Christi* (1579).

EUROPA 231

# 297

## ERKUNDEN SIE DAS GRANADA VON FEDERICO GARCÍA LORCA

## Granada, Spanien

**Streifzug mit:** Federico García Lorca (1898–1936)

**Route:** Auf Lorcas Spuren

**Länge:** 3,4 km

**Unsere Empfehlung:** *Impressionen und Landschaften* (1918); *Bluthochzeit* (1932)

**OBEN RECHTS:** Die Plaza de Bib-Rambla diente in Granada als Aufführungsort für Lorcas Theaterstück *Mariana Pineda*.

**RECHTS:** Lorca auf einer Bank an der Avenida de la Constitución

Seine Reisen führten ihn bis nach New York, Kuba und Buenos Aires, doch das Herz des spanischen Dichters und Dramatikers Federico García Lorca gehörte seiner Heimatstadt Granada. »Wenn mir durch die Güte Gottes einst Ruhm beschert sein sollte, verdient Granada die Hälfte davon«, erklärte der Autor. Für ihn war die Stadt ein »ganz und gar unbeschreiblicher Traum, eher lyrisch als prosaisch«. Von der hoch gelegenen Burganlage Alhambra blickte er bei seinen Streifzügen auf das historische Viertel Albaicín hinab, das er in seinem ersten Buch *Impressionen und Landschaften* verewigte. Die Kirche San Miguel inspirierte ihn zu seiner gleichnamigen Ballade.

Am Fuße des Alhambra-Hügels hielt Lorca in seinem Lieblingshotel Alhambra Palace 1922 im hauseigenen Theater vor maurischer Kulisse eine Lesung ab. Etwa 800 Meter weiter westlich befindet sich in der Capilla Real das Grab der Königin Johanna I. von Kastilien, die auch Johanna die Wahnsinnige genannt wurde. Der junge Lorca widmete ihr eine Elegie. Eine Ecke weiter liegt das Centro Federico García Lorca, ein Museum und Veranstaltungsort. An der Südseite der Plaza de Bib-Rambla, wo Lorcas Stück *Mariana Pineda* aufgeführt wurde, wohnte seine Familie in der Calle Acera del Darro 46, bevor sie gegenüber in die Straße Acera del Casino umzog. Im Restaurant Chikito jenseits des schattigen Platzes traf sich Lorca mit seinen Freunden. Eine Gedenktafel erinnert daran.

Weiter Richtung Westen befindet sich außerhalb der Stadt die ehemalige Sommerresidenz der Familie Lorca – Huerta de San Vicente. Heute ist der Landsitz mit dem Parque Frederico García Lorca ein Museum. Dort können Sie auch das Schlafzimmer besichtigen, wo Lorca an seiner Tragödie *Bluthochzeit* (1931) arbeitete. Im August 1936 musste er Hals über Kopf vor den Faschisten fliehen und suchte in der Nähe bei einem Freund Unterschlupf. Er wurde jedoch aufgespürt und im Alter von 38 Jahren hingerichtet.

# 298

## ENTDECKEN SIE JOSÉ SARAMAGOS LISSABON

### Lissabon, Portugal

**Streifzug mit:** José Saramago (1922–2010)

**Route:** Durch Lissabon

**Länge:** 1,9 km

**Unsere Empfehlung:**
*Das Memorial* (1982);
*Kleine Erinnerungen* (1998)

**LINKS:** Die José-Saramago-Stiftung befindet sich in einem der beeindruckendsten Gebäude Lissabons.

José Saramago (1922–2010), Portugals berühmtester Autor des 20. Jahrhunderts, wuchs in Armut in einem Arbeiterviertel von Lissabon auf. In seiner Autobiografie *Kleine Erinnerungen* zeichnet er eindrückliche Bilder von seinem Leben in dieser Zeit.

Der bekennende Atheist und Kommunist begann schon früh mit dem Schreiben. Berühmt wurde er jedoch erst im Alter von 60 Jahren mit seinem 1982 erschienenen Roman *Das Memorial*. Bis zu seinem 80. Lebensjahr hatte er weitere acht Romane veröffentlicht und war mit dem Literaturnobelpreis ausgezeichnet worden. Nachdem die portugiesische Regierung nach der Veröffentlichung des Romans *Das Evangelium nach Jesus Christus* (1991) den Namen des Autors von der Vorschlagsliste für den Europäischen Literaturpreis gestrichen hatte, ging Saramago auf die spanische Kanareninsel Lanzarote ins Exil. Dennoch liebte er die portugiesische Hauptstadt leidenschaftlich.

Beginnen Sie die Tour am Platz Largo do Intendente, in dessen Nähe Saramago aufwuchs, und spazieren Sie in Richtung Meer bis zur Casa dos Bicos an der Rua dos Bacalhoeiros. Das eindrucksvolle Gebäude aus dem 16. Jahrhundert beherbergt die Stiftung Fundação José Saramago mit einem kleinen, dem Autor gewidmeten Museum. Unter einem uralten Olivenbaum wurde hier auch die Urne des Dichters beigesetzt. Die Tour endet beim Café Martinho da Arcada am Platz Praça do Comercio. Ein Foto und ein nach Saramago benannter Tisch erinnern daran, dass er hier Stammgast war.

## 299
### MIT MAGRITTE AUF DER SUCHE NACH DEM SURREALEN

#### Brüssel, Belgien

Kein belgischer Künstler hat die Kunstwelt so stark beeinflusst wie der Surrealist René Magritte (1898–1967). Einen Mann mit einem Apfel vor dem Gesicht werden Sie in Brüssel kaum treffen, die Stadt hat den Künstler dennoch geprägt. Die Tour beginnt in der Rue de la Régence beim Magritte Museum mit einer Ausstellung zu Künstler und Werk. Trinken Sie danach in der Rue des Alexiens einen Kaffee im La Fleur en Papier Doré, wo sich Magritte mit anderen Künstlern traf und sein erstes Bild verkauft haben soll. Ein Stopp lohnt sich auch beim Jugendstil-Café Le Greenwich. Dort kehrte Magritte auf dem Nachhauseweg in den Stadtteil Jette gern zu einer Partie Schach ein.

## 300
### JAN VAN EYCK UND BRÜGGE

#### Brügge, Belgien

Ort und Datum seiner Geburt sind unbekannt, doch Jan van Eyck (ca. 1390–1441) veränderte mit seinem naturalistischen, fast hyperrealistischen Stil die darstellende Kunst grundlegend. Seine letzten zwölf Lebensjahre verbrachte er in Brügge und schuf dort Meisterwerke, von denen nur 20 erhalten geblieben sind. Im Groeningemuseum hängen u. a. seine *Madonna des Chorherren Joris van der Paele* (1436) sowie das *Porträt der Margareta van Eyck* (1439), der Ehefrau des Künstlers. Zwei Jahre nach Fertigstellung des Bildes wurde van Eyck in der 1799 zerstörten St.-Donatian-Kathedrale am zentralen Burgplatz beerdigt. Heute ehrt ihn eine Statue etwas weiter nördlich am Jan van Eyckplein.

**RECHTS:** Der Grote Markt im Zentrum von Brügge. In dieser Stadt schuf Jan van Eyck seine Meisterwerke.

## 301
### CLAUDE MONETS *KLIPPENWEG*

**Pourville, Normandie, Frankreich**

Den *Klippenweg bei Pourville* malte Claude Monet (1840–1926) nach einem Besuch des Ortes mit seiner Partnerin Alice Hoschedé. Das Bild zeigt vermutlich zwei ihrer Töchter. Bei einem Spaziergang an der Küste zwischen Dieppe und Pourville treffen Sie auf Szenerien weiterer Bilder wie *Niedrigwasser bei Pourville, in der Nähe von Dieppe* und *Strandweg zwischen Weizenfeldern nach Pourville* (alle drei Gemälde 1882).

## 302
### SPAZIERGANG MIT RENOIR

**Wargemont, Normandie, Frankreich**

Pierre-Auguste Renoir (1841–1919) begeisterte die Region um den schon im 19. Jahrhundert beliebten Badeort Dieppe. An diesem Abschnitt mit steilen Klippen und dramatischen Panoramen malte er den *Blick auf die Küste bei Wargemont in der Normandie* (1880). Wandeln Sie auf Renoirs Spuren die Klippen entlang und genießen Sie die sich stetig ändernde Szenerie.

## 303
### AUF DEN SPUREN PISSARROS

**Pontoise, Île de France, Frankreich**

Der stets rastlose Camille Pissarro (1830–1903) lebte eine Zeit lang in Pontoise. Auf seinen Bildern wie *Die Fabrik in Pontoise* (1873) und *Kai von Pothuis* (1868) hielt er den lebendigen und vom Fortschritt gezeichneten Lebensalltag der kleinen Stadt fest. Gehen Sie vom Musée Camille Pissarro zur Brücke und dann weiter Richtung Süden am Fluss entlang. Dort markieren Tafeln mit Bildern Pissarros den Ort ihrer Entstehung.

**RECHTS:** Claude Monets Gemälde mit den Klippen bei Pourville

## 304
### ALFRED SISLEYS STADTANSICHTEN

**Marly-le-Roi, Île de France, Frankreich**

Ende 1874 zog Alfred Sisley (1839–1899) nach Marly-le-Roi, einen Ort westlich von Paris. Sein Gemälde *L'Abreuvoir de Marly, gelée blanche* (1876) zeigt das große Wasserbassin von Schloss Marly-le-Roi bei Raureif in winterlicher Stimmung. Von hier führt ein 20-minütiger Spaziergang Richtung Nordwesten zum benachbarten Port-Arly an der Seine. Im März 1876 sorgten dort heftige Regenfälle für Überflutungen, die Sisley auf mehreren Gemälden festhielt. Das bekannteste ist *Hochwasser in Port-Arly* (1876). Beide Orte sehen bis heute fast unverändert aus.

## 305
### VINCENT VAN GOGHS LETZTE STATION

**Auvers-sur-Oise, Île de France, Frankreich**

Am Bahnhof von Auvers ehrt eine Statue den Maler Vincent van Gogh (1853–1890), der in dieser Stadt lebte und dort sein tragisches Ende fand. Gehen Sie zum Rathaus, vor dem Sie eine vergrößerte Reproduktion von van Goghs Gemälde des Gebäudes (1890) sehen. Gegenüber befindet sich die Auberge Ravoux, wo der Künstler zu dieser Zeit lebte. Danach biegen Sie rechts ab in die Rue Daubigny, bis Sie zu einer großen gotischen Kirche gelangen, die van Gogh in leuchtenden Blautönen eindrucksvoll darstellte. Hinter der Kirche führt die Rue Émile Bernard zu dem Friedhof, auf dem van Gogh neben seinem Bruder Theo beigesetzt wurde.

## 306
### ÉDOUARD MANET IN RUEIL

**Rueil-Malmaison, Paris, Frankreich**

In Rueil, einem hübschen Vorort von Paris, in dem Napoleon und seine erste Ehefrau Josefine im Château de Malmaison lebten, fand der Maler Édouard Manet (1832–1883) die Inspiration für eines seiner weniger bekannten Gemälde: *Landhaus in Rueil* (1882). Es entstand in seinem letzten Lebensjahr, als er dort den Sommer als Gast des Dichters Eugène Labiche verbrachte, um sich von den Symptomen seiner fortschreitenden gesundheitlichen Probleme zu erholen. In der wunderbaren Ruhe und Abgeschiedenheit des Ortes malte Manet einen Ausschnitt der Fassade des zartgelben Hauses und den von Bäumen beschatteten Garten mit der einladenden Sitzbank.

## 307
### AUF DEN SPUREN VON JEAN-JACQUES ROUSSEAU

**Ermenonville, Oise, Frankreich**

Knapp 60 Kilometer nordöstlich von Paris liegt der Ort Ermenonville, wo der französische Dichter und Philosoph Jean-Jacques Rousseau (1712–1778) die letzten Monate seines Lebens verbrachte. Hier schuf sein Förderer René de Girardin einen nach Rousseau benannten Park im Stil englischer Landschaftsgärten mit den dafür typischen und originellen Zierbauten – hier eine Grotte, da eine Tempelruine. Daran vorbei führt Sie ein Spaziergang zur Pappelinsel im See des Parks. Dort wurde Rousseau in einem Sarkophag beigesetzt, bevor seine sterblichen Überreste in das Panthéon nach Paris überführt wurden.

**OBEN RECHTS:** Die Kirche in Auvers, die Vincent van Gogh malte

**RECHTS:** Van Gogh schuf in dieser Region zahlreiche berühmte Gemälde, wie *Weizenfeld bei Auvers mit weißem Landhaus* (1890).

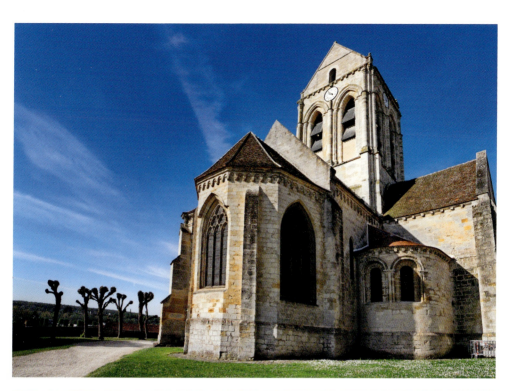

# 308

## MIT SARTRE IM ZENTRUM DES EXISTENZIALISMUS

## Paris, Frankreich

**Streifzug mit:** Jean-Paul Sartre (1905–1980)

**Route:** Von Saint-Germain-des-Prés zum Friedhof Montparnasse

**Länge:** 4 km

**Unsere Empfehlung:** *Das Sein und das Nichts* (1943)

**OBEN RECHTS:** Das Café de Flore ist ein traditioneller Pariser Treffpunkt für Intellektuelle.

**RECHTS:** Jean-Paul Sartre und Simone de Beauvoir wurden auf dem Friedhof Montparnasse beerdigt.

Das in Paris auf der Südseite der Seine gelegene Stadtgebiet Rive Gauche hat nichts von seinem Charme verloren, den es sich seit den 1920er Jahren als Künstler- und Intellektuellenviertel erwarb. Hier befindet sich auch das Viertel Saint-Germain. Ab den 1940er Jahren wurde es zum Zentrum des französischen Existenzialismus, dessen Grundlagen Jean-Paul Sartre legte. Von der Metro-Station Saint-Germain-des-Prés geht es zunächst zum Café de Flore am Boulevard Saint Germain 172. In dem herrlichen Art-déco-Ambiente trafen sich Sartre und seine Partnerin Simone de Beauvoir mit ihrer »Familie«, um philosophische Fragen zu diskutieren.

Gehen Sie weiter zur Abtei Saint-Germain-des-Prés, überqueren Sie den Boulevard und folgen Sie der Rue Bonaparte, bis links die Rue Saint-Sulpice abzweigt. Dort ist das Café de la Mairie, wo Sartre und Albert Camus sich zum ersten Mal trafen. Hatten beide während des Krieges noch für die linke Zeitung *Combat* geschrieben, gingen sie später politisch und philosophisch getrennte Wege.

Weiter östlich stoßen Sie auf die Rue de l'École de Médecines, die Sie zur Sorbonne führt, an der Sartre und de Beauvoir studierten. Danach geht es nach Süden durch die Rue de Sorbonne zum Studentenviertel am Boulevard Saint-Michel und schließlich zum Friedhof Montparnasse, auf dem Sartre und de Beauvoir beigesetzt wurden.

## 309
### MIT ZOLA ZUM LOUVRE
#### Paris, Frankreich

Folgen Sie dem frisch verheirateten Paar Coupeau und Gervais in dem Roman *Der Totschläger* (1877) von Émile Zola (1840–1902), als es nach der Trauung in der Rue Saint Denis mit der Hochzeitsgesellschaft durch den Regen zum Louvre strebt, um sich dort die Zeit bis zum Festschmaus zu vertreiben. Bei Zola sorgt der Aufenthalt im Museum mit dem selbst ernannten Führer Herrn Madinier jedoch für allerlei Peinlichkeiten.

## 310
### WERDEN SIE EIN FLANEUR
#### Paris, Frankreich

In seinem Essay »Der Maler des modernen Lebens« (1863) etablierte Charles Baudelaire (1821–1867) den Flaneur als eine literarische Figur, die planlos, aber genießerisch durch die Pariser Boulevards spaziert. Versuchen Sie es doch selbst einmal! Bis auf die Mode hat sich an Flaneuren bis heute wenig geändert.

## 311
### VICTOR HUGO UND DIE LIEBE
#### Paris, Frankreich

Victor Hugo (1802–1885) schrieb 17 Jahre lang an seinem sozialkritischen Roman *Die Elenden* (1862). Begeben auch Sie sich auf einen romantischen Spaziergang durch den Park Jardin du Luxembourg, wo Marius die Aufmerksamkeit von Cosette auf sich zieht, während »die Spatzen, verborgen in den Kastanien, zwitscherten«.

## 312
### BEI MODIGLIANI UND SEINEN FREUNDEN

### Paris, Frankreich

Im Jahr 1906 kam der in Italien geborene Maler und Bildhauer Amedeo Modigliani (1884–1920) nach Paris und traf dort auf andere junge avantgardistische Künstler wie Pablo Picasso, Constantin Brâncuși und Maurice Utrillo. Wie sie konnte er sich nur ein billiges Atelier in dem heruntergekommenen ehemaligen Lagerhaus Le Bateau-Lavoir in der Rue Ravignan in Montmartre leisten. 1909 zog Modigliani in die Künstlerkolonie La Ruche (dt. Der Bienenkorb) in der Passage de Dantzig 2 im Quartier de Montparnasse. Dort lernte er im Café de la Rotonde am Boulevard du Montparnasse 105 die englische Dichterin Beatrice Hastings kennen, die seine Geliebte wurde.

## 313
### AUF DEN SPUREN VON ANAÏS UND HENRY

### Paris, Frankreich

Zwischen Anaïs Nin (1903–1977) und Henry Miller (1891–1980) entwickelte sich in Paris eine intellektuell und sexuell intensive Beziehung, die Nin zu ihren erotischen Erzählungen inspirierte. Drei Jahre lang lebten sie inmitten der Boheme in Montparnasse. Besuchen Sie die Rue Schoelcher, in der Nin wohnte, und das Restaurant Le Dôme, wo sie stundenlang schrieb. In der Rue Vavin 29 gab es früher das Café Le Viking, in dem sich Nin und Miller zum ersten Mal begegneten. Die Tour endet am Central Hotel in der Rue du Maine, wo Nin und Miller ihre ersten Liebesnächte verbrachten.

## 314
### LÖSEN SIE DAS DA-VINCI-RÄTSEL

### Paris, Frankreich

Der Thriller *Sakrileg* (2003), ein internationaler Bestseller des US-amerikanischen Autors Dan Brown (geb. 1964), spielt an verschiedenen Schauplätzen in Paris, wo der Symbol-Forscher Professor Robert Langdon einen Mord aufzuklären versucht. Langdon wohnt im Luxushotel Ritz an der Place Vendôme und geht von dort zum etwa 800 Meter entfernten Louvre in der Rue de Rivoli, wo der Mord stattfand. Betreten Sie das Museum durch die faszinierende Glaspyramide von I. M. Pei. Sehen Sie sich Leonardo da Vincis *Mona Lisa* und seine *Felsgrottenmadonna* an: Beide Gemälde haben im Roman eine Schlüsselfunktion bei der Lösung des Rätsels.

## 315
### IN EZRA POUNDS METRO-STATION

### Paris, Frankreich

Der in den USA geborene Dichter Ezra Pound (1885–1972) erlebte seine kreativsten Schaffensphasen in London (1908–1920) und Paris (1921–1924). Als London für ihn seinen »literarischen Biss« verloren hatte, zog er mit seiner Frau in die Rue Notre-Dame des Champs 70 und überzeugte auch James Joyce, nach Paris zu kommen. Dort tauschten sich die beiden mit anderen Schriftstellern wie Hemingway aus. Von seiner Wohnung waren es nur wenige Schritte zur Metro-Station Vavin, über die Pound diese bildreiche, rhythmisch freie Poesie verfasste:

»*The apparition of these faces in the crowd;
Petals on a wet, black bough.*«

»*Die Erscheinung dieser Gesichter in der Menge
Blätter an einem feuchten schwarzen Zweig.*«

**RECHTS:** Genießen Sie das Ambiente im Restaurant Le Dôme, das Anaïs Nin inspirierte.

# 316

## EIN BESUCH BEI DEN GROSSEN GEISTERN DER VERGANGENHEIT

### Paris, Frankreich

**Ort:** Friedhof Père Lachaise, Boulevard de Ménilmontant

**Route:** Mit Bäumen gesäumte Wege in einem 44 ha großen Gelände

**Unsere Empfehlung:** Die Gräber von Oscar Wilde, Jim Morrison, Abélard und Héloïse u. a. m.; Anna Erikssön, *Meet Me at Père Lachaise* (2010, dt. Treffpunkt Père Lachaise).

**LINKS:** Ein Spaziergang über den Friedhof Père Lachaise bietet vielfältige Inspirationen.

Ein Spaziergang über den Friedhof Père Lachaise zählt zu den »unvergesslichsten und romantischsten in ganz Paris«. Rund 70 000 Verstorbene ruhen in den Mausoleen, neugotischen Grüften und in den schlichten Gräbern entlang der Wege, an denen beim Anlegen des Friedhofs zu Beginn des 19. Jahrhunderts 5000 Bäume gepflanzt wurden.

Zu jener Zeit wurde der Père Lachaise von den Parisern zunächst wegen der Lage außerhalb der Stadt abgelehnt – die Hinterbliebenen scheuten den weiten Weg dorthin. Doch die kleinen Friedhöfe in Paris waren überfüllt. Um den Père Lachaise attraktiver zu machen, beschlossen die Behörden, prominente Verstorbene umzubetten. Zu ihnen zählten der Dramatiker Molière (gest. 1673) sowie das unglückliche Liebespaar Abélard (gest. 1142) und Héloïse (gest. 1164). Der Plan ging auf. Seither werden hier gewöhnliche ebenso wie namhafte Menschen beerdigt.

Auf dem Plan des Friedhofs sind die Ruhestätten von Prominenten hervorgehoben. Das Grabmal von Abélard und Héloïse zieht vor allem Liebende an. Das gilt auch für das Doppelgrab des italienischen Künstlers Amedeo Modigliani (gest. 1920) und seiner Partnerin Jeanne Hèbuterne, die einen Tag nach dem Tod ihres Geliebten Selbstmord beging. Fans der Rockgruppe The Doors besuchen das Grab von Jim Morrison (gest. 1971). Der Friedhof ähnelt einem großen Garten, in dem sich bei Tag und Nacht zahlreiche Tiere tummeln. Von Füchsen bis zu ganzen Vogelschwärmen.

## 317
### MIT JEAN RHYS DURCH DIE STRASSEN VON PARIS

#### Paris, Frankreich

Die frühen Werke von Jean Rhys (1890–1979) spielen im Pariser Künstlermilieu der 1920er Jahre. Sie selbst wohnte damals in Montparnasse. Beginnen Sie die Tour an der Metro-Station Vavin, schlendern Sie über den Boulevard du Montparnasse und werfen Sie einen Blick in die berühmten Cafés und Lokale: La Closerie des Lilas, La Rotonde, Le Dôme, La Coupole und Le Sélect. Diese klassische Art-déco-Brasserie – Ecke Boulevard du Montparnasse und Rue Vavin – kommt in Rhys' erstem Roman *Quartett* (1929) vor: Im Le Sélect muss die Heldin Marya eine unschöne Szene mit ihrem Geliebten Heidler und dessen gereizter Ehefrau Lois überstehen.

## 318
### SIMONE DE BEAUVOIRS PARIS DER INTELLEKTUELLEN

#### Paris, Frankreich

Das Paris der Simone de Beauvoir (1908–1986) war das Paris der intellektuellen Avantgarde, die sich in den verqualmten Cafés des Rive Gauche traf. Startpunkt ist die Brasserie Les Deux Magots, damals wie heute ein Treffpunkt für Literaten. Richtung Seine liegen das Hotel La Louisiane, in dem die Schriftstellerin eine Weile wohnte, und das Hotel d'Aubusson, in dessen Kellerbar (die es heute nicht mehr gibt) sie Gin und Jazz genoss. Auf dem Rückweg lohnt ein Blick auf den Medici-Brunnen: Simone de Beauvoirs Lieblingsort im Jardin du Luxembourg.

## 319
### VAN GOGHS LIEBLINGSMOTIV

#### Montmartre, Paris, Frankreich

Der Maler Vincent van Gogh (1853–1890) lebte in seiner Pariser Zeit in verschiedenen Wohnungen des Montmartre-Viertels. In der, die er mit seinem Bruder in der Rue Lepic 54 teilte, entstanden einige seiner berühmtesten Werke. Folgen Sie seinen Spuren von dort zur Moulin de la Galette: einer Windmühle, die heute ein Restaurant beherbergt, damals aber nicht nur van Gogh als Motiv zu einer ganzen Bilderserie inspirierte. Seine Künstlerkollegen Toulouse-Lautrec und Pierre-Auguste Renoir taten es ihm gleich. Vielleicht haben auch Sie Lust, den Stift zu zücken und die Szenerie einzufangen!

## 320
### MARCEL PROUST – REALITÄT UND FIKTION

#### Illiers-Combray, Frankreich

Zum 100. Geburtstag änderte die Gemeinde Illiers ihren Namen als Hommage an einen Schriftsteller: Marcel Proust (1871–1922) verbrachte als Kind seine Ferien in Illiers – Combray ist ein fiktiver Ort in seinem Werk *Auf der Suche nach der verlorenen Zeit* (1913). Am Bahnhof hat sich bis auf den Namen seit Prousts Tagen so wenig verändert wie an der Einwohnerzahl von Illiers. Ein Rundgang lässt an weitere Fiktionalisierungen des Autors denken: Die Kirche Saint-Jacques stand eindeutig Pate für Saint-Hilaire in Prousts siebenteiligem Prosawerk. Nicht weit entfernt finden Sie das Marcel-Proust-Museum.

**OBEN RECHTS:** Les Deux Magots – in Paris seit Jahrzehnten ein Treffpunkt der Literaturszene

**RECHTS:** Der Medici-Brunnen im Jardin du Luxembourg gehörte zu den Lieblingsorten von Simone de Beauvoir.

## 321
### JACQUES BRELS PARIS
#### Paris, Frankreich

Nicht nur die Aura des Außenseiters sowie gescheiterte Liebesbeziehungen prägten die Chansons des in Brüssel geborenen Jacques Brel (1929–1978), sondern auch seine Liebe zu Paris. Brel kam 1953 in die Stadt, wo er in der Rue des Trois Frères 3 ein Zimmer mietete. Und wie die Titelfigur seines Lieds *Madeleine* aß er im Chez Eugène am Place du Tertre seine Pommes frites. Erste Auftritte hatte er im Les Trois Baudets am Boulevard de Clichy. Es dauerte, bis ihn auch das legendäre Olympia am Boulevard des Capucines engagierte. 2019 ehrte die Stadt den Künstler und verlieh einer Straße im 19. Arrondissement den Namen Allées Jacques-Brel.

## 322
### EINE TOUR MIT SERGE GAINSBOURG
#### Paris, Frankreich

Die Spuren des französischen Chansonniers Serge Gainsbourg (1928–1991) sind hochprozentig. Beginnen Sie Ihren Streifzug in der Bar des L'Hôtel in Montparnasse, in dem Gainsbourg und die Schauspielerin Jane Birkin ihre erste gemeinsame Zeit verbrachten. Dann folgt die Bar des Musiktheaters Les Trois Baudets, in dem der Sänger 1959 sein erstes mitgeschnittenes Konzert gab. Die Tour endet in der Rue de Verneuil 5, wo der Künstler 23 Jahre wohnte, bevor er einem Herzinfarkt erlag.

# 323

## ATMEN SIE DIE LUFT, DIE COLETTE ZUR FREIDENKERIN MACHTE

### Saint-Sauveur, Nouvelle-Aquitaine, Frankreich

**Auf den Spuren von:**
Sidonie-Gabrielle Colette (1873–1954)

**Route:** Sentier Colette

**Länge:** 5,8 km

**Unsere Empfehlung:** Die *Claudine*-Romane (1900–1903)

**OBEN RECHTS:** Das Musée Colette im Geburtsort der Schriftstellerin

**RECHTS:** Der Rundweg führt zunächst durch eine Lindenallee.

Die unter dem Namen Colette bekannte Autorin Sidonie-Gabrielle Colette liebte den rasanten Pariser Lebensstil, ihre Wurzeln hatte sie jedoch in dem beschaulichen Dorf Saint-Sauveur-en-Puisaye im Burgund. Ihre Mutter ermutigte sie stets, ein selbstbestimmtes Leben zu führen, und teilte ihre Ansicht, dass eine Beschränkung auf häusliche Plackerei der Tod aller Kreativität bedeute. Colettes Konsequenz: Als sie mit 40 selbst eine Tochter gebar, verbrachte sie kaum Zeit mit ihr. Mit ihrer Mutter pflegte sie hingegen einen engen Briefkontakt, bis diese starb.

Auch wenn Colette nie wieder in ihr Heimatdorf zurückkehren sollte, bildete sie es in ihren autobiografisch geprägten Romanen, die von der jungen und lebenshungrigen Claudine handeln, fiktiv nach. Der erste Roman – *Claudine erwacht* (1900) – beginnt so: »Ich heiße Claudine und lebe in Montigny. Hier wurde ich 1884 geboren, aber ich habe nicht vor, hier zu sterben.«

Der Weg beginnt am Musée Colette, das im Schloss Saint-Sauveur untergebracht ist. Von dort führt eine Lindenallee zur Rue Colette, wo das Geburtshaus der Schriftstellerin steht, das man besichtigen kann. Danach geht es durch die ländliche Umgebung des Ortes vorbei an der Poterie de la Bâtisse: früher eine Töpferei, die die kleine Colette gern besuchte. Schließlich führt die Route über Moûtiers zurück nach Saint-Sauveur.

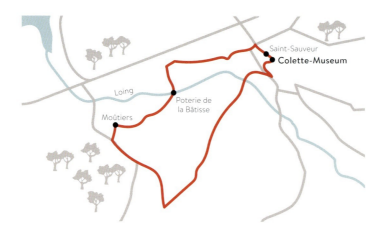

## 324
## GEGEN DIE ANSTANDS-REGELN
**Paris, Frankreich**

Trotz ihrer Herkunft schien Sidonie-Gabrielle Colette für das freizügige Leben in Paris wie geschaffen. Mit 20 zog sie hierher und heiratete Henry Gauthier-Villars. Dieser veröffentlichte die von ihr verfassten Manuskripte unter dem männlichen Pseudonym Willy. Die Tour führt von der Wohnung in der Rue Jacob 28 über die Seine und dann zum Palais Royal. Im königlichen Bezirk wohnte Colette zweimal, und dort starb sie. Wie sie in ihrer Novelle *Drei ... sechs ... neun* (1945) beschrieb, wechselte sie oft die Adresse. Weiter geht's zum Moulin Rouge, wo es 1907 zum Tumult kam, als sich auf der Bühne Colette und ihre Mitdarstellerin Mathilde de Morny – genannt »Missy« – küssten.

## 325
### PAUL GAUGUINS BRETAGNE

**Le Pouldu, Bretagne, Frankreich**

Nach seiner Zeit in Arles zog Paul Gauguin (1848–1903) in den ruhigen und friedlichen Küstenort Le Pouldu. Dort wohnte er zunächst am Strand im Hôtel Destais (dem heutigen Hôtel des Grands Sables). Folgen Sie der Hauptstraße Rue des Grands Sables, bis Sie auf der rechten Seite die Rekonstruktion der Herberge La Buvette de la Plage sehen, in der Gauguin später wohnte und die heute ein kleines Museum ist. Zehn Gehminuten entfernt beginnt der Chemin du Mât Pilote: Folgen Sie dem Weg, bis zur Festung Fort Cohars. Zu ihrer Linken sehen Sie das Feld, das Gauguin in seinem Gemälde *Ernte* (1890) darstellte.

## 326
### DA VINCIS SCHLOSS: EIN FEST FÜR DIE AUGEN

**Amboise, Frankreich**

An den Ufern der Loire liegt die bezaubernde Stadt Amboise, aus der das mächtige Château d'Amboise aufragt, einst der Sitz des Königshauses Valois. Einige Hundert Meter entfernt liegt ein kleineres Schloss, das Château du Clos Lucé. Hierher lud der junge König Franz I. im Jahr 1516 den italienischen Universalgelehrten Leonardo da Vinci (1452–1519) ein, der ihm Freund und Mentor sein sollte. Vielleicht waren die drei Jahre, die da Vinci dort bis zu seinem Tod verbrachte, die glücklichsten seines Lebens. Heute ist das Schloss ein Museum, das seinen Besuchern einen Einblick in jene Zeit gewährt.

## 327
### AUF DER SUCHE NACH DEM KLEINEN PRINZEN

**Lyon, Frankreich**

*Der kleine Prinz* (1943) zählt zu den meistgelesenen Büchern aller Zeiten. Wenn Sie mit offenen Augen durch Lyon gehen, finden Sie Spuren des jungen Abenteurers und seines Schöpfers Antoine de Saint-Exupéry (1900–1944). Ausgangspunkt der Suche ist *La Fresque des Lyonnais* am Quai Saint-Vincent 49: An einer Fassade prangt das Wandgemälde eines Stadthauses, auf dessen Balkonen die berühmtesten Bürger Lyons stehen. Von hier geht es zum Place Bellecour mit einer Skulptur des Schriftstellers und dem Prinzen. Und vergessen Sie nicht: »Worauf es am meisten ankommt, sind die kleinen Freuden, von denen es so viele gibt, dass wir alle sie genießen können … wir müssen nur die Augen aufmachen.«

## 328
### STIMMEN SIE EIN IN DIE LIEDER DER AUVERGNE

**Auvergne, Frankreich**

Der Komponist Marie-Joseph Canteloube de Malaret (1879–1957) wurde in der südfranzösischen Stadt Annonay geboren. Berühmt wurde er vor allem als Arrangeur von Volksliedern aus seiner Region, den *Chants d'Auvergne* (dt. Lieder der Auvergne). Seine Bearbeitungen aus den 1920er Jahren betonen die Schönheit der Landschaft. Beliebt für Wanderungen durch die Auvergne sind die Départements Cantal und Haute-Loire, die Stadt Mont-Dore, die Region Montagne Bourbonnaise und die Bergkette Chaine des Pays.

**LINKS:** Entdecken Sie Antoine de Saint-Exupéry und den kleinen Prinzen auf dem spektakulären Fassadenkunstwerk?

# 329

## GEORGE SAND IN LOVE

### Château de Boussac, Frankreich

**Auf den Spuren von:**
George Sand (1804–1876)

**Where:** Vom Château de Boussac zu den Felsen Les Pierres Jaumâtres

**Länge:** 5,6 km (einfach)

**Unsere Empfehlung:**
*Jeanne* (1844)

Etwa 300 Kilometer südlich von Paris blickt das Château de Boussac über das Creuse-Tal. Im 19. Jahrhundert hätte ein Reisender dort die Romantikerin George Sand – alias Amantine Lucile Aurore Dupin – treffen können. Die in Paris geborene Schriftstellerin liebte diese Region Frankreichs. Sie siedelte die Handlung ihres Romans *Jeanne* im Château de Boussac und dem nahen, von Mythen umwobenen Felsenmeer Les Pierres Jaumâtres an, wo Granitblöcke auf scheinbar magische Weise aufeinander balancieren.

Nachdem Sand 1835 ihren Ehemann verlassen hatte, um mit ihren beiden Kindern ein neues Leben zu beginnen, besuchte sie das Schloss erstmals 1841 in Begleitung des Romanciers Prosper Mérimée. Später kehrte sie mit dem polnischen Komponisten Frédéric Chopin regelmäßig dorthin zurück. Die beiden hatten seit 1838 eine Liebesbeziehung und wurden in diesem Jahr von dem Maler Eugène Delacroix gemeinsam porträtiert – ein Bild, das man am Ende jedoch in zwei Teile schnitt …

Der Weg vom Château zum Felsenmeer bietet eine reizvolle Tagestour durch die üppig grüne Landschaft.

**OBEN:** Die emanzipierte George Sand präsentierte sich als selbstbewusste Frau.

**OBEN RECHTS:** Das rekonstruierte Schlafzimmer von George Sand im Château de Boussac

**RECHTS:** Die mystischen Granitblöcke Les Pierres Jaumâtres

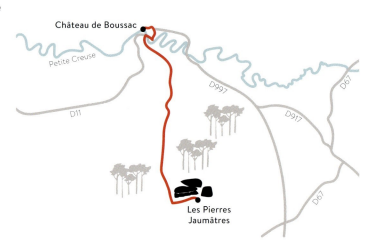

## 330
### MADAME DE STAËL IM EXIL
**Loiretal, Frankreich**

Die von Napoleon Bonaparte ins Exil gezwungene Autorin und Historikerin Madame de Staël (1766–1817) arbeitete von April bis August 1810 in Chaumont-sur-Loire vor allem an ihrem Buch *Über Deutschland* (1813). Während ihres Aufenthaltes im Schloss von Chaumont lud sie Gäste ein, um über Literatur und Politik zu diskutieren und zu musizieren. Auf dem gut 30 Hektar großen Anwesen führen viele idyllische Wege durch den Landschaftspark. Hier genoss schon Madame de Staël bei ihren Spaziergängen die herrlichen Blicke auf die Loire.

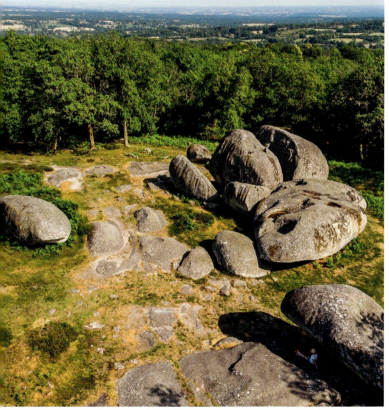

## 331
### MARGUERITE AUS DURAS
**Duras, Frankreich**

Die Französin Marguerite Duras (1914–1996) wurde als Marguerite Donnadieu geboren, nahm später aber den Namen der Geburtsstadt ihres Vaters an. In Duras im Département Lot-et-Garonne, das im Südwesten Frankreichs liegt, verlebte sie als Kind nur zwei Jahre. Dennoch wählte sie diese Region als Setting für ihre ersten beiden Romane *Die Schamlosen* (1943) und *Ein ruhiges Leben* (1944). Ein angenehmer Weg von sieben Kilometern Länge führt von Duras durch Felder und Weinberge nach Pardaillan. Mitte Mai wird in Duras alljährlich ein dreitägiges Festival zu Ehren der Schriftstellerin veranstaltet.

## 332
### ANDY GOLDSWORTHY – NATUR UND KUNST IM VERBUND

#### Haute Provence, Frankreich

Refuge d'Art ist ein »begehbares« Kunstwerk im Département Haute-Provence. In Digne-les-Bains beginnt ein 150 Kilometer langer Fernwanderweg, auf dem Sie in zehn Tagen zu zehn Kunstwerken von Andy Goldsworthy (geb. 1956) gelangen. Mit diesem Konzept will er die Begegnung mit der Natur, dem kulturellen Erbe der Region und den Skulpturen entlang der Route zu einem Gesamterlebnis verschmelzen, das sich dem Wanderer buchstäblich erst schrittweise erschließt. Einige der Zufluchtsorte (frz. *refuge*) sind verfallene Kapellen und Bauernhäuser, die Goldsworthy mit natürlichen Materialien aus der Umgebung restauriert und mit jeweils einer Skulptur versehen hat. Hinzu kommen drei große Steinobjekte, die er in den Tälern als »Wachtposten« errichtet hat.

## 333
### UNTERWEGS IN TOULOUSE-LAUTRECS GEBURTSSTADT

#### Albi, Frankreich

Als Maler und Grafiker machte sich Henri de Toulouse-Lautrec (1864–1901) in Paris einen Namen, aber auch in seiner Geburtsstadt Albi hinterließ er Spuren. Als Spross einer reichen Adelsfamilie wurde er im Hôtel du Bosc geboren, einer mittelalterlichen Burg, die Sie besichtigen können. Über der Stadt am Fluss Tarn thront das Palais de la Berbie – der Bischofspalast mit dem Musée Toulouse-Lautrec, das die weltweit größte Sammlung von Gemälden des Ausnahmekünstlers der Belle Époque präsentiert. Bei Ihrem Rundgang sollten Sie sich unbedingt die Cathédrale Sainte-Cécile und die mittelalterliche Zitadelle ansehen. Beide zählen zum UNESCO-Kulturerbe und waren für Henri de Toulouse-Lautrec vertraute Orte.

## 334
### ERKUNDEN SIE MIT HENRY JAMES DIE PROVENCE

#### Avignon, Frankreich

Als der US-amerikanische Schriftsteller Henry James (1843–1916) im Herbst 1882 von der Provinz Touraine aus durch die Provence und dann weiter nach Norden ins Burgund reiste, schrieb er seine Eindrücke in *Eine kleine Frankreichtour* (1884) nieder. Er nahm sich Zeit, durch die Straßen Avignons zu spazieren, bevor er sich auf der anderen Seite der Rhone Villeneuve-les-Avignon ansah. Von Avignon aus führen viele Wege durch die Hügel der Provence. Auf einem davon gelangte James zum Pont du Gard: einem imposanten, 49 Meter hohen Aquädukt der Römer. Er war Teil eines 50 Kilometer langen Kanals, der die Stadt Nîmes mit Wasser versorgte. Das Bauwerk beeindruckte James so sehr, dass er »kein Wort über die Lippen brachte«.

## 335
### ALBERT CAMUS' ZUFLUCHTSORT

#### Lourmarin, Frankreich

Seine beiden letzten Lebensjahre verbrachte der französische Autor Albert Camus (1913–1960) in Lourmarin. Entdeckt hatte er den kleinen Ort in der Provence bei einem Schulausflug zum hiesigen Schloss. Nach der Verleihung des Literaturnobelpreises kaufte er sich ein Haus, heute Rue Albert Camus, in dem seine Tochter wohnt. Schauen Sie bei Ihrem Spaziergang unbedingt am Fußballplatz vorbei. Als ehemaliger Torwart unterstützte Camus die Heimmannschaft oft bei ihren Spielen und sagte einmal: »Was ich im Laufe der Jahre über Moral und Pflichtgefühl gelernt habe, habe ich dem Fußball zu verdanken.« Ein schlichter Grabstein kennzeichnet die letzte Ruhestätte des Philosophen des Absurden.

**LINKS:** Einer von Andy Goldsworthys »Wachtposten« an der Route durch die Haute-Provence

# 336

## EINE STADT, DIE DREI GENIALE KÜNSTLER INSPIRIERTE

## Arles, Frankreich

**Streifzug mit:** van Gogh (1853–1890), Gauguin (1848–1903) und Picasso (1881–1973)

**Route:** Von der Nekropole Alyscamps zur Rue Marius Jouveau

**Länge:** 1,4 km

**Unsere Empfehlung:** Vincent van Gogh, *Caféterrasse bei Nacht* (1888)

**OBEN RECHTS:** Auch van Goghs farbintensive *Sternennacht über der Rhône* entstand in Arles.

**RECHTS:** Am lebhaften Place Voltaire drängen sich die Cafés.

»Ich kann nichts daran ändern, dass niemand meine Bilder kaufen will. Aber die Leute werden eines Tages erkennen, dass meine Werke mehr wert sind als der Preis für die Farben«, prophezeite Vincent van Gogh.

Angezogen von der wärmenden Mittelmeersonne und dem herrlichen Licht, zog van Gogh im Februar 1888 von Paris nach Arles. Dort besuchte er die Ruinen der Nekropole Alyscamps, die ihn selbst und Paul Gauguin im Herbst desselben Jahres zu mehreren Gemälden inspirierten. Folgen Sie der Pappelallee nach Westen, und gehen Sie dann nach Norden zum nahe gelegenen Stadtpark Jardin d'été, den van Gogh ebenfalls malte. Dazu schrieb er an seine Schwester: »Das Bild liefert keine realistische Darstellung des Parks, sondern zeigt ihn wie in einem Traum.«

Hinter dem Park befindet sich das antike Amphitheater, in dem im Sommer Stierkämpfe stattfinden, die Pablo Picasso bei seinem ersten Aufenthalt in Arles 1912 regelmäßig besuchte. Bereits 1888 hatte hier sein großes Vorbild van Gogh *Die Arena in Arles* gemalt.

Jenseits des Amphitheaters gelangen Sie durch die Rue Voltaire zum Place Voltaire mit vielen Läden und Cafés. Sowohl Gauguin als auch van Gogh malten hier nächtliche Szenen. Einige Hundert Meter entfernt an der Place Lamartine bewohnten die beiden Künstler gemeinsam ein Haus, bevor van Gogh seinen Nervenzusammenbruch erlitt und Arles fluchtartig verließ. Das Gebäude wurde im Zweiten Weltkrieg zwar zerstört, van Gogh aber hatte es 1888 bereits in seinem Gemälde *Das gelbe Haus* verewigt.

Nur ein Katzensprung ist es bis zum Flussufer: Warten Sie an der Stelle, an der van Gogh die *Sternennacht über der Rhône* (1888) malte, bis die Sonne untergegangen ist. Denn nur dann können Sie seine Aussage nachempfinden: »Oft erscheint es mir so, dass die Nacht mehr Farben offenbart als der Tag.«

## 337
### PICASSO AN DER CÔTE D'AZUR

**Juan-les-Pins, Côte d'Azur, Frankreich**

Die Côte d'Azur inspirierte viele Künstler, die sich von der Schönheit der Küste angezogen fühlten. So auch Pablo Picasso (1881–1973), der die Französische Riviera liebte und dort fast 30 Jahre lebte. Zahlreiche Orte lohnen einen Besuch, doch der Weg von Antibes entlang der in leuchtende Farben getauchten Küste nach Juan-les-Pins beeindruckte den Maler besonders. Dort entstand 1920 sein Gemälde *Landschaft von Juan-les-Pins*. Ein Muss ist der Besuch des Musée Picasso. In den Räumen des Ateliers, in dem der Künstler ab 1946 arbeitete, sind eine Reihe seiner Werke zu sehen.

## 338
### DER EINSIEDLER PAUL CÉZANNE

**Aix-en-Provence, Frankreich**

Paul Cézanne (1839–1906) wurde in Aix-en-Provence geboren. Im Landhaus Jas de Bouffan, das sein Vater 1859 gekauft hatte, malte Paul Cézanne in seinen Zwanzigern viele seiner frühen Landschaftsaquarelle. Etwa 30 Gehminuten nordöstlich von dort ließ sich der Maler 1902 nach eigenen Vorstellungen ein Atelier bauen, in dem er die letzten vier Jahre seines Lebens wie ein Einsiedler verbrachte. Weitere zehn Gehminuten entfernt befindet sich das »Terrain des Peintres« (dt. Areal der Maler): ein Ort, von dem aus man einen herrlichen Blick auf den Berg Saint-Victoire hat, der zu Cézannes Lieblingsmotiven zählte.

# 339

## COLLIOURE UND DIE GEBURT DES FAUVISMUS

### Collioure, Frankreich

**Streifzug mit:** Henri Matisse (1869–1954) und André Derain (1880–1954)

**Route:** Über den Boulevard du Boramar zur Rue de la Caranque

**Länge:** 1 km

**Unsere Empfehlung:** Henri Matisse, *Blick auf Collioure mit Kirche* (1905)

**LINKS:** Die Kirche in Collioure, die Henri Matisse malte

Wegen der Intensität des Lichts und der Farben kamen die beiden Maler Henri Matisse und André Derain 1905 nach Collioure. Die Ergebnisse ihrer Arbeit aus dieser Zeit präsentierten sie noch im selben Jahr im Pariser Salon d'Automne (dt. Herbstsalon), wo sie wegen der ungewöhnlichen Farbgebung ihrer Bilder als *fauves* beschimpft wurden – als »wilde Tiere«. Unbeeindruckt von der Kritik blieben sie diesem Stil treu.

»Ich will mir wieder die frische Betrachtungsweise der Jugend aneignen, wenn alles in der Welt etwas Neues darstellt«, schrieb Matisse.

Die Tour beginnt am Boulevard du Boramar bei der Reproduktion des Matisse-Gemäldes *Blick auf Collioure mit Kirche*. Schauen Sie von dort auf den Hafen und vergleichen Sie: Früher war der Kirchturm ein Leuchtturm. Folgen Sie dem Boulevard mit weiteren Reproduktionen als Wegmarken, u. a. mit Informationen zu Derains *Le Faubourg de Collioure* und Matisse' *Barques à Collioure* (dt. Boote in Collioure) (beide 1905). Als Nächstes erwartet Sie die Kapelle Saint-Vincent, von wo aus Sie zurück auf den Ort blicken können – wie Matisse in seinem Bild *Der Hafen, Strand von Saint-Vincent* (1905).

Kehren Sie zur Pfarrkirche zurück und biegen rechts in die Rue du Mirador ab. Vom Hügel aus genießen Sie dieselbe Aussicht wie Matisse, als er *Die Dächer von Collioure* (1906) malte. Drehen Sie sich um, und Sie haben Derains Motiv von *Collioure, der Ort und das Meer* (1905) vor Augen.

»Wir waren berauscht von Farben, von Wörtern, die Farben beschreiben, und von der Sonne, die alle Farben noch mehr leuchten lässt«, schrieb Derain in seiner Begeisterung.

# 340

## SPAZIERGANG MIT BETTINA VON ARNIM

## Frankfurt am Main, Deutschland

**Streifzug mit:** Bettina von Arnim (1785–1859)

**Route:** Vom Goethe-Haus zum Neuen Börneplatz

**Länge:** 1,4 km

**Unsere Empfehlung:** *Goethes Briefwechsel mit einem Kinde* (1835)

**OBEN:** Bettina von Arnim war eine engagierte Schriftstellerin.

**RECHTS:** Mit Goethe wechselte sie zahlreiche Briefe, die im Goethe-Haus aufbewahrt werden.

Bettina von Arnim wurde 1785 in Frankfurt am Main in die reiche Familie Brentano hineingeboren. Die bedeutende Schriftstellerin, Komponistin und Zeichnerin war sehr an den politischen und kulturellen Fragen ihrer Zeit interessiert. Zu ihrem erlauchten Freundeskreis von Literaten und Musikern zählten die Gebrüder Grimm, Ludwig van Beethoven und Johann Wolfgang von Goethe.

Im Laufe der Jahre entwickelte sich eine rege Korrespondenz zwischen beiden, die Bettina von Arnim nach dem Tod des Dichters unter dem Titel Goethes *Briefwechsel mit einem Kinde* veröffentlichte. Die Originale werden im Goethe-Haus am Großen Hirschgraben 23–25 aufbewahrt.

Von dort ist es nur ein kurzer Weg zum Karmeliterkloster, auf dessen Friedhof Bettina von Arnims Eltern beigesetzt wurden. »… da geh' ich alle Tage her in der Mittagsstunde, da scheint die Herbstsonne durchs Kirchenfenster und malt den Schatten der Weinblätter hier auf die Erde und an die weiße Wand, da seh' ich, wie der Wind sie bewegt, und wie eins nach dem andern abfällt«, schrieb sie an Goethe. Doch obwohl sie einer gläubigen Familie entstammte, war Bettina von Arnim nicht religiös und lehnte die Kirche als Institution ab: »Ich seh' lieber die Lämmer auf dem Kirchhof weiden als die Menschen in der Kirch'; und die Lilien auf dem Feld, die, ohne zu spinnen, doch vom Tau genährt sind, als die langen Prozessionen drüber stolpern und sie im schönsten Flor zertreten.«

Weiter östlich befindet sich neben dem jüdischen Friedhof und am Ende der früheren Frankfurter Judengasse der Neue Börneplatz mit einer Holocaust-Gedenkstätte. Hier besuchte Bettina von Arnim häufig eine jüdische Freundin. Viele hielten diese Freundschaft für unangemessen, doch Zeit ihres Lebens setzte sich die engagierte Autorin für die Gleichstellung der Juden ein.

## 341
### BRECHTS VERMÄCHTNIS IN BERLIN

**Berlin, Deutschland**

Als überzeugter Marxist konzipierte Bertolt Brecht (1898–1956) seine Stücke so, dass sie den Zuschauer weniger zu Emotionen als argumentativ zu politischen Erkenntnissen führen sollten. Nachdem er von Augsburg nach Berlin gezogen war, verfasste er *Die Dreigroschenoper* (1928), ein »Stück mit Musik«. Nach dem Zweiten Weltkrieg gründeten er und seine zweite Frau Helene Weigel das Berliner Ensemble. Folgen Sie von dort einen Kilometer der Chausseestraße nach Norden zum Brecht-Haus, in dem der Dramatiker bis zu seinem Tod wohnte. Heute beherbergt es u. a. das Brecht-Weigel-Museum. Auf dem Dorotheenstädtischen Friedhof direkt daneben fanden Brecht und Weigel ihre letzte Ruhestätte.

## 342
### CHRISTA WOLF UND DIE WENDE

**Berlin, Deutschland**

Christa Wolf (1929–2011) zählt zu den bedeutendsten Autorinnen der ehemaligen DDR und publizierte auch nach dem Fall der Mauer Bücher, die staatliche Unterdrückung sowie die Trennung und Wiedervereinigung von BRD und DDR thematisierten. Folgen Sie in der ehemals geteilten Stadt vom Brandenburger Tor der Prachtstraße Unter den Linden etwa 2,5 Kilometer bis zum Alexanderplatz. Dort hielt Christa Wolf am 4. November 1989 eine Rede, in der sie – wie auch andere Künstler und Intellektuelle – das Ende des DDR-Regimes mit den Worten »Wir sind das Volk« und »Die Führung zieht am Volk vorbei« voraussagte.

## 343
### AUF HEXENJAGD IM HARZ

**Harz, Deutschland**

Schnappen Sie sich einen Besenstiel und machen Sie einen Ausflug in das Reich der Märchen und Legenden. Im Nationalpark Harz führt der knapp 100 Kilometer lange Hexen-Stieg von Osterode aus durch weite Hochmoore, dichte Wälder, eindrucksvolle Täler und Dörfer mit mittelalterlichen Fachwerkhäusern hinauf auf den Brocken. Auf seinem Gipfel findet nach altem Volksglauben in der Walpurgisnacht (30. April) der Hexensabbat statt. An diese Tradition knüpfte Johann Wolfgang von Goethe in seinem *Faust* (1829) an, in dem er den namensgebenden Gelehrten zusammen mit Mephisto, den Hexen und Geistern feiern lässt.

## 344
### MIT LORD BYRON AUF DEN DRACHENFELS

**Königswinter, Deutschland**

Nachdem er England verlassen hatte, um ins selbst gewählte Exil zu gehen, verbrachte George Gordon Byron (1788–1824) auch einige Zeit am deutschen Rhein, der im 18. Jahrhundert ein Sehnsuchtsort der Romantiker war. »Der Drachenfels mit seiner Burg blickt finster auf den Rhein herab«, heißt es in Byrons Versepos *Childe Harolds Pilgerfahrt* (1812–1818). Gemeint ist die Burgruine Drachenfels in Königswinter nahe Bonn. Von dort führt ein neun Kilometer langer Weg am Rhein entlang nach Königswinter. Und wenn Sie von dort einem teils bewaldeten Wanderweg weitere fünf Kilometer in die Höhe folgen, erleben Sie den von Lord Byron beschriebenen Blick auf den majestätischen Rhein.

**LINKS:** Der Harzer-Hexen-Stieg verläuft durch Wälder und Täler.

# 345

## DURCH DIE PFÄLZER WEINREGION

### Pfalz, Deutschland

**Streifzug mit:** Anna Seghers (1900–1983)

**Route:** Von Westhofen nach Oppenheim

**Länge:** 22 km

**Unsere Empfehlung:** *Das siebte Kreuz* (1942)

**OBEN:** Anna Seghers floh vor den Nazis aus Deutschland nach Mexiko.

**OBEN RECHTS:** Heute zeigt sich Oppenheim sehr viel gastfreundlicher als in Seghers' Tagen.

**RECHTS:** Die Hauptfigur in Seghers' Roman flieht in die Niederlande – durch die Weinanbaugebiete der Region.

Als *Das siebte Kreuz* erschien, befand sich Anna Seghers bereits im mexikanischen Exil. Die in Mainz als Annette »Netty« Reiling geborene Jüdin war 1934 aus Deutschland geflohen und hatte in Paris ihren Roman über das dramatische Schicksal von Flüchtlingen aus einem Konzentrationslager verfasst.

Sie wollte die Facetten des faschistischen Deutschlands durch die Darstellung des Schicksals einzelner Menschen erfahrbar machen. Einer dieser Menschen ist Georg Heisler, der mit sechs anderen Gefangenen aus dem fiktiven KZ Westhofen entkommt, das Seghers in ihrer pfälzischen Heimat in der Nähe von Mainz angesiedelt hat. Zwar gibt es den Ort Westhofen, das KZ existierte in dem Nachbarort Osthofen.

Viele Wege rund um Westhofen führen Wanderer durch die Obst- und Weinanbauregion, in die Georg Heisler im Roman flieht. Der von ihm eingeschlagenen Route entspricht am ehesten der rund 22 Kilometer lange Weg durch die Flussauen des Rheins bis nach Oppenheim. Als Heisler nach Mainz gelangt, muss er feststellen, dass die zwischenmenschlichen Beziehungen, die dem Einzelnen normalerweise Halt geben, sich in ein Netzwerk von Fallen verwandelt haben.

Da die anderen sechs Flüchtlinge entweder gefasst oder getötet werden, konzentriert sich die Romanhandlung zunehmend auf Heislers Odyssee durchs Land, bis er die Niederlande erreicht und so das siebte Totenkreuz im KZ leer bleibt. Doch seine Flucht macht nur einen Teil der klug verwobenen Handlungsstränge und des Schicksals der übrigen Charaktere aus. Im Kern geht es der Autorin um die Darstellung des Lebens unter einem faschistischen Regime.

## 346
## WANDERN SIE AM RHEIN
### Mainz, Deutschland

*Der Ausflug der toten Mädchen* (1946) ist nicht nur eine von Anna Seghers' bekanntesten Erzählungen, sie enthält auch viele autobiografische Elemente. Ausgehend von der Erinnerung an einen heiteren Schulausflug, den die Erzählerin in ihrer Jugend mit ihren Freundinnen am Rheinufer unternahm, reflektiert sie die tragischen Schicksale der Mädchen im Laufe zweier Weltkriege. Als eines von ihnen durch einen Bombentreffer im Krankenhaus ums Leben kommt, denkt sie an das einst in Sonnenlicht getauchte Café und den Garten am Rheinufer zurück. Machen Sie sich von Seghers' Geburtsstadt Mainz aus auf den Weg am Rhein entlang, den die Erzählerin so liebevoll beschreibt.

## 347
### EIN PARKSPAZIERGANG MIT CLARA SCHUMANN

**Leipzig, Deutschland**

Spaziergänge durch die vielen Parks rund um Leipzigs Altstadt zählten zu den Annehmlichkeiten, die Clara Schumann (1819–1896) genoss. Die Tochter eines ehrgeizigen Klavierlehrers und Instrumentenhändlers gab mit neun ihr erstes Konzert im Gewandhaus, das zwischen zwei dieser Parks liegt. Und 15 Gehminuten vom Stadtzentrum entfernt verlebten Clara und ihr Ehemann Robert Schumann die ersten vier Ehejahre im heutigen Schumann-Haus in der Inselstraße. Der klassizistische Bau beherbergt ein Museum mit Exponaten des privaten und öffentlichen Lebens der beiden Musiker.

## 348
### EINE FERNWANDERUNG AUF BACHS SPUREN

**Arnstadt bis Lübeck, Deutschland**

Im Jahr 1705 brach Johann Sebastian Bach (1685–1750) zu Fuß von Arnstadt in Thüringen, wo er in der Neuen Kirche Orgel spielte, ins 400 Kilometer entfernte Lübeck auf, um in der dortigen Marienkirche den berühmten Organisten Dietrich Buxtehude zu hören. Folgen Sie Bach auf dem langen, aber kulturell und landschaftlich erlebnisreichen Weg: Er führt Sie durch den sagenumwobenen Harz, charmante Dörfer und märchenhafte Wälder.

## 349
### BESUCH IN BEETHOVENS BONN

**Bonn, Deutschland**

Wer Ludwig van Beethoven (1770–1827) in Bonn nachspüren will, beginnt meist im Zentrum in der Bonngasse 24–26 bei dem Haus, in dem der Komponist am 16. Dezember 1770 geboren wurde. Am Tag darauf wurde er in der nahen Kirche St. Remigius getauft. Als Beethoven 1792 mit 22 Jahren nach Wien ging, um bei Haydn zu studieren, kehrte er Bonn für immer den Rücken. Dennoch ehrte ihn die Stadt, indem sie anlässlich seines 75. Geburtstags 1845 auf dem zentralen Münsterplatz ein Denkmal errichten ließ. Dorthin gelangen Sie, wenn Sie von der Kirche der Kasernenstraße Richtung Süden folgen.

## 350
### AUF DEM BRAHMSWEG

**Mittelrheintal, Deutschland**

Das Mittelrheintal zwischen Mainz und Bonn liebte bereits der Wanderer Johannes Brahms (1833–1897) wegen seiner majestätischen Burgen, seiner Weinberge und reizvollen Dörfer. Im Südteil dieser Region wurde nach dem Komponisten der Brahmsweg benannt, der durch die Rüdesheimer Weinberge bis zum Niederwald führt. Es heißt, dass Brahms während seines Aufenthaltes in Wiesbaden auf seinen Wanderungen am Rhein entlang zu seiner 3. Sinfonie inspiriert wurde. Zu jener Zeit folgte der Komponist dem Motto »frei, aber froh«, das als wiederkehrendes Motiv in der Tonfolge »F-A-F« auftaucht.

**LINKS:** Clara Schumann liebte Spaziergänge in den üppig grünen Leipziger Parks.

# 351

## MIT RICHARD WAGNER DURCH DRESDEN

## Dresden, Deutschland

**Streifzug mit:** Richard Wagner (1813–1883)

**Route:** Rund um Dresden

**Länge:** 2, 3 oder 9 km, (abhängig von der gewählten Route)

**Unsere Empfehlung:** Barry Millington, *Das Wagner-Kompendium: Sein Leben – seine Musik* (1992)

**OBEN RECHTS:** Richard Wagner nahm am Aufstand auf dem Dresdner Neumarkt teil.

**RECHTS:** Dresdens eindrucksvolle Semperoper

So komplex wie die Geschichte der sächsischen Landeshauptstadt Dresden sind auch die emotional bewegenden Kompositionen Richard Wagners, die er selbst als Gesamtkunstwerke verstand: Opern als Musikdramen, die dichterische, visuelle, musikalische und dramatische Kunstelemente zu einer Einheit zusammenführen.

Rund 20 Jahre seines Lebens verbrachte Wagner mit Unterbrechungen in Dresden, wo er sich 1849 bei der Mairevolution den Aufständischen anschloss. Der Neumarkt bildete das Zentrum der Barrikadenkämpfe, die jedoch von sächsischen und preußischen Truppen innerhalb weniger Tage niedergeschlagen wurden. Man geht allgemein davon aus, dass Wagners Engagement für politische und soziale Reformen in seiner Dresdner Zeit auch seinen künstlerischen Stil prägte.

Gehen Sie vom Neumarkt durch die Straße Taschenberg zum »Gesamtkunstwerk« Dresdner Zwinger, dessen Glockenspiel aus Meißner Porzellan gelegentlich auch Wagner-Kompositionen erklingen lässt. Wenn Sie sich den prachtvollen Gebäudekomplex und seine Gartenanlagen angesehen haben, wenden Sie sich Richtung Semperoper. Hier befand sich ursprünglich die Hofoper. Als Wagner 1842 zugesagt wurde, dort seine Oper *Rienzi* aufzuführen, was ihm in Paris verwehrt blieb, kehrte er nach Dresden zurück. Zwei weitere Dresdner Premieren sollten folgen: *Der fliegende Holländer* und *Tannhäuser*.

Die Route führt Sie nun zur Elbe und über die Augustusbrücke auf das Königsufer, von dem aus Sie einen wunderbaren Blick auf »Elbflorenz« haben. Unermüdliche Wanderer können dem pittoresken Elberadweg noch sechs Kilometer bis zum Evangelischen Kreuzgymnasium im Stadtteil Neugruna folgen. Auch Richard Wagner besuchte diese Schule, die zu den ältesten Deutschlands zählt.

## 352
## WAGNER IN BAYREUTH
**Bayreuth, Deutschland**

Wagner war nicht nur wegen seines Antisemitismus umstritten. Während Nietzsche, Baudelaire oder Wilde ihm kritisch gegenüberstanden, hatte er Einfluss auf C. S. Lewis, James Joyce und Marcel Proust. Wagner kam 1870 nach Bayreuth und suchte nach einem geeigneten Ort für die Inszenierung seiner raumgreifenden Opern. Das dortige Markgräfliche Opernhaus – das damals größte in Europa – war ihm zu klein. Doch er blieb in der Stadt und wohnte zunächst in der Dammallee 7, bis Haus Wahnfried fertiggestellt war: der Familienwohnsitz, der heute ein Museum ist. Im Gasthaus Eule trank der Stammgast Wagner regelmäßig sein Bier – laut seiner Frau Cosima ein »Diätfehler«. Auf dem Grünen Hügel steht das Festspielhaus, das eigens errichtet wurde, um Wagners Ansprüche zu erfüllen. Hier werden alljährlich die Bayreuther Festspiele abgehalten.

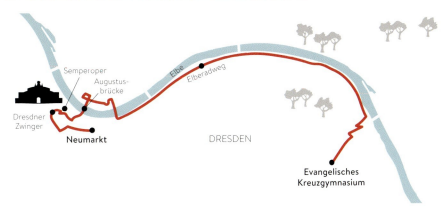

# 353

## AUF DEN SPUREN VON GRIMMS MÄRCHEN

### Schwarzwald, Deutschland

**Auf den Spuren von:** Jacob (1785–1863) und Wilhelm (1786–1859) Grimm

**Route:** Mittelweg (Fernwanderweg)

**Länge:** Westliche Variante: 233 km; östliche Variante: 225 km

**Unsere Empfehlung:** *Kinder- und Hausmärchen* (1812)

Der Schwarzwald ist nicht nur für Kuckucksuhren und Kirschtorten berühmt, sondern vor allem für seinen dichten, dunklen Baumbestand und die stimmungsvollen Naturlandschaften. Es heißt, auch die Gebrüder Grimm hätten sich durch die Atmosphäre der malerischen Wälder, Burgen und Dörfer zu ihrem speziellen Märchenstil inspirieren lassen, als sie *Hänsel und Gretel*, *Schneewittchen* und *Rapunzel* niederschrieben.

Da das Wandern im Schwarzwald eine lang verwurzelte Tradition darstellt, war die Region weltweit eine der ersten, in der markierte Wege angelegt wurden. Der Mittelweg, den es seit 1903 gibt, führt von Pforzheim im Norden durch verschiedene Landschaftsformen und Bilderbuchdörfer nach Waldshut an der Schweizer Grenze.

Entlang der Route stehen zahlreiche Aussichtstürme, die an *Rapunzel* erinnern. Es gibt zudem viele urige Hütten im Wald, auch wenn sie nicht aus Pfefferkuchen bestehen wie bei *Hänsel und Gretel*.

**OBEN:** Die von den Gebrüdern Grimm gesammelten Märchen sind in der ganzen Welt bekannt.

**LINKS:** Der Schwarzwald – ein Quell zahlreicher berühmter Märchen

## 354
### ALBRECHT DÜRERS NÜRNBERG

#### Nürnberg, Deutschland

Albrecht Dürer (1471–1528) erlangte durch seine Gemälde, Kupferstiche und Holzschnitte künstlerischen Ruhm. Von 1509 bis zu seinem Tod lebte er in einem mittelalterlichen Fachwerkgebäude, das heute seinen Namen trägt und zu den wenigen noch erhaltenen Bürgerhäusern aus Nürnbergs Blütezeit zählt. Fünf Gehminuten entfernt stehen Sie vor der Kirche St. Sebald. In ihrer Nachbarschaft befand sich zu Dürers Zeiten noch die Moritzkapelle, die im Zweiten Weltkrieg zerstört wurde. Daran angebaut war das legendäre Bratwurstglöcklein, in dem der Künstler öfter aß. Entlang der Pegnitz spazieren Sie zum Germanischen Nationalmuseum, dem größten kulturgeschichtlichen Museum im deutschsprachigen Raum. Dort sind einige Werke von Dürer ausgestellt, der auf dem St.-Johannis-Friedhof seine letzte Ruhe fand.

## 355
### WO PAUL KLEE DEN EXPRESSIONISMUS ENTDECKTE

#### Schwabing, München, Deutschland

Die Phase, in der Paul Klee (1879–1940) im Schwabinger Künstlermilieu lebte, prägte seinen Werdegang als Maler. In München freundete er sich mit Wassily Kandinsky an. Dieser hatte zusammen mit Franz Marc die Künstlergruppe Der blaue Reiter gegründet, die den deutschen Expressionismus repräsentierte. Klee schloss sich der Gruppe an und entwickelte unter ihrem Einfluss seinen hochindividuellen Stil weiter, der Elemente des Expressionismus, Kubismus und Surrealismus vereint. Schlendern Sie über die boulevardähnliche Leopoldstraße und durch Schwabing zur Akademie der Bildenden Künste, an der Klee studierte. Ein Stück weiter steht das Lenbachhaus mit der weltweit größten Sammlung zur Kunst des Blauen Reiter.

## 356
### AUF ZU SHERLOCK HOLMES' »LETZTEM PROBLEM«

#### Reichenbachfall, Schweiz

Einen der absoluten Höhepunkte in den Sherlock-Holmes-Abenteuern von Arthur Conan Doyle (1859–1930) ist der Kampf zwischen Holmes und Moriarty am Reichenbachfall in der dramatischen Schlussszene der Erzählung *Das letzte Problem* (1893). Wenn Sie mit der Standseilbahn bei Meiringen nach oben fahren, brauchen Sie noch etwa 30 Minuten, um den Spuren des Meisterdetektivs und seines Erzfeindes zum Wasserfall zu folgen, dessen »beständiges Tosen einen Mann schwindeln lässt«. Grandios und beängstigend zugleich, stürzen die Wasser in »einen gewaltigen Abgrund« und schaffen ein spektakuläres Setting: »Ein wahrhaft Furcht einflößender Ort!«

**RECHTS:** Das Münchner Lenbachhaus präsentiert viele Werke von Paul Klee.

# 357

## ENTDECKEN SIE DEN SCHWEIZER »ZAUBERBERG«

## Davos, Schweiz

**Streifzug mit:** Thomas Mann (1875–1955)

**Route:** Thomas-Mann-Weg

**Länge:** 2,7 km

**Unsere Empfehlung:** *Der Zauberberg* (1924)

**RECHTS:** Der Thomas-Mann-Weg zwischen Davos und der Schatzalp eröffnet zu jeder Jahreszeit grandiose Ausblicke.

Der Ausgangspunkt des Thomas-Mann-Wegs ist hoch in den Schweizer Alpen das ehemalige Waldsanatorium Davos, das der Schriftsteller wegen dessen zahlreicher Balkonlogen mit einem löchrigen Schwamm verglich. Von dort geht es hinauf zur Schatzalp mit dem gleichnamigen Berghotel, das in 1830 Metern Höhe ebenfalls als Sanatorium erbaut wurde. Während ihres Kuraufenthaltes im Waldsanatorium besuchte Thomas Mann seine Frau Katia mehrmals und wurde dabei zu seinem berühmten Roman *Der Zauberberg* inspiriert. Heute beherbergt das Haus, das die Hauptfigur Hans Castorp so verzaubert, das luxuriöse Waldhotel Davos. Und hier auf dem Wiesenplateau beginnt Ihr Weg.

Er endet am zweiten ehemaligen Sanatorium, das im Roman mit seinem richtigen Namen bezeichnet wird und heute ebenfalls ein Luxushotel ist: Schatzalp. Es liegt so hoch, dass zu Manns Zeiten im Winter die Toten mit dem Schlitten ins Tal befördert werden mussten, weil die Wege nicht befahrbar waren. Die Jugendstil-Architektur des Gebäudes präsentiert sich weitestgehend noch so wie vor 100 Jahren und erschafft eine Aura von bourgeoiser Grandezza, die im Zauberberg meisterhaft dargestellt wird.

Auch wenn Thomas Mann in seinem Werk eine Welt in ewigem Schnee zeigt, hält der Sommer auch in diese Region der Schweiz Einzug. Dann stehen die Bergwiesen links und rechts des Thomas-Mann-Wegs voll bunter Wildblumen.

## 358
### MITTELERDE IN DEN SCHWEIZER ALPEN

**Interlaken, Schweiz**

Im Sommer 1911 wanderte der damals 19-jährige J. R. R. Tolkien (1892–1973) mit Freunden und einem Guide durch das steile Schweizer Lauterbrunnental, in dem es 72 imposante Wasserfälle gibt. Mit Bezug auf die Beschreibungen des fiktiven Bruchtals in Mittelerde in *Der Hobbit* (1937) und der Trilogie *Der Herr der Ringe* (1954–1955) zeigen sich deutliche Parallelen zu dem, was Tolkien bei seiner Wanderung sah und erlebte. Die eindrucksvolle acht Kilometer lange Route von Lauterbrunnen nach Stechelberg lädt Sie ein, selbst einen Vergleich zwischen Realität und Fiktion herzustellen.

## 359
### MIT HERMANN HESSE RUND UM MONTAGNOLA

**Montagnola, Schweiz**

Im Jahr 1919 trennte sich Hermann Hesse (1877–1962) von seiner Frau und zog allein in das Tessiner Montagnola, wo er bis zu seinem Tod lebte. Später beschrieb er seine ersten Jahre in der Region als produktivste Zeit seines Lebens. Der Hermann-Hesse-Rundweg folgt den Spuren des Dichters vom Dorf zu seinem Grab auf dem Friedhof Sant'Abbondio in Gentilino. Von dort geht es dann durch den Wald und die von Hesse geliebte Landschaft vorbei an der Casa Rossa, dem Haus, in dem Hesse seine letzten Lebensjahre verbrachte, zurück nach Montagnola.

## 360
### EIN HORRORTRIP DURCH GENF

**Der Genfersee, Schweiz**

In dem ungewöhnlich kalten und verregneten Sommer des Jahres 1816 versammelten sich in der Villa Diodati am Genfersee fünf illustre Gäste aus England, darunter Mary Shelley (1797–1851). Um sich bei dem schlechten Wetter die Zeit zu vertreiben, erzählten sie sich gegenseitig Gruselgeschichten. Damals ahnten sie noch nicht, dass eine davon unter dem Titel *Frankenstein* (1818) zum ersten Science-Fiction-Roman und zugleich zu einem Klassiker der Schauerliteratur avancieren sollte. Große Teile der Handlung spielen in Genf, wohin Sie ein fünf Kilometer langer Weg am Seeufer entlang führt. Eine Frankenstein-Statue in Plainpalais markiert den Ort des ersten Mordes, den das Monster begeht.

## 361
### WANDERN IM HEIDILAND

**Schweizer Alpen, Schweiz**

Von den vielen Romanen, die in den Schweizer Alpen spielen, sind die Kinderbücher von Johanna Spyri (1827–1901) rund um die Titelfigur *Heidi* (1880 und 1881) wohl die bekanntesten. Der östliche Teil der Schweiz trägt deshalb auch die Bezeichnung »Heidiland«. Die junge Heldin möchte gerne so leichtfüßig klettern können wie eine Gemse. Dieses Ziel können auch Sie sich setzen, wenn Sie im Wandergebiet Flumserberg im Zentrum des Heidilands unterwegs sind. Die moderate, eintägige Sieben-Gipfel-Tour beginnt am Maschgenkamm, führt über Berggipfel und an 14 Seen vorbei und endet mit einem grandiosen Blick über den Walensee.

**LINKS:** Hat das Schweizerische Lauterbrunnental J. R. R. Tolkien zu Mittelerde inspiriert?

## 362
### KLETTERN MIT LESLIE STEPHEN

#### Trentino, Italien

Der Literaturkritiker und Historiker Leslie Stephen (1832–1904) – Vater der Schriftstellerin Virginia Woolf und der Malerin Vanessa Bell – war zugleich Bergsteiger und verbrachte viele Sommer in den Alpen. Nicht selten wanderte er 50 bis 60 Kilometer am Tag, entdeckte neue Routen und erstieg zahlreiche Gipfel. Leslie bezwang 1869 als Erster den Cima di Ball im Trentino. Auf der von ihm und seinem Freund John Ball entdeckten Route führt der Klettersteig Passo di Ball ohne besondere Schwierigkeiten mithilfe von Leitern und Stahlseilen zu der nach dem Bergsteiger benannten Stephen-Scharte. Von dort können Sie zum Gipfel des Val di Roda gelangen, der atemberaubende Ausblicke über das markante Bergpanorama der Dolomiten bietet.

## 363
### ALBRECHT-DÜRER-WANDERUNG DURCHS TRENTINO

#### Trentino, Italien

Im Jahr 1494 besuchte Albrecht Dürer (1471–1528) erstmals Italien und durchquerte auf dem Weg nach Venedig das Cembratal. Da die Etsch über die Ufer getreten war, musste Dürer den Weg von Neumarkt (ital. Egna) in Südtirol nach Segonzano nehmen. Die heute als Dürerweg bekannte, rund 40 Kilometer lange Route führt durch schattige Wälder und idyllische Landschaften, die sich in den Werken Dürers wiederfinden. Nachdem er im Klösterle, einem Gasthaus in San Floriano, übernachtet hatte, setzte Dürer seine Wanderung fort zum Dorf Buchholz (ital. Pochi), hinauf zum Saúch-Sattel und weiter zum Heiligen See (ital. Lago Santo). Von dort führt der Weg vorbei an der Ruine der Burg Segonzano, die auf einigen Aquarellen Dürers abgebildet ist, hinab nach Cembra und zu den Erdpyramiden von Segonzano.

## 364
### ORTE DER INSPIRATION FÜR ANDREA VITALI

#### Bellano, Comer See

Der Mediziner und erfolgreiche Schriftsteller Andrea Vitali (geb. 1956), Autor von 40 Romanen, wurde in Bellano am Ostufer des Comer Sees geboren. Oft sitzt er auf einer Bank an der Piazza Tommaso Grossi und lässt sich von der herrlichen Szenerie des Sees zu Notizen und ganzen Geschichten anregen. Nur wenige Schritte entfernt befindet sich die ehemalige Baumwollfabrik, die Schauplatz in zahlreichen seiner Romane ist. Hinter dem Fabrikgebäude beeindruckt die Felsschlucht von Bellano mit ihren Höhlen und rauschenden Wasserfällen. Am benachbarten Berghang liegt der Friedhof, der wie die Schlucht in vielen von Vitalis Büchern vorkommt.

## 365
### ANTONIA POZZIS GELIEBTES VALSASSINA

#### Pasturo, Italien

Die in Mailand geborene Dichterin Antonia Pozzi (1912–1938) entfloh dem rastlosen Großstadtleben in die Bergwelt von Valsassina. Über den kleinen Ort Pasturo verstreut finden sich Tafeln mit Fotos, Gedichtzitaten und Auszügen aus den Tagebucheintragungen der Dichterin. Pozzis Eltern besaßen ein Haus in der Via Manzoni 1. Von dort führt Sie ein kurzer Spaziergang entlang des Flusses Cariola zu einem Park: dem Ausgangspunkt für viele Ausflüge Pozzis in die Berge, die immer wieder in ihren Gedichten auftauchen. In nördlicher Richtung gelangen Sie auf der Via Manzoni vorbei an einer nach Pozzi benannten Grundschule an das Grab der Dichterin auf dem beschaulichen Friedhof von Pasturo.

**OBEN RECHTS:** Der Dürerweg führt den Wanderer durch beeindruckend schöne Landschaften.

**RECHTS:** Die Burg Segonzano, seit 200 Jahren eine Ruine, bildete Dürer auf Aquarellen ab.

# 366

## INSPIRIERENDE AUSBLICKE UND LEKTÜREN AM COMER SEE

## Comer See, Italien

**Auf den Spuren von:** Plinius dem Älteren (23–79 n. Chr.); Plinius dem Jüngeren (61–ca. 112 n. Chr.); Ugo Foscolo (1778–1827); Hermann Hesse (1877–1962); Mary Shelley (1797–1851)

**Route:** Lake Como Poetry Way

**Länge:** 16 km

**Unsere Empfehlung:** Hermann Hesse, *Wanderung* (1920); Plinius, *Briefe*

**RECHTS:** Der Poetry Way am Comer See beginnt in der Stadt Cernobbio und führt vorbei an poetischen Orten.

Die Besiedelung des Comer Sees geht weit vor die Zeit der Römer zurück, bevor Plinius der Ältere, Verfasser der ältesten überlieferten Enzyklopädie, und Plinius der Jüngere, bekannt durch seine erhalten gebliebenen Briefe, in Como geboren wurden. Beide besaßen mehrere Villen am See, denen im Laufe der Jahrhunderte viele weitere elegante Landhäuser folgten.

Der Lake Como Poetry Way (dt. Comer-See-Dichterweg) führt von Cernobbio nach Brunate, vorbei an herrlichen Anwesen. Im Park der Villa del Grumello steht die Marmorbüste des venezianischen Dichters Ugo Foscolo. Hier residierte einst seine Geliebte Franceschina, der er sein Gedicht »Le Grazie« widmete.

Auch Hermann Hesse weilte 1913 am Comer See und schrieb seine Gedanken darüber in *Wanderung* (1920) nieder.

Die englische Schriftstellerin Mary Shelley kam hierher, kurz nachdem ihr Schauerroman *Frankenstein* (1818) veröffentlicht worden war. Auf den in Como geborenen Physiker Alessandro Volta, Erfinder der elektrischen Batterie, geht Shelleys Idee zurück, wie ihre Titelfigur zum Leben erweckt werden kann. 1840 kehrte sie für einen zweimonatigen Aufenthalt an den See zurück.

Nordöstlich von Como führt ein Eselspfad den bewaldeten Berg hinauf nach Brunate. Der hübsche kleine Ort hoch über dem Comer See bietet ein wunderschönes Panorama.

Entlang der gesamten Route stehen Holztafeln mit Gedichten und insgesamt zwölf Minibibliotheken. Nehmen Sie sich eines der Bücher und genießen Sie die Lektüre in der herrlichen Landschaft.

### 367
### GOETHE AM GARDASEE
**Gardasee, Italien**

Zu Beginn seiner Italienreise besuchte Johann Wolfgang von Goethe (1749–1832) im Jahr 1786 auch den Gardasee. Den ersten Blick darauf erhielt er in Nago, von wo die Strada di Santa Lucia, eine alte Römerstraße, sich hinab zum See nach Torbole schlängelt. Goethe war sofort von der mediterranen Aura des Sees mit den Olivenhainen, Feigen- und Zitronenbäumen bezaubert. »Mein eigentliches Wohlleben … ist in Früchten«, notierte er in sein Tagebuch. Vom Fenster seines Zimmers in Torbole blickte Goethe hinaus auf den glitzernden, von Agaven und Palmen gesäumten See, den er in seiner ganzen Länge überblicken konnte.

## 368
### AUF DEN SPUREN VON MANZONIS *VERLOBTEN*

#### Lecco, Italien

Der italienische Schriftsteller Alessandro Manzoni (1785–1873) wurde am Ostufer des Comer Sees in Lecco geboren, wo er auch seine Kindheit und Jugend verbrachte. »Jener Arm des Sees, der sich nach Süden erstreckt, wird von zwei Bergketten umschlossen, die – je nachdem, ob sie vorspringen oder zurückweichen – im Verlauf der Ufer zahlreiche Buchten schaffen«. Mit diesem Satz beginnt Manzonis historischer Roman *Die Verlobten* (1827). Nur einen kurzen Spaziergang von seinem Geburtshaus in Lecco entfernt gelangen Sie auf der Piazza Manzoni zu einer Bronzestatue des Autors. Gehen Sie am Seeufer entlang weiter nach Osten, erreichen Sie das Fischerdorf Pescarenico: im Roman der Schauplatz einer dramatischen Flucht der beiden Hauptfiguren Lucia und Renzo.

## 369
### DAS KLOSTER, DAS UMBERTO ECO INSPIRIERTE

#### Piemont, Italien

Als Umberto Eco (1932–2016) seinen Welterfolg *Der Name der Rose* (1980) verfasste, ließ er sich von der grandiosen Kulisse des Susatals im Piemont und von dem mittelalterlichen Kloster Sacra di San Michele in den Bann ziehen, das im Roman niederbrennt. Durch das Tal mit seinen zahlreichen Festungen und Schlössern verläuft ein Teil der Via Francigena (dt. Frankenweg). Der alte und auch heute noch äußerst beliebte Pilgerweg von Norditalien nach Rom führt vom Colle del Moncenisio hinab zur Abtei von Novalesa und dann weiter zum Kloster San Michele. Von dort geht es weiter durch die sehenswerten Städte Avigliana und Rivoli nach Turin.

**RECHTS:** Das Kloster San Michele; Vorbild für Umberto Ecos Setting in *Der Name der Rose.*

## 370
### LEONARDO DA VINCIS MAILAND
**Mailand, Italien**

Der italienische Künstler und Erfinder Leonardo da Vinci (1452–1519) stand in Mailand lange in Diensten der Herrscherfamilie Sforza. Zwischen 1495 und 1497 arbeitete er im Refektorium des Klosters Santa Maria delle Grazie an dem Wandgemälde *Das letzte Abendmahl*. In unmittelbarer Nähe befindet sich die Casa degli Atellani, ein wunderbares Renaissance-Gebäude, dessen Garten und Weinberg da Vinci als Entlohnung für sein Kunstwerk erhielt. Von dort führt ein schöner Spaziergang zur Biblioteca Ambrosiana, die den *Codex Atlanticus* beherbergt: die größte Sammlung von Zeichnungen und Schriften da Vincis.

## 371
### DA VINCI ALS INGENIEUR
**Cassano d'Adda, Italien**

Im Zuge seiner Tätigkeit als Ingenieur studierte Leonardo da Vinci Kanäle und andere schiffbare Wasserwege. Während seiner Mailänder Zeit am Hof der Medici war er viel in der dortigen Umgebung unterwegs und entwarf Schleusensysteme für den Fluss Adda. An ihm entlang verläuft ein Fuß- und Radweg von Lecco nach Cassano d'Adda. Er führt vorbei am Ökomuseum Adda di Leonardo, das unter freiem Himmel Einblicke in die Arbeit des Universalgenies bietet. Weiter flussabwärts gelangen Sie über eine Brücke zur Villa Melzi d'Eril, in der Leonardo da Vinci eine Weile zu Gast war.

## 372
### BESINNLICHE TOUR DURCH PRIMO LEVIS TURIN

#### Turin, Italien

Der italienische Schriftsteller und Chemiker Primo Levi (1919–1987) schrieb ausführlich über seine Erlebnisse im Krieg und im KZ Auschwitz. »Ich hörte nie auf, meine Umgebung und die Menschen um mich herum zu beobachten. Deshalb erinnere ich mich bis heute äußerst detailliert an alles«, sagte er einmal. Levi wohnte am Corso Re Umberto 75 und besuchte das nahe gelegene Gymnasium Liceo Massimo d'Azeglio. Später machte er als einer der letzten Juden an der Turiner Universität seinen Abschluss, bevor die Rassengesetze in Kraft traten. Von der Hochschule aus gelangen Sie auf der verkehrsberuhigten Via Carlo Alberto zur Synagoge, wo eine Gedenktafel an Levi erinnert. Er starb unter tragischen Umständen durch einen Treppensturz und liegt auf dem Turiner Cimitero Monumentale begraben.

## 373
### IM SÜDEN FINDET ELGAR KLANGIDEEN

#### Alassio, Ligurien, Italien

In den Wintermonaten 1903/1904 verbrachten der Komponist Edward Elgar (1857–1934) und seine Frau Caroline ihren Urlaub in Alassio an der Italienischen Riviera. Der erholsame Aufenthalt in der bergigen Landschaft Liguriens mit eiskalten Gebirgsbächen, Sonnenschein und klarer Luft inspirierte Elgar zur Komposition der Konzertouvertüre *In the South (Alassio)*, op. 50. Die Uraufführung erfolgte 1904. Im selben Jahr wurde Elgar in den Ritterstand erhoben. Dem Friedhof gegenüber führt ein Weg von Alassio hinauf zum Gipfel des Monte Tirasso, wo Sie ein grandioser Ausblick über das Meer und üppig grüne Täler erwartet.

**RECHTS:** Alassio zwischen den Ausläufern der Seealpen und dem Mittelmeer

# 374

## ENTDECKEN SIE VENEDIG MIT DEM KOMPONISTEN CLAUDIO MONTEVERDI

## Venedig, Italien

**Streifzug mit:** Claudio Monteverdi (1567–1643)

**Route:** Vom Markusdom zum Teatro La Fenice

**Länge:** 2 km

**Unsere Empfehlung:** *O beatae viae* (1621), *Il Combattimento di Tancredi e Clorinda* (1624)

**OBEN RECHTS:** Claudio Monteverdi hatte die Aufgabe, die Kirchenmusiker des Markusdoms auszuwählen und auszubilden.

**RECHTS:** Venedigs berühmtes Opernhaus – La Fenice

Nach dem Tod seines Gönners Herzog Vincenzo I. Gonzaga ging der Opernpionier Claudio Monteverdi (1567–1643) von Mantua nach Venedig, um dort im Markusdom die Stelle des Kapellmeisters anzutreten. In dieser Position, die er bis zu seinem Tod innehatte, war er für die Auswahl und Ausbildung der Kirchenmusiker zuständig und schuf Kompositionen für wichtige Kirchenfeste.

Die prachtvolle Architektur des Markusdoms vereint byzantinische Einflüsse mit Elementen der venezianischen Renaissance und verkörpert den Reichtum und die Macht des Stadtstaates Venedig. Vom Markusdom ist es nur ein Katzensprung zum Luxushotel Danieli. Der einstige Palazzo Dandolo war die Residenz von Monteverdis Gönner Girolamo Mocenigo. Hier fand die Uraufführung der Kurzoper *Il Combattimento di Tancredi e Clorinda* (dt. Der Kampf zwischen Tankredi und Clorinda) statt. Von dort geht es über kopfsteingepflasterte Gassen zur Bruderschaft Scuola Grande di San Rocco, erbaut im Jahre 1478. Das Museum zeigt Tintorettos meisterhafte Darstellungen von Szenen aus dem Alten und Neuen Testament. Hier wurde auch Monteverdis *O beatae viae* (dt. Oh glücklicher Weg) aufgeführt, in der Kirche der Bruderschaft soll er zudem die Orgel gespielt haben. In der Nähe befindet sich die Basilica di Santa Maria Gloriosa dei Frari mit einer Kapelle, in der Monteverdi am 9. Dezember 1643 nach einem feierlichen Gedenkgottesdienst beigesetzt wurde.

## 375
### VIVALDIS VENEDIG
**Venedig, Italien**

Der italienische Komponist Antonio Vivaldi (1678–1741) wurde in Venedig geboren und lebte dort die meiste Zeit seines Lebens. Seine Spuren führen zur gotischen Kirche Giovanni in Bragora, in der Vivaldi getauft wurde, und zum Markusdom, wohin ihn sein Vater, ein Violinist, zu Konzerten mitnahm. Folgen Sie dann dem Canal Grande zur Rialtobrücke, in deren Nähe früher das Teatro Sant'Angelo stand, das Vivaldi lange leitete und in dem viele seiner Opern aufgeführt wurden.

## 376
### TINTORETTOS ERBE
**Venedig, Italien**

Jacopo Tintoretto (1518–1594) blieb sein Leben lang in Venedig, und er war dort überaus produktiv. Heute, ein halbes Jahrtausend später, besitzt Venedig 700 seiner Werke. Sein riesiges Prachtgemälde *Das Paradies* (ca. 1592) prangt im großen Ratssaal des Dogenpalasts. Und in der Galleria dell'Accademia am anderen Ufer des Canal Grande ist *Das Wunder des Heiligen Markus* (1562–1566) zu sehen, mit dem Tintoretto der Durchbruch gelang. Weiter nördlich zeigt die Scuola Grande di San Rocco 50 seiner Werke aus zwei Jahrzehnten. Einst hatte er sich hier nachts eingeschlichen, um malen zu können. Etwa eineinhalb Kilometer entfernt steht die Kirche Madonna dell'Orto, in der Tintoretto betete und zehn seiner Werke schuf, darunter zwei 14 Meter hohe Altarbilder. Hier befindet sich auch das Grab des Malers.

# 377

## AUF DEM RILKEWEG IN TRIEST

### Triest, Italien

**Auf den Spuren von:** Rainer Maria Rilke (1875–1926)

**Route:** Rilkeweg

**Länge:** 3,9 km

**Unsere Empfehlung:** *Duineser Elegien* (1923)

**RECHTS:** Der Blick vom Rilkeweg auf das idyllisch gelegene Schloss Duino

»Hiersein ist herrlich«, schrieb der Dichter Rainer Maria Rilke in seiner siebten Elegie während seines Aufenthaltes als Gast der Gräfin Marie von Thurn und Taxis auf Schloss Duino. Die seit dem 14. Jahrhundert auf einem Karstfelsen erbaute Burg bietet einen herrlichen Ausblick über den Golf von Triest.

Davon ließ sich Rilke auf der höher gelegenen Terrasse des Schlosses inspirieren, als er an seinem Gedichtzyklus arbeitete. Teile davon verfasste er auf einer der Bastionen, die später nach ihm benannt wurde. Gern saß er auch im Musiksalon des Schlosses, um seine Gedanken auf Papier festzuhalten oder Briefe zu schreiben.

Der Rilkeweg verläuft über die weißen Klippen von Duino nach Sistiana durch die typische Flora und Fauna der Karstlandschaft. Schwarzkiefern, Hainbuchen und Kirschbäume bieten Tummelplätze für Reptilien, Sperlinge und Raben. Der Weg war für Rilke eine stete Quelle der Anregung und Freude. Von hier können auch Sie imposante Ausblicke genießen – über den Golf von Triest und die unter Naturschutz stehenden Kalksteinklippen, die in der Kreidezeit durch Muschelablagerungen auf dem Meeresboden entstanden.

Rilkes Freundschaft mit Prinzessin Marie von Thurn und Taxis währte 17 Jahre, in denen die beiden an die 400 Briefe wechselten. Ihr widmete Rilke auch seine Elegien.

## 378
### JAMES JOYCES ZWEITE HEIMAT
#### Triest, Italien

James Joyce (1882–1941) und seine Frau Nora kamen 1904 nach Triest. Die Stadt wurde mehrere Jahre zur ihrer zweiten Heimat. Die Romane *Dubliner* (1914) und *Ein Porträt des Künstlers als junger Mann* (1916) entstanden hier. Das Ehepaar bezog seine erste Wohnung an der belebten Piazza Ponterosso, wo täglich Waren aus Istrien und dem Veneto umgeschlagen wurden. Joyce verdiente seinen Unterhalt mit Englischunterricht an der Berlitz-Sprachenschule. Regelmäßig besuchte er das Caffè Stella Polare in der Via Dante Alighieri sowie die stadtbekannte Pasticceria Pirona. Von dort aus führt Sie ein bezaubernder Weg zur Via Roma und zu einer Bronzestatue, die Joyce beim Überqueren einer pittoresken Kanalbrücke darstellt.

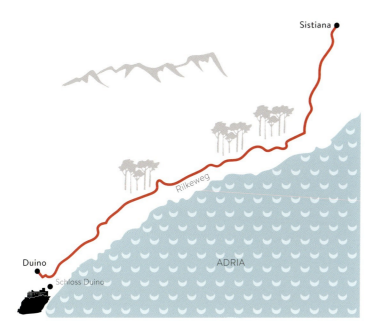

EUROPA

## 379
### MICHELANGELO IN FLORENZ

#### Florenz, Italien

Der Bildhauer, Maler und Architekt Michelangelo Buonarroti (1475–1564) wurde nahe Florenz geboren, wo seine Werke allgegenwärtig sind. Eine Kopie seines Meisterwerks, der Statue des biblischen David (1504), steht vor dem Palazzo Vecchio auf der Piazza della Signoria. Von dort führt Sie die Via dei Calzaiuoli nach Norden zur Basilika San Lorenzo mit der Medici-Kapelle, deren Sakristei Michelangelo gestaltete. Weiter nördlich gelangen Sie zur Galleria dell'Accademia mit dem Original der David-Statue und dann auf der Via Ghibellina nach Südwesten zur Casa Buonarroti und zum Nationalmuseum Bargello. In beiden werden Werke Michelangelos präsentiert. Weiter südlich am Arno erreichen Sie die Uffizien mit einer der bedeutendsten Kunstsammlungen der Welt

## 380
### IN NEAPEL AUF DEN SPUREN VON LILA UND ELENA

#### Neapel, Italien

Es ist unmöglich, Elena Ferrantes Spuren zu folgen, da der Name das Pseudonym einer zwar weltberühmten, aber nicht identifizierten Autorin ist. Doch ihre vier Romane über das Leben zweier Freundinnen im Neapel der Nachkriegszeit liefern ein sehr realistisches und anschauliches Bild der Stadt. Das am Bahnhof gelegene Arbeiterviertel Rione Luzzatti ist der Ort, an dem Lila und Elena, die beiden Protagonistinnen der Romane, aufwachsen. Ein kurzer Spaziergang führt Sie von dort zur Via Gianturco und dem dunklen Tunnel unter den Bahngleisen, die auf die Reise der beiden jungen Frauen nach Ischia vorausdeuten.

## 381
### VERBANNT IN EIN DRAMATISCHES SETTING

#### Aliano, Basilikata, Italien

Das bekannteste Werk des italienischen Schriftstellers, Malers und politischen Aktivisten Carlo Levi (1902–1975) ist sein autobiografischer Roman *Christus kam nur bis Eboli* (1945). Darin erzählt er von seiner Verbannung in die süditalienische Region Basilikata, in der damals Armut und Malaria herrschten. Der für seine Lehmhäuser bekannte Ort Aliano liegt spektakulär auf einem Bergrücken und ist umgeben von einer zerklüfteten Mondlandschaft, deren Schluchten von Wind und Wetter geformt wurden. Auf einem Weg, der über die Felsen und Bergkämme führt, erreichen Sie die Stadt, an deren Eingang Levi in der Zeit seiner Verbannung durch die Faschisten lebte.

## 382
### ERMITTELN SIE MIT COMMISSARIO MONTALBANO

#### Porto Empedocle, Sizilien, Italien

Andrea Camilleri (1925–2019) war der Bestseller-Autor einer weltweit erfolgreichen Serie von Kriminalromanen um Commissario Montalbano. Der erste Band erschien 1994, als Camilleri bereits 70 Jahre alt war. Am Ende waren es 24 Romane. Schauplatz der Ermittlungen ist die fiktive Stadt Vigàta. Das Vorbild dafür lieferte Camilleris Geburtsort Porto Empedocle im Süden Siziliens. Viele von Ihnen haben den Commissario durch die Fernsehserie kennengelernt, die jedoch an anderen Orten auf Sizilien gedreht wurde. Ein Bummel auf der Via Roma in Porto Empedocle führt Sie nicht nur an einer Montalbano-Statue vorbei, sondern bringt Ihnen auch die Atmosphäre und Charaktere aus Camilleris Romanen nahe.

**RECHTS:** Commissario Montalbano hat die Straßen von Porto Empedocle fest im Blick.

## 383
### BERNINIS BAROCKES ROM
#### Rom, Italien

Wohl kein anderer hat in Rom so viele barocke Skulpturen und Bauwerke erschaffen wie der Bildhauer Gian Lorenzo Bernini (1598–1680). Entdecken Sie sein imposantes Vermächtnis auf einem drei Kilometer langen Rundgang, der an der Kirche Santa Maria della Vittoria mit seiner Skulptur *Die Verzückung der heiligen Theresa* beginnt. Die Tour zu den Meisterwerken des Künstlers führt dann nach Westen zu seinem Tritonenbrunnen auf der Piazza Barberini und zu der von ihm entworfenen Kirche Sant'Andrea al Quirinale. Den Abschluss bildet ein Platz, an dem zur Zeit des Römischen Reiches ein Stadion stand: die Piazza Navona mit Berninis monumentalem Vierströmebrunnen.

## 384
### RAFFAELS FRESKEN
#### Rom, Italien

Im ersten Drittel des 16. Jahrhunderts wandelte die Hochrenaissance das Erscheinungsbild Roms. Großen Einfluss hatte dabei der Maler und Architekt Raffael (1483–1520). Beginnen Sie an der Villa Farnesina mit seinem berühmtem Fresko *Der Triumph der Galatea* (um 1512). Am anderen Ufer des Tiber führt die Via Giulia zu einem Palazzo mit der Hausnummer 85, der Raffael gehört haben soll. Zurück auf der anderen Flussseite finden Sie im Petersdom und in den Vatikanischen Museen mehrere Räume, die der Künstler sechzehn Jahre lang in vollkommener Schönheit ausgestaltete.

# 385

## ROM ALS SCHAUPLATZ VON GIACOMO PUCCINIS *TOSCA*

### Rom, Italien

**Streifzug mit:** Giacomo Puccini (1858–1924)
**Route:** Durch Rom
**Länge:** 1,4 km
**Unsere Empfehlung:** *Tosca* (1899)

Als Spross einer Familie von Kirchenmusikern erreichte Puccini den Höhepunkt seiner Karriere zu Beginn des 20. Jahrhunderts, als er zahlreiche seiner erfolgreichsten Werke komponierte, darunter die Opern *La Bohème*, *Tosca* und *Madame Butterfly*. Als Schauplätze wählte Puccini exotische Orte wie Nagasaki für *Madame Butterfly* oder Metropolen wie Paris für *La Bohème* und die Ewige Stadt Rom für *Tosca*.

Die im 19. Jahrhundert spielende Oper um die eifersüchtige Tosca ist ein melodramatisches Werk mit einigen der bekanntesten Puccini-Arien. Die Premiere fand am 14. Januar 1900 am Teatro Costanzi in Rom statt. Der erste Akt spielt in der Kirche Sant'Andrea della Valle an der Piazza Vidoni, wo die berühmte Sängerin Floria Tosca ihren Geliebten, den Maler Mario Cavaradossi, trifft. Entspannt erreichen Sie den nur fünf Minuten entfernten Schauplatz des zweiten Aktes: den Palazzo Farnese, ein Bauwerk der Hochrenaissance. Heute ist er der Sitz der französischen Botschaft. Anfangs wurden die Bauarbeiten von Antonio da Sangallo dem Jüngeren geleitet, bevor sie von Michelangelo fortgesetzt und von Giacomo della Porta abgeschlossen wurden. In Puccinis Oper bewohnt der Polizeichef Scarpia den Palazzo, in dem Cavaradossi gefoltert und zum Tode verurteilt wird.

Vom Palazzo aus sind Sie in einer Viertelstunde an der Engelsburg. Das ursprünglich von Kaiser Hadrian als Mausoleum in Auftrag gegebene Bauwerk dient als Schauplatz des dritten Aktes – der mit der Hinrichtung Cavaradossis und Toscas Sprung in den Tod tragisch endet.

**OBEN:** Giacomo Puccini bevorzugte für seine Opern illustre Schauplätze.

**RECHTS:** Die Oper *Tosca* endet auf der Engelsburg, die seit 1906 als Museum dient.

## 386
## IN PUCCINIS GEBURTSSTADT
### Lucca, Italien

In den Hügeln der Toskana liegt die malerische Stadt Lucca mit ihrer komplett erhaltenen mittelalterlichen Stadtmauer. Hier fühlt man sich wie in der Szenerie einer Puccini-Oper. Die in Lucca ansässige Familie hatte über mehrere Generationen Musiker und Komponisten hervorgebracht, die das musikalische Leben der Stadt prägten. Am besten schlendern Sie zuerst auf der Stadtmauer entlang und gewinnen so einen guten Überblick. Oder Sie steigen auf den außergewöhnlich hohen Glockenturm der Kathedrale San Martino im Zentrum der Stadt. Anschließend gelangen Sie durch die engen Gassen zur Kirche Santi Giovanni e Reparata, in der Puccini getauft wurde, und zum Geburtshaus des Komponisten, das heute das Puccini Museum beherbergt.

# 387

## HERRLICHE PANORAMEN AUF DEM GOETHEWEG

### Innsbruck, Österreich

**Auf den Spuren von:** Johann Wolfgang von Goethe (1749–1832)

**Route:** Goetheweg

**Länge:** 10 km

**Unsere Empfehlung:** *Italienische Reise* (1817)

**LINKS:** Der Goetheweg führt durch die imposante Bergwelt oberhalb von Innsbruck.

Zu Johann Wolfgang von Goethes umfangreichen Schriften zählen neben zahlreichen Schauspielen, Gedichten, Romanen und Memoiren auch Essays, die er zu diversen wissenschaftlichen Wissensgebieten verfasste: sei es zu Fragen der Anatomie oder im Bereich der Botanik zur Metamorphose der Pflanzen. Alldem widmete er sich neben seinen Aufgaben als hoher Beamter in Weimar.

»Wir sehen in der Natur nie etwas als Einzelheit, sondern wir sehen alles in Verbindung mit etwas anderem, das vor ihm, neben ihm, hinter ihm, unter ihm und über ihm sich befindet«, schrieb er. Wenn man dem Goetheweg folgt, kann man sich leicht vorstellen, wie der große Denker grübelnd und aufmerksam beobachtend die Bergregion ringsum erkundete.

Der nach ihm benannte, zehn Kilometer lange Höhenwanderweg verläuft oberhalb von Innsbruck, der Hauptstadt Tirols, durch das raue Karwendelgebirge. Von Innsbruck fahren Sie mit der Nordkettenbahn zur Bergstation Hafelekar. Dort führt der Weg unterhalb der Mandlspitze bergauf zur Mannlscharte, dem höchsten Punkt der Route (2314 Meter). Dabei eröffnen sich großartige Panoramen. Danach führt Ihr Weg bergab durch grüne Wiesen und vorbei an Bergkiefern zur Pfeishütte, in der Sie übernachten können. Zurück zur Seilbahnstation geht es über dieselbe Route.

# 388

## MIT DEN AUGEN GUSTAV KLIMTS

### Attersee, Salzkammergut, Österreich

**Auf den Spuren von:**
Gustav Klimt (1862–1918)

**Route:** Gustav-Klimt-Themenweg

**Länge:** 1,6 km

**Unsere Empfehlung:**
*Am Attersee* (1900)

Bei Gustav Klimt denkt man vor allem an Porträts von reichen Angehörigen des Wiener Großbürgertums. Doch am Attersee, wo er mehr als 15 Jahre lang die Sommer verbrachte, malte er großartige Landschaftsbilder. Folgen Sie seinen Spuren zu 26 Stationen und Aussichtspunkten, die seine Gemälde prägten.

Der Gustav-Klimt-Themenweg führt vom Zentrum in Seewalchen als bequemer Spaziergang über die Seepromenade zur Villa Paulick, in der Klimt durch Kontakte seines Bruders einige Zeit wohnte und in der heute noch Führungen angeboten werden. Der Weg endet in Schörfling am Schloss Kammer, das Klimt ebenfalls malte. Neben dem Maler waren auch andere Kunstschaffende wie Gustav Mahler, Friedrich Gulda, Franz von Schönthan, Charlotte Wolter oder Hedwig Bleibtreu vom Attersee fasziniert.

Klimts Gemälde *Am Attersee* (1900) zeigt eine für ihn und die Zeit ungewöhnliche, fast abstrakte Darstellung des Sees. Auch wenn sich an dessen Umgebung in den vergangenen 100 Jahren manches verändert hat, hat der Attersee nichts von seiner Faszination verloren.

**OBEN:** Der Maler Gustav Klimt

**RECHTS:** Der Attersee, an dem 45 von Klimts 50 bekannten Landschaftsbildern entstanden

## 389
## SCHIELES UNGELIEBTES WIEN
### Wien, Österreich

»In Wien ist Schatten, die Stadt ist schwarz, alles heißt Rezept. Ich will allein sein. Nach dem Böhmerwald möcht' ich …!« Egon Schiele (1890–1918) hatte ein gespaltenes Verhältnis zu der Stadt, in der er studiert hatte und die später die meisten seiner expressionistischen Bilder ausstellen sollte. Eine ganze Reihe von ihnen hängen im Oberen Belvedere und im Albertina Museum. Schieles beste Werke wie seine Selbstdarstellung *Sitzender Männerakt* sowie sein Porträt von *Wally Neuzil* finden Sie in dem modernen Leopold Museum am Museumsplatz. Die Akademie der Bildenden Künste, Schieles Alma Mater, liegt am nahen Schillerplatz. Der Ausnahmekünstler starb drei Tage nach seiner Frau an der Spanischen Grippe.

## 390
### MIT JOHANNES BRAHMS DURCHS SALZKAMMERGUT

#### Bad Ischl, Österreich

Der in Hamburg geborene Komponist Johannes Brahms (1833–1897) verbrachte die meisten Sommer in Bad Ischl, einem beliebten Ferienort im Salzkammergut. Die Region am Nordrand der Alpen ist mit ihren Bergen und Seen ausgesprochen pittoresk. Brahms mietete sich einige Zimmer in einem Haus am Fluss Traun. Von dort unternahm er Touren durch die bewaldeten Täler und auf die Berge in der Umgebung. Hunderte von Kilometern ziehen sich an Wanderwegen durch die Region und führen Sie zu Bergseen, auf Gipfel und durch Bergdörfer, in der über Generationen hinweg alte Traditionen gepflegt werden.

## 391
### MIT JOHANN STRAUSS AN DER »SCHÖNEN DONAU«

#### Donau, Österreich

Zu seiner Komposition *An der schönen blauen Donau* ließ sich Johann Strauss (1825–1899) von dem zweitlängsten Fluss Europas inspirieren. Der schwungvolle Walzer spiegelte zum einen den Zeitgeist im kaiserlichen Wien wider, zum anderen heiterte er im Land die Stimmung nach der verlorenen Schlacht bei Königgrätz auf, wo Kaiser Napoleon triumphierte. Wie schon zu Strauss' Zeiten führen die Wanderwege in der die Donau umgebende Wachau durch Weinberge und Obstgärten – mit herrlichen Blicken auf den Fluss. Als Österreich 1945 nach dem Ende des Zweiten Weltkriegs wieder eine unabhängige Republik wurde, spielte man übrigens in Ermangelung einer eigenen Nationalhymne vor dem Parlament den Strauss-Walzer.

**RECHTS:** Zu seinem weltberühmten Walzer wurde Johann Strauss von der Donau inspiriert.

### 392
### MOZART IN SALZBURG
#### Salzburg, Österreich

Wolfgang Amadeus Mozart (1756–1791) wurde in Salzburg geboren. Das Wunderkind hatte bereits mit sechs Jahren seine ersten Auftritte vor dem europäischen Hochadel. Ein Spaziergang durch die Altstadt führt Sie zu Mozarts Geburtshaus in der Getreidegasse 9. Dort lebten seine Eltern Leopold und Anna Mozart seit 1747 in einer Wohnung im dritten Stock. Im Jahr 1773 zog die Familie in das »Tanzmeisterhaus« am Makartplatz 8, das heute unter dem Namen Mozart-Wohnhaus als Museum Einblicke in das Leben der Familie bietet. Über die Staatsbrücke sind es nur wenige Schritte von dem einen Haus zum anderen.

### 393
### DAS GENIE IN WIEN
#### Wien, Österreich

Im Alter von 25 Jahren zog Wolfgang Amadeus Mozart nach Wien. Innerhalb der folgenden zehn Jahre wechselte er mit seiner Frau Constanze und den Kindern mehrfach die Adresse. Wenn Sie unsteten Spuren des begnadeten Komponisten folgen wollen, könnten Sie am Mozarthaus (heute ein Museum) in der Domgasse 5 beginnen, wo die Familie drei Jahre wohnte. Die Trauung mit Constanze fand 1782 im Stephansdom statt, und in Schloss Schönbrunn gab er mit sechs sein erstes Konzert. Beigesetzt wurde er auf dem Sankt Marxer Friedhof an der Leberstraße 6–8.

## 394
### DER KEINESWEGS INFERNALISCHE STRINDBERGWEG

#### Von Saxen nach Klam, Österreich

Der schwedische Dramatiker August Strindberg (1849–1912) heiratete 1893 die österreichische Journalistin Frida Uhl. Beide bewohnten zunächst Räume in Schloss Dornach in der österreichischen Gemeinde Saxen. Als es zu Zerwürfnissen mit Uhls Familie kam, zog Strindberg in den Nachbarort Klam. Auf dem Weg zwischen beiden Wohnungen entdeckte er in der Klamschlucht zahlreiche Motive, die er in seinem autobiografischen Roman *Inferno* (1898) verwendete. Darin erlebt der damals unter Angstzuständen und Verfolgungswahn leidende Autor die Felsformation Leostein, die Bergmayr-Mühle und einen Schweinestall als Ausgeburten der Hölle. Den gut markierten Strindbergweg zwischen Saxen und Klam können Sie gemütlich in rund einer Stunde bewältigen.

## 395
### MIT BEETHOVEN RUHE FINDEN

#### Wienerwald, Österreich

Ludwig van Beethoven (1770–1827) ging 1787 in der Absicht nach Wien, Mozarts Kompositionsschüler zu werden. Fünf Jahre später ließ er sich dort dauerhaft nieder. In den Sommern flüchtete er vor der Hitze der Stadt in die Wälder rings um Wien. Er wohnte dann im Vorort Heiligenstadt in der Probusgasse 6, heute ein Beethoven Museum. In seiner Verzweiflung angesichts der zunehmenden Verschlimmerung seines Gehörleidens und seiner drohenden Taubheit verfasste er hier das »Heiligenstädter Testament«. Von der Probus- gelangen Sie durch die Eroicagasse zum Beethovengang, dem Lieblingsspazierweg des Komponisten. Er führt Sie zum Beethovenpark mit der Beethoven-Statue, die an der Stelle steht, wo der Gepeinigte Ruhe suchte.

**LINKS:** Ludwig van Beethoven suchte in den Wäldern rund um Wien nach Linderung für sein Leiden.

# 396

## DER FRIEDENSWEG AN DER ISONZO-FRONT

### Soča-Tal, Slowenien

**Auf den Spuren von:** Ernest Hemingway (1899–1961)

**Route:** Friedensweg durch die Julischen Alpen und das Soča-Tal

**Länge:** 230 km

**Unsere Empfehlung:** Ernest Hemingway, *In einem andern Land* (1929); John R. Schindler, *Isonzo: The Forgotten Sacrifice of the Great War* (2001)

**OBEN:** Zu dem Roman *In einem anderen Land* wurde Hemingway durch seine Zeit in Italien angeregt.

**OBEN RECHTS:** Hemingways Erzähler lebt in einem Haus, von dem aus er »über das Tal und den Fluss auf die Berge blickte«.

**RECHTS:** Der Weg folgt dem türkisblauen Fluss.

In seinem Roman *In einem andern Land* (1929) erzählt Ernest Hemingway aus der Perspektive eines amerikanischen Sanitätsoffiziers in Diensten der italienischen Armee die Geschichte einer Liebe und des Krieges an der Isonzo-Front. Der Autor griff dabei auf eigene Erfahrungen zurück, die er in dieser Region im Ersten Weltkrieg als freiwilliger Fahrer für das Rote Kreuz sammelte.

Den historischen Hintergrund für seinen Roman liefern die blutigen Schlachten am Fluss Isonzo (slowenisch: Soča), die zwischen Juni 1915 und November 1917 zwischen italienischen und österreichisch-ungarischen Soldaten ausgetragen wurden und mehr als 300 000 Opfer forderten. In der bergigen Region finden sich noch immer Relikte jener Zeit. Um die Erinnerung 100 Jahre später daran wachzuhalten, wurde im Jahr 2017 der sogenannte Friedensweg eingeweiht.

Er beginnt in dem Dorf Log pod Mangartom und führt durch die Julischen Alpen hinab in Täler mit sattgrünen Wiesen. Die geschichtsträchtige Route folgte dabei teilweise der italienisch-slowenischen Grenze und dem türkisblauen Fluss, an dem einst gekämpft wurde. Davon zeugen die Maschinengewehr-Unterstände, Bunker und Schützengräben in den Freilichtmuseen von Bovec und Vole. Der Weg endet in Monfalcone nahe Triest.

In Hemingways Roman werden das Land und die Menschen durch den Krieg zerstört. Doch ungeachtet der von den Schlachten hinterlassenen Narben präsentiert sich das Soča-Tal, durch das der Friedensweg führt, heute als idyllische Landschaft – vor allem in der Region, in der sich Hemingway damals aufhielt.

# 397

## TAUCHEN SIE EIN IN BUDAPESTS WELT DER LITERATURCAFÉS

## Budapest, Ungarn

**Auf den Spuren von:** Sándor Márai (1900–1989), Ferenc Molnár (1878–1952) et al.

**Route:** Vom New York Café zum Café Hadik

**Länge:** 6 km

**Unsere Empfehlung:** Ferenc Molnár, *Die Jungen von der Paulstraße* (1906)

**OBEN RECHTS:** Budapest ist eine Stadt der Cafés. Wie Sándor Márai es formulierte: »Ohne Cafés gäbe es keine Literatur.«

**RECHTS:** Das Café Centrál war ein populärer Treffpunkt für die ungarischen Autoren der Belle Époque.

Zu Beginn des 20. Jahrhunderts erreichte die Budapester Kaffeehauskultur ihren Höhepunkt. Mehr als 500 Cafés verteilten sich über die Stadt. Viele davon wurden zu Treffpunkten von Künstlern, Romanschriftstellern, Dichtern und Journalisten. Tinte, Schreibfedern sowie Papier standen kostenlos zur Verfügung, und spezielle Menüs boten den armen Poeten Brot, Käse und Wurst zu erschwinglichen Preisen.

Der ungarische Schriftsteller und Journalist Sándor Márai besuchte regelmäßig das New York Café: eines der prunkvollsten Kaffeehäuser der Stadt mit einem Deckenfresko, Marmorsäulen und Bronzestatuen. Von seinem Kollegen Ferenc Molnár weiß man, dass er dort an einem der Tische seinen Roman *Die Jungen von der Paulstraße* (1906) schrieb. Auch andere ungarische Schriftsteller kamen hierher, um sich inspirieren zu lassen, wie Mihály Babits, Géza Gárdonyi, Frigyes Karinthy und Dezső Kosztolányi.

Von hier geht es zum Gerbeaud am Vörösmarty-Platz. Das traditionsreiche Kaffeehaus mit Stuckdecken und glitzernden Kronleuchtern wurde 1870 eröffnet. Zu seinen erlauchten Gästen zählten der Komponist Franz Liszt und der österreichische Kaiser Franz Joseph I. sowie dessen Gemahlin, Kaiserin Elisabeth, die von ihren Geschwistern nur »Sisi« genannt wurde.

Zwanzig Gehminuten entfernt finden Sie das Jugendstilcafé Centrál, das es seit 1887 gibt: ein weiterer Magnet für die Schriftsteller der Belle Époque.

Die letzte Station der Tour liegt jenseits der Donau am trendigen Bartók Béla Boulevard: das nicht minder berühmte Café Hadik, zu dessen Stammgästen Frigyes Karinthy, Dezső Kosztolányi und Zsigmond Móricz zählten, deren Porträts im Treppenhaus zu sehen sind.

## 398
### STEFAN JÄGERS HEIMAT
**Banat, Rumänien**

Stefan Jäger (1877–1962) malte das Volksleben der Donauschwaben in seiner Heimat, der südosteuropäischen Region Banat im heutigen Staatsgebiet Rumäniens, Serbiens und Ungarns. Sein damaliges Atelier in Jimbolia, einer kleinen rumänischen Stadt nahe der serbischen Grenze, beherbergt heute das Stefan-Jäger-Museum, in dem Gemälde und persönliche Gegenstände des Künstlers ausgestellt sind. Von dort aus unternahm Jäger Wanderungen durch die Dörfer der Region und malte – in Öl und als Aquarell – sowohl Szenen des Alltagslebens als auch regionale Landschaftsbilder.

## 399
### FRANZ LISZTS BUDAPEST
**Budapest, Ungarn**

Der österreichisch-ungarische Komponist Franz Liszt (1811–1886) wird häufig mit Budapest assoziiert, wo er oft auftrat. Doch er ließ sich dort niemals für längere Zeit nieder, sondern pendelte zwischen der ungarischen Metropole, Rom und Weimar hin und her. In der später nach ihm benannten Budapester Musikakademie an der Vörösmarty-Straße 35 hatte er eine Wohnung, die heute Sitz des Franz-Liszt-Gedenkmuseums ist. Die Musikadademie zog stattdessen um an den Franz-Liszt-Platz, wo eine Statue den Maestro an einem imaginären Klavier zeigt. Mit zunehmendem Alter suchte Liszt die Franziskanerkirche und die Liebfrauenkirche auf, um dort zu beten.

## 400
### WO FÜR GUSTAV MAHLER ALLES BEGANN

**Jihlava, Tschechien**

Gustav Mahlers (1860–1911) Eltern zogen mit ihrem nur wenige Monate alten Sohn in die böhmische Stadt Jihlava (dt. Iglau), wo Mahler seine ersten 15 Lebensjahre verbrachte. Am großen historischen Masarykplatz mit den zwei prachtvollen Brunnen aus dem 18. Jahrhundert hörte er Bläserkonzerten zu. Biegen Sie am nördlichen Ende des Platzes in die Benešova-Straße ab und folgen Sie ihr etwa 200 Meter bis zum Gustav-Mahler-Park mit einer Statue des Komponisten. Kehren Sie dann zurück zum Masarykplatz. Von dessen südlichem Ende gelangen Sie durch die Znojemska-Straße zum Wohnhaus der Familie Mahler, das damals auch eine vom Vater betriebene Gastwirtschaft und Brennerei beherbergte.

## 401
### AUF KAFKAS SPUREN IN PRAG

**Prag, Tschechien**

*»Prag lässt nicht los … Dieses Mütterchen hat Krallen.«*

Die Aussage von Franz Kafka (1883–1924) werden Sie bei einem Besuch des ihm gewidmeten Museums nahe der Karlsbrücke nachvollziehen können … Anschließend geht es über die Brücke nach Norden ins Jüdische Viertel, wo Kafka die meiste Zeit seines kurzen Lebens verbrachte. Dort steht auch sein Denkmal: eine Bronzeskulptur, deren Gestaltung auf die Erzählung *Beschreibung eines Kampfes* (1912) zurückgeht. Sie zeigt zwei Figuren, wobei die eine die andere auf den Schultern trägt. Den Endpunkt der Tour bildet das berühmte Café Louvre an der Národní (dt. Nationalstraße), wo Kafka häufig anzutreffen war.

## 402
### ALFONS MUCHA UND DER JUGENDSTIL

**Prag, Tschechien**

Die meisten Menschen kennen Alfons Mucha (1860–1939) als Plakatkünstler der Belle Époque. Eine große Auswahl seiner Jugendstilwerke können Sie im Prager Mucha-Museum erkunden. Und dabei entdecken, dass die Palette des Künstlers sehr viel mehr umfasste als Grafikdesign. Einen zehnminütigen Spaziergang entfernt befindet sich in der Altstadt das repräsentative Gemeindehaus (Obecní dům). Der extravagante Jugendstilbau wurde innen von Mucha und anderen Künstlern seiner Zeit gestaltet. Den Glanzpunkt bilden Muchas Decken-, Wand- und Glasmalereien im Bürgermeister-Saal, allesamt Meisterwerke des Jugendstils.

## 403
### MOZART UND SEIN PRAG

**Prag, Tschechien**

Wolfgang Amadeus Mozart (1756–1791) wurde in Salzburg geboren und verbrachte sein letztes Lebensjahrzehnt in Wien, doch mit der böhmischen Hauptstadt Prag verband ihn eine besondere Liebe. »Meine Prager verstehen mich«, soll er gesagt haben. Oft wohnte er bei Freunden, dem Ehepaar Dušek (dt. Duschek), in der Villa Bertramka, die heute ein Mozart-Museum beherbergt. Auf der anderen Seite des Petřín-Hügels befindet sich das Kloster Strahov, auf dessen berühmter Orgel Mozart noch am Tag der Premiere seiner Oper *Don Giovanni* vor Zuhörern improvisierte. Über die malerische Karlsbrücke gelangen Sie auf die andere Flussseite in die Prager Altstadt, wo im Ständetheater Mozarts *Don Giovanni* und *La Clemenza di Tito* uraufgeführt wurden. In der prächtigen Barockkirche St. Nikolaus in der Mitte des Kleinseitner Rings wurde Mozart nach seinem frühen Tod durch ein großartiges Requiem vor angeblich mehr als 4000 Pragern geehrt.

**LINKS:** Alfons Muchas Meisterwerk – der Bürgermeister-Saal im Prager Gemeindehaus

# 404

## AM ORT VON GÜNTER GRASS' KINDHEIT

### Danzig, Polen

**Streifzug mit:** Günter Grass (1927–2015)

**Route:** Spaziergang durch den Danziger Stadtteil Wrzeszcz

**Länge:** 3 km

**Unsere Empfehlung:** *Danziger Trilogie* (1959–1963)

**OBEN:** Der Literaturnobelpreisträger Günter Grass

**RECHTS:** Lassen Sie sich auf einem Spaziergang durch Danzig verzaubern.

Obwohl Günter Grass nur seine Kindheit in der damals Freien Stadt Danzig verbrachte, inspirierte ihn Pommerns Metropole zu seiner *Danziger Trilogie*. Dabei gelang ihm bereits mit der Blechtrommel (1959) sein literarischer Durchbruch.

Der politisch engagierte Schriftsteller thematisierte in seinen Romanen immer wieder historisches und aktuelles Zeitgeschehen. In seinem Frühwerk widmete er sich vor allem dem Erstarken des Nationalsozialismus und seiner Auswirkungen auf die Menschen in seiner Heimatstadt Danzig.

Die Tour beginnt im Stadtteil Wrzeszcz (dt. Langfuhr) nahe der Bahnstation, wo Grass' Eltern ein Haus bewohnten. Dort befindet sich auch die Herz-Jesu-Kirche, deren Gottesdienste die Familie besuchte. Durch die Bahnunterführung geht es zum Kuźniczki-Park und vorbei an der ehemaligen Brauerei zur früheren Grundschule in der Pestalozzistraße, die Grass als Kind besuchte. Rechts der Schule befindet sich der Wybicki-Platz, wo eine Bank mit Skulpturen des Schriftstellers und seiner Figur Oskar Matzerath aus der Blechtrommel steht. Nur wenige Schritte entfernt steht das Haus am Labesweg 13 (Lelewela), in dem der Autor aufwuchs. Von dort geht es am Strzyża-Bach entlang, der mehrfach in seinen Werken Erwähnung findet, und dann links in die Leczkowa-Straße, an der das Krankenhaus liegt, in dem Grass geboren wurde.

Mit seiner bewegten Geschichte unter der früheren Herrschaft Preußens und Deutschlands bietet Danzig nicht nur für Fans des Nobelpreisträgers (1999) viele Sehenswürdigkeiten, die einen Besuch dieser faszinierenden Stadt lohnen.

## 405
### ROMANTISCHE PANORAMEN
**Riesengebirge, Polen**

Entlang der heutigen Grenze zwischen Tschechien und Polen verläuft das Riesengebirge, das einst Böhmen und Schlesien trennte. Für den deutschen Maler Caspar David Friedrich (1774–1840) war Böhmen ein steter Quell der Inspiration, und das Riesengebirge lieferte zahlreiche Motive für seine romantischen Landschaftsgemälde. Viele seiner Motive entdecken Sie bei einer Wanderung durch den Nationalpark Riesengebirge (Karkonoski Park Narodowy). Die höchsten Berge dort – Śnieżka (dt. Schneekoppe) und Szrenica – bieten herrliche Ausblicke, die Caspar David Friedrich in Öl malte.

## 406
### KLINGENDE CHOPIN-BÄNKE
**Warschau, Polen**

Frédéric Chopin (1810–1849) war ein polnischer Patriot, der in Paris stets unter Heimweh litt. Bei der Spurensuche in Warschau informieren 15 Multimedia-Bänke über den Komponisten und spielen Klänge aus seinen Werken. Die meisten der Bänke stehen an der Krakowskie-Przedmiescie-Straße, der Warschauer Flaniermeile. Zu den Standorten zählen die Heilig-Kreuz-Kirche (hier ruht Chopins Herz), der Krasinski-Platz mit dem Nationaltheater, in dem er Konzerte gab, der Sächsische Garten und der Łazienki-Park mit einem Chopin-Denkmal.

# 407

## REISE IN DIE VERGANGENHEIT MIT WILLIAM BLACKER

### Region Maramures, Rumänien

**Streifzug mit:** William Blacker (geb. 1960)

**Route:** Von Breb zur Felsformation Creasta Cocoşului

**Länge:** 10 km

**Unsere Empfehlung:** *Along the Enchanted Way* (2010, dt. Auf dem verwunschenen Weg)

**OBEN RECHTS:** Die Holzkirche von Breb in der rumänischen Region Maramures

**RECHTS:** Die schroffe Felsformation Creasta Cocoşului oberhalb des Dorfes Breb

Nach dem Fall der Mauer 1989 beschloss der britische Autor William Blacker (geb. 1960), einige der südosteuropäischen Länder zu besuchen, bei denen man sogleich Bilder von heulenden Wölfen, urigen Bauernhäusern und verschneiten Wäldern voller Bären vor Augen hat.

Als er nach dem Ende des Ceauşescu-Regimes nach Nordrumänien kam, betrat Blacker eine fast mittelalterlich anmutende Welt, die nichts mit der aus Großbritannien gewohnten Hektik und Betriebsamkeit zu tun hatte. »Die Bäume am Weg waren vom Frost weiß überzogen, und das ganze Land wirkte wie in der Zeit erstarrt«, schrieb er. Pferdeschlitten fuhren über unbefestigte Wege, Roma zogen im Land umher. Die Menschen bauten für ihren Eigenbedarf Gemüse an und nähten sich ihre Kleidung selbst.

In Breb, einem Dorf in der Region Maramures, freundete sich Blacker mit dem älteren Ehepaar Mihai und Maria an und verbrachte bei ihnen – mit Unterbrechungen – mehrere Jahre. In dieser Zeit verinnerlichte er die Traditionen und die Lebensweise der Dorfbewohner, wenn er wie sie mit der Sense Gras mähte oder den Obstbrand Palinka trank. Von Breb führen Wanderwege zur schroffen Felsformation Creasta Cocoşului, von der aus man weit über die wunderbare Landschaft schauen kann. Andere pittoreske Wandergebiete sind das nahe Iza-Tal und der Nationalpark Rodna-Gebirge.

## 408
## EIN LANGER WEG
### Von Rumänien nach Paris

Der rumänische Bildhauer, Maler und Fotograf Constantin Brâncuși (1876–1957) brach 1903 in seinem rumänischen Geburtsort Hobita nahe der Karpaten auf, um sich zu Fuß durch Österreich und Deutschland auf den Weg nach Paris zu machen: 1904 erreichte er die Stadt und blieb dort 53 Jahre. Mit seinen Werken aus Gips, Marmor, Holz und Bronze wurde er zu einem der einflussreichsten Bildhauer des 20. Jahrhunderts. Die meisten seiner Schöpfungen sind noch heute in Frankreich zu sehen, da der Künstler sie testamentarisch dem Musée National d'Art Moderne vermacht hatte, nachdem sein Erbe von der damaligen kommunistischen Regierung Rumäniens abgelehnt worden war.

# 409

## ODYSSEUS' GRIECHISCHE HEIMATINSEL

### Ithaka, Griechenland

**Auf den Spuren von:** Homer (850–800 v. Chr.)

**Route:** Ithaka

**Länge:** 1,9 km (einfache Strecke)

**Unsere Empfehlung:** *Odyssee* (800 v. Chr.)

**OBEN RECHTS:** Auf der Insel Ithaka findet man viele Ruinen aus der Zeit Homers.

**RECHTS:** Nahe Exogi gibt es archäologische Stätten mit verfallenen Windmühlen.

Die *Odyssee* ist ein Epos, das dem griechischen Dichter Homer zugeschrieben wird, der auch die *Ilias* verfasste. Es erzählt von den Abenteuern, die König Odysseus nach dem Ende des Trojanischen Krieges erlebt, als er sich auf dem Rückweg zu seiner Gemahlin Penelope und beider Sohn Telemachos befindet, die ihn in seiner Heimat auf der Insel Ithaka erwarten. Doch Odysseus' Widersacher, der Meeresgott Poseidon, sorgt mit einem Sturm dafür, dass der griechische Held zehn Jahre für seine Rückkehr braucht.

Odysseus muss im Zuge seiner Irrfahrten Kreaturen wie den Zyklopen Polyphem überlisten: einen einäugigen und menschenfressenden Riesen. Währenddessen muss sich Penelope mit der Hilfe ihres Sohnes einer Vielzahl von Freiern erwehren, die Odysseus für tot halten und an seinen Reichtum gelangen wollen. Als dieser schließlich in Gestalt eines Bettlers auf Ithaka zurückkehrt, erkennt ihn zunächst nur sein Hund Argos.

Wenn Sie nach Spuren von Odysseus suchen wollen, bietet sich als Startpunkt die Stadt Stavros im Norden der Insel an. Ausgrabungen in der Nähe werden von einigen Archäologen als Überreste eines Königspalasts eingestuft. Weitere Fundstellen finden sich weiter nördlich von Stavros zur Küste hin zwischen Exogi und Platrithias. Ein etwas weiterer, etwa acht Kilometer langer Ausflug (einfache Strecke) schließt Exogi und Platrithias ein und bietet eine Vielzahl herrlicher Blicke aufs Meer.

## 410
## EINE KINDHEIT AUF KORFU
### Korfu, Griechenland

Gerald Durrell (1925–1995) war zehn, als seine Familie für vier Jahre nach Korfu zog. Ein Aufenthalt, der ihn nachhaltig beeinflusste – seine Kindheit auf Korfu empfand der »autodidaktische Zoologe« als eine Zeit reinsten Glücks und verfasste ein humorvolles Buch darüber: *Meine Familie und andere Tiere* (1956). Darin schreibt er über »erdbeerrote«, »schneeweiße« und »narzissengelbe« Villen und die Insel als den Spielplatz seiner Kindheit. Nicht nur Durrell hat Korfu in guter Erinnerung behalten, sondern die dortigen Einwohner auch seine Familie, denn zu ihren Ehren benannte man einen der Wanderwege in Durrell Trail um.

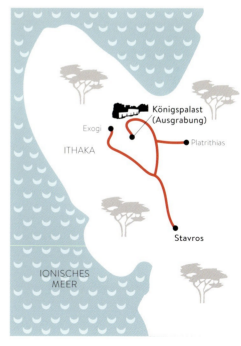

# 411

## EIN ORT DER LEBENSFREUDE

### Stoupa, Region Éxo Mani, Griechenland

**Auf den Spuren von:** Nikos Kazantzakis (1883–1957)

**Route:** Von Stoupa nach Kardamili (plus Viros-Schlucht)

**Länge:** 7,2 km, plus 12 km

**Unsere Empfehlung:** *Alexis Sorbas* (1946)

**RECHTS:** Das Vorbild für *Alexis Sorbas* war ein Freund von Kazantzakis in Stoupa.

Der griechische Autor Nikos Kazantzakis (1883–1957) wurde außerhalb seines Heimatlandes vor allem durch die Verfilmung des Romans *Alexis Sorbas* (1946) berühmt. Gedreht wurde auf Kreta, das authentische Vorbild für die Hauptfigur war jedoch ein Freund des Schriftstellers, der in dem Küstenort Stoupa auf dem Peloponnes lebte. Als dieser starb, schrieb Kazantzakis den Roman, um nicht nur die Erinnerung an den Freund wachzuhalten, sondern auch seine Lebensphilosophie, die den Autor inspirierte.

Heute ist Stoupa dank seiner herrlichen Strände und Umgebung ein beliebter Ferienort. Wie der Erzähler des Romans war Kazantzakis 1917 dorthin gekommen, wo er ein Bergwerk pachtete, dessen Eingang noch immer zu sehen ist. Dabei lernte er den echten (Georgios) Sorbas kennen, der sein Vorarbeiter wurde. Zehn Gehminuten entfernt liegt nördlich in einer geschützten Bucht der für das Romangeschehen wichtige Kalogria-Strand mit Palmen und Tavernen. Dort steht auf einer Anhöhe eine Büste von Kazantzakis. Schlendern Sie weitere zehn Minuten Richtung Norden und Sie erreichen – vor dem Hintergrund eines üppigen Olivenhains – den Delfinia-Strand aus hellem Kies: ein idealer Ort zum Schnorcheln. Von hier führen Wanderwege landeinwärts, oder Sie gehen noch ein Stück Richtung Norden bis nach Kardamili: dem Ausgangspunkt für eine sechs- bis siebenstündige Wanderung durch die Viros-Schlucht. Der 19 Kilometer lange Rundweg führt erst über bewaldete und felsige Pfade und dann hinab in die trockene Schlucht mit großen weißen Felsblöcken.

## 412
### EINE TOLLE INSEL, GANZ IM ERNST
**Chalkida, Griechenland**

»Im Frühling durch Griechenland zu reisen, ist, als schreite man über einen duftenden Teppich aus Wildblumen«, schrieb der durch seine Nonsensverse bekannte Autor und Maler Edward Lear (1812–1888). Doch seine Begeisterung für »das graublaue Meer, den klaren Himmel und die markanten Berge« war aufrichtig. 1848 bereiste er die Insel Euböa. Vieles von dem, was Lear malte, existiert so nicht mehr. Das 1884 erbaute Rote Haus in Chalkida hätte ihm aber sicherlich gefallen. Gegenüber führt ein Strandweg zu einer Stelle, wo Lear zusah, wie »die Jungen von der Brücke in den Euripos sprangen« – einen natürlichen Meereskanal zwischen Euböa und dem Festland.

## 413
### MIT LORD BYRON IN ALBANIEN
**Maja e Çikës, Albanien**

Auf seiner großen Mittelmeerreise kam Lord Byron (1788–1824) auch nach Albanien. Er schwärmte 1809 von den »zauberhaften Trachten« und den Traditionen, die die Bevölkerung pflegte. Manche Eindrücke verarbeitete er in *Childe Harolds Pilgerfahrt* (1812–1818). Byron besuchte auch das Gebiet des heutigen Nationalparks Llogara. Dort führen Trails über hohe Pässe, vorbei an verborgenen Höhlen, alten Burgen, orthodoxen Kirchen und traditionellen Dörfern mit Zitronen- und Olivenhainen. Vom Llogara-Pass genießen Sie einen wunderbaren Blick auf den Berg Maja e Çikës (dt. Mädchen-Spitze) und die albanische Riviera.

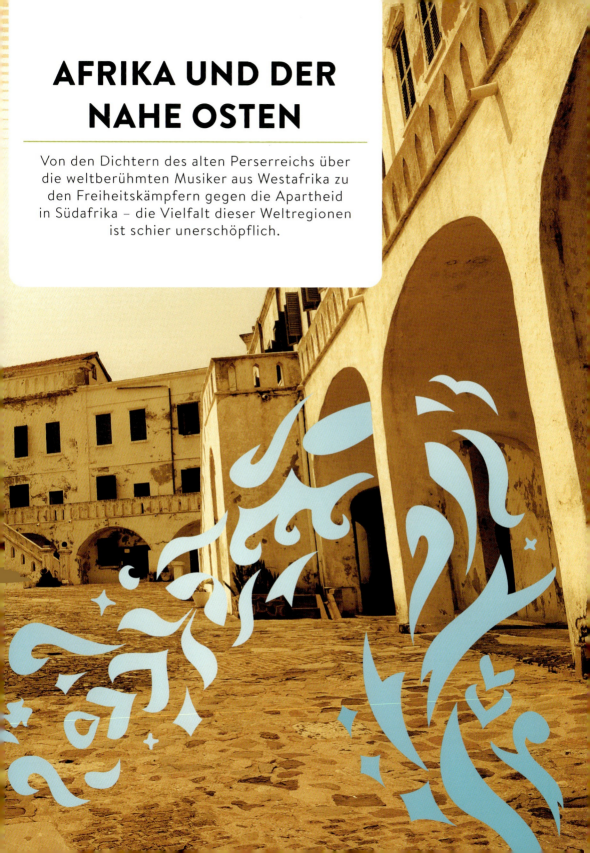

# AFRIKA UND DER NAHE OSTEN

Von den Dichtern des alten Perserreichs über die weltberühmten Musiker aus Westafrika zu den Freiheitskämpfern gegen die Apartheid in Südafrika – die Vielfalt dieser Weltregionen ist schier unerschöpflich.

# 414

## AUF DEN SPUREN DES ALCHIMISTEN

### Von Spanien nach Ägypten

**Streifzug mit:** Paulo Coelho (geb. 1947)

**Route:** Von Tarifa, Spanien, nach Al-Fayyūm, Ägypten

**Länge:** 4305 km

**Unsere Empfehlung:** *Der Alchimist* (1988)

Die Veröffentlichung von Paulo Coelhos Bestseller *Der Alchimist* verschaffte dem brasilianischen Autor im Handumdrehen einen festen Platz in der Welt der Literatur. Der allegorische Roman folgt dem jungen andalusischen Hirten Santiago auf seiner Suche nach einem Schatz in den ägyptischen Pyramiden. Unterwegs trifft er auf Menschen, die ihm helfen oder ihn behindern, wodurch er sich selbst und seine Bestimmung kennenlernt.

Coelho schrieb den Roman in nur zwei Wochen, doch die Wanderung auf den Spuren von Santiagos Reise dauert ganze drei Monate. Sie führt vom ländlichen Andalusien bis zur Stadt Tarifa am südlichsten Zipfel von Spanien, wo er seine Schafswolle verkaufen wollte. Tarifa thront über der Straße von Gibraltar. Von hier aus erreicht man mit einer 35-minütigen Bootsfahrt Tanger in Marokko, wo Santiago um sein Geld gebracht wurde: ein Rückschlag, der ihn kurzzeitig dazu bringt, seinen Traum aufzugeben. Doch bald nimmt er seine Reise nach Ägypten wieder auf und begibt sich auf den kräftezehrenden Weg durch die Sahara nach Al-Fayyūm, wo er sich in Fatima verliebt und schließlich auf den Alchimisten trifft.

Am Ende stellt sich heraus, dass – wie bei jeder guten Reisegeschichte – der Sinn und die Bedeutung von Santiagos Reise in seinem Weg und nicht in seinem Ziel liegen und dass das Leben meistens andere Belohnungen für einen bereithält als die, die man sucht. Das Buch erzählt von der Wichtigkeit, die eigenen Ziele zu verfolgen, und vom Mut, den man dafür braucht. Wie Coelho schreibt: »Menschen können in ihrem Leben jederzeit genau das erreichen, wovon sie träumen.«

**OBEN:** Paulo Coelho, der Autor von *Der Alchimist*

**RECHTS:** Eine lange Wanderung führt von der spanischen Sierra Nevada bis nach Ägypten.

## 415
## AUS DER LUFT UND ZUR SEE
### Tarfaya, Marokko

Der Graf Antoine Marie Jean-Baptiste Roger de Saint-Exupéry (1900–1944) hatte ein erfülltes Leben, obwohl er nur 44 Jahre alt wurde; kaum genug Zeit, um seinen vollen Namen auszusprechen. Saint-Exupéry war Aristokrat, aber keiner von der gemütlichen Sorte. Er schrieb Zeitungsartikel, Gedichte und das ergreifende Kinderbuch *Der kleine Prinz* (1943). Der Erzähler ist ein Pilot, der eine Bruchlandung in der Sahara überlebt – genau wie Saint-Exupéry selbst, als er 1935 einen Weltrekord brechen wollte. »Fliegen hilft mir, meine Gedanken von der Tyrannei der Kleinlichkeit zu befreien«, schrieb er. Saint-Exupéry war Mitbegründer von Frankreichs Zustelldienst Aéropostale und verwaltete dessen Landeplatz in der Nähe von Tarfaya im Süden Marokkos. 1944 verschwand Saint-Exupéry bei einem Aufklärungsflug über dem Mittelmeer. In Tarfaya befindet sich heute ein Museum über sein Leben und Werk, am Strand steht eine Doppeldecker-Statue zu seinen Ehren.

## 416
### ANDY WARHOL IN DEN BERGEN

#### Tangier, Marokko

Marokko war Ende der 1950er und in den 1960er Jahren das Lieblingsreiseziel der Stars und Sternchen. Auf den Spuren von Yves Saint Laurent und seinem Partner Pierre Bergé besuchte auch der Pop-Art-Künstler Andy Warhol (1928–1987) regelmäßig Tanger. Eine Stadt, die ihn immer wieder neu inspirierte, wie sein Film *Restaurant* (1965) zeigt. Noch heute findet man überall Spuren des literarischen und künstlerischen Erbes dieses magischen Ortes. Streifen Sie, gestärkt mit einem Minztee, durch die gewundenen Straßen voller Geschichte und legen Sie einen Zwischenstopp in Dean's Bar oder im Café Hafa ein, wo Warhol und die Rolling Stones ein- und ausgingen.

## 417
### DER BEAT VON WILLIAM BURROUGHS

#### Tangier, Marokko

Angetan von den bildlichen Beschreibungen in Paul Bowles' *Himmel über der Wüste* (1949), zog William S. Burroughs (1914–1997) in den 1950er Jahren nach Tanger, Marokko. Mit der Unterstützung der Beat-Generation-Autoren Allen Ginsberg und Jack Kerouac schrieb er hier im Hotel El Muniria seinen Roman *Naked Lunch* (1959). Das Hotel steht auch heute noch an der Rue Magellan. Es ist leicht, den Spuren von Burroughs und seinen Freunden durch die Stadt zu folgen, denn die Reihe ihrer Lieblingsbars gibt eine klare Route vor: von der neben dem Hotel gelegenen Tanger Inn Bar geht es zum Café Central am Petit Socco, der belebten Kreuzung im Zentrum der Altstadt, und anschließend weiter zum Gran Café de Paris.

## 418
### FARBENFREUDE MIT PAUL KLEE

#### Kairouan, Tunesien

Der in der Schweiz geborene Maler Paul Klee (1879–1940) reiste 1914 mit den befreundeten Malern August Macke und Louis Moilliet nach Tunesien. In zwei Wochen schuf Klee 35 Aquarelle und 13 Zeichnungen. Der Reise wird ein tiefgreifender Einfluss auf die moderne Kunst nachgesagt; Klee selbst verortet in dieser Zeit den Anfang seines Selbstverständnisses als Künstler, wie er in seinem Tagebuch festhält: »Ich bin besessen von Farben. Es lohnt sich nicht zu versuchen, es zu verstehen. Ich bin besessen. Die Bedeutung dieses freudigen Moments: Die Farben und ich sind eins. Ich bin ein Maler.« Lassen Sie sich vom Farbenwirbel der Heiligen Stadt und ersten Hauptstadt des Maghrebs verführen: Spazieren Sie von der Großen Moschee Sidi Oqba zum Mausoleum von Sidi Sahab und weiter zu den beeindruckenden Aghlabidenbecken, bevor Sie abschließend in die Altstadt eintauchen.

## 419
### ÜBER KAIROS CORNICHE MIT NAGUIB MAHFOUZ

#### Kairo, Ägypten

Naguib Mahfouz (1911–2006) war der erste arabischsprachige Autor, der den Literaturnobelpreis (1988) erhielt. Seine Heimatstadt Kairo ist einer der Hauptschauplätze in seinem Werk, die er »voller Liebe« porträtierte, insbesondere in seiner *Kairo*-Trilogie. Seine Tochter, Umm Kulthum, sagte einmal: »Er beschrieb die Stadt bis ins kleinste Detail. Selbst wenn er sie kritisierte, tat er das liebevoll.« Auf dem Weg zu seinen Lieblingscafés am Tahrir-Platz spazierte Mahfouz regelmäßig über die Corniche am Nilufer entlang. Folgen Sie seinen Spuren und gehen Sie auf der Suche nach dem Kairo in seinen Geschichten vom ehemaligen Mahfouz-Wohnhaus an der Straße Qasr El Nil über die Abbas-Brücke.

**LINKS:** Die farbigen Straßen von Tanger bieten Anregungen für Kunstschaffende in Wort, Bild und Ton.

# 420

## DAS ATLASGEBIRGE MIT GUSTAV HOLST

### Atlasgebirge, Algerien

**Auf den Spuren von:**
Gustav Holst (1874–1934)

**Route:** Vom Campingplatz im Djurdjura-Nationalpark nach Tikjda

**Länge:** 7,2 km

**Unsere Empfehlung:**
*Beni Mora* (1912)

**OBEN RECHTS:** Die für ihre Handwerkskunst bekannte Stadt Bou Saada bietet sich als Ausgangspunkt für Wanderungen an.

**RECHTS:** Holst reiste aus gesundheitlichen Gründen ins Atlasgebirge, wo er sich in die traditionelle Musik verliebte.

Der leidenschaftliche Wanderer Gustav Holst (1874–1934) machte auf Anraten seines Arztes Urlaub in Algerien, um sein Asthma und seine Depression zu kurieren. Im Atlasgebirge lernte er die Kultur und Tradition der Bauchtänzer der Stammeskonföderation der Ouled Nail sowie die Musik der Berber kennen, die einen starken Einfluss auf seine orientalische Suite *Beni Mora* hatten.

Leider wurde die von der Berbermusik beeinflusste Suite von der größtenteils konservativen Londoner Zuhörerschaft nicht positiv aufgenommen: Die Aufführung wurde ausgepfiffen. Heute steht das Stück am Anfang der minimalistischen Musik.

Das Atlasgebirge erstreckt sich über 2490 Kilometer und reicht über Algerien, Marokko und Tunesien. Bei seinem Aufenthalt in den tunesischen Gebirgszügen hat Holst gewiss den Saharaatlas, Tellatlas und das Aurès-Gebirge besucht. Insbesondere die in einer Oase gelegene Stadt Bou Saada eignet sich als Ausgangspunkt für Wanderungen in der Region.

In Algerien sind heute weite Teile des Atlasgebirges nicht mehr für Wanderer zugänglich, doch eine Wanderung durch den Djurdjura-Nationalpark wird Ihnen Holsts Erfahrungen in dieser Umgebung näherbringen. Die Sommer sind hier saftig grün, und im Winter bedeckt Schnee die Landschaft, die mit dichten Wäldern bewachsen und von tiefen Schluchten durchzogen ist, in denen zahlreiche Vogelarten heimisch sind. Es ist also nicht unbedingt die Art von Natur, die Besuchende in Algerien erwarten würden. Zahlreiche nicht gekennzeichnete Wanderwege beginnen am Campingplatz des Djurdjura-Nationalparks und führen zu seinen Gipfeln – oder in die nahe gelegene Stadt Tikjda.

## 421
## INSPIRATION IN ALGIER
### Algier, Algerien

In ihrem Song *Broken Flag* besingt Patti Smith (geb. 1946) eine Wanderung nach Algier. Ihr Lied gilt als Zeichen ihrer Bewunderung aus der Ferne für die Stadt und das Land. Algerische Kunstschaffende wie die rebellische französisch-algerische Schriftstellerin Albertine Sarrazin, deren Buch *Der Astragal* (1966) Smith in ihrer Jugend verschlungen hatte, beeinflussten die Künstlerin. Auch Albert Camus (1913–1960) inspirierte sie, dessen Schauplätze in *Der Fremde* (1942), *Die Pest* (1947) oder *Der erste Mensch* (1995) an Algier denken lassen. Dieser Spaziergang auf den Spuren von Camus und den Jahren, die er in Belcourt lebte, startet am Hotel El-Djazair (ehemals: Hotel Saint-George) und führt anschließend zu den Cafés in der Rue Mohamed Belouizdad, bevor er an Les Sablettes endet.

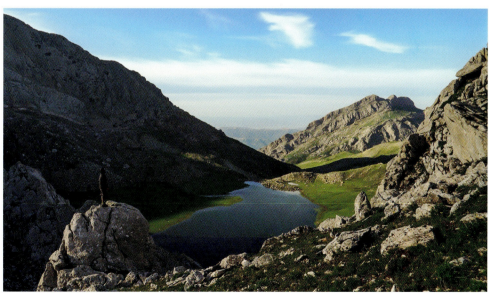

## 422
### DIE INTELLEKTUELLE HOCHBURG NIGERIAS

**Nsukka, Nigeria**

Chimamanda Ngozi Adichie (geb. 1977) ist in der Universitätsstadt Nsukka aufgewachsen, wo ihr Vater lehrte und wo sie ein Studium der Medizin und Pharmakologie begann. Eine Zeit lang lebte ihre Familie im ehemaligen Wohnhaus von Chinua Achebe, nigerianischer Schriftsteller von Weltruf und einer ihrer größten literarischen Vorbilder. Achebe lehrte ebenfalls an der Universität in Nsukka. Die Stadt spielt eine wichtige Rolle in den ersten Romanen Adichies – *Blauer Hibiskus* (2003) und *Die Hälfte der Sonne* (2006). Ein Spaziergang über den Campus und entlang der Wohnhäuser in den nahen Straßen vermittelt Ihnen einen Eindruck von der intellektuellen Energie ihrer Romane.

## 423
### AM OLUMO ROCK DEN TROMMELN LAUSCHEN

**Abeokuta, Nigeria**

1986 erhielt der nigerianische Schriftsteller Wole Soyinka (geb. 1934) als erster Afrikaner den Literaturnobelpreis. Er wurde in Abeokuta im Südwesten Nigerias geboren, wo er sich auch heute noch stark in der Community und lokalen politischen Bewegungen engagiert. In den vergangenen Jahren veranstaltete er Trommelfestivals auf dem Olumo Rock mit seinem restaurierten Fort und den von Menschenhand gehauenen Felsstufen. Von hier, im Norden der Stadt, können Sie zur nahen Grundschule St. Peter laufen, die Soyinka besuchte, und anschließend durch das Dorf Aké streifen, wo Soyinkas Memoiren, *Aké: Jahre der Kindheit* (1981), spielen.

## 424
### GEGENSÄTZE UND GEFANGENSCHAFT IN CAPE COAST

**Cape Coast Castle, Ghana**

Der fiktive historische Roman *Heimkehren* (2016) von Yaa Gyasi (geb. 1989) folgt zwei unterschiedlichen Zweigen des Stammbaums ein und derselben Familie im Afrika des 18. Jahrhunderts. Die eine Schwester wird in die Sklaverei verkauft, die andere heiratet einen Sklavenhändler. Anregungen für ihren Roman fand Yaa Gyasi bei einem Besuch im Cape Coast Castle in Ghana. Der Gegensatz zwischen dem Luxus, in dem die Kolonisatoren lebten, und dem Elend der Sklaven, die sie in den darunterliegenden Kerkern gefangen hielten, bewegte die Autorin zutiefst. Im Castle dokumentiert heute ein Museum die grausame Vergangenheit des Ortes, der in einem starken Kontrast zur Schönheit von Cape Coast steht. Entdecken Sie die Wunder der Natur bei einem Spaziergang entlang die Küste.

## 425
### DAS VERLORENE ÄTHIOPIEN VON NEGA MEZLEKIA

**Bale-Mountains-Nationalpark, Äthiopien**

Die Erzählungen von Nega Mezlekia (geb. 1958) tragen das Heimweh nach einer vergangenen Zeit und einem Ort in sich, die es heute nicht mehr gibt. Nachdem Mezlekia in die bewaffneten Auseinandersetzungen um die Zukunft Äthiopiens verstrickt wurde, floh er in den 1980er Jahren nach Kanada. Sein zweiter Roman, *Die unglückliche Ehe von Azeb Yitades* (2006), erzählt von einem äthiopischen Dorfes, dessen Identität sich durch den Einfluss der modernen Welt über 30 Jahre hinweg zunehmend verändert. Wandern Sie durch den Bale-Mountains-Nationalpark und genießen Sie im Harenna-Urwald auf den südlichen Hängen des Sanetti-Plateaus (dem »Dach Afrikas«) die bezaubernde Abgeschiedenheit der Region. Mezlekia beschreibt seinen Roman als eine »Erinnerung, fußend auf 20 Jahren Nostalgie«. Er selbst kann in seine Heimat nicht zurückkehren, was Sie aber nicht davon abhalten sollte, das Land zu besuchen.

**LINKS:** Das Cape Coast Castle und seine historische Rolle im Sklavenhandel sind der Schlüssel zu Yaa Gyasis Roman *Heimkehren*.

# 426

## DIE LEGENDE VON FELA KUTI: MUSIK FÜR DIE MASSEN

## Lagos, Nigeria

**Streifzug mit:** Fela Kuti (1938–1997)

**Route:** Rings um Lagos

**Länge:** 2,9 km

**Unsere Empfehlung:** *Live!* von Fela Ransome-Kuti und The Africa '70 mit Ginger Baker (1971); *Zombie* von Fela Kuti und The Africa '70 (1976)

**OBEN:** Die Musik von Fela Kuti hatte weltweit Einfluss.

**OBEN RECHTS UND RECHTS:** Kutis Heimatstadt Lagos ist die bevölkerungsreichste Stadt in Afrika – und so energiegeladen wie seine Musik.

Fela Kuti (1938–1997) war wie eine Naturgewalt und vereinte vielfältige Talente. Der Multiinstrumentalist und musikalische Avantgardist gilt als Pionier des Afrobeats, einer auf der ganzen Welt beliebten, lebhaften Fusion aus westafrikanischem Highlife, Jazz, Funk und Calypso. Dazu gehören kritische Songtexte, die Ungleichheiten anprangern: »Mit fröhlicher Musik erzähle ich von der Traurigkeit anderer Menschen. Ich benutze meine Musik als Waffe.« Der aktive Anti-Kolonialist sang auf Pidgin-English, um seine Reichweite zu maximieren. Er lehnte öffentlich die Zusammenarbeit mit Paul McCartney ab (den er beschuldigte, »gekommen zu sein, um die Musik der Schwarzen zu stehlen«) – und traf sich trotzdem mit dem ehemaligen Mitglied der Beatles, mit dem er sich gut verstand.

Kuti war der Sohn eines anglikanischen Pfarrers und Gewerkschaftsführers und einer feministischen Aktivistin. Er selbst heiratete in einer pompösen Zeremonie 27 »Königinnen«, um ihnen, wie er sagte, die bürgerlichen Freiheiten zu ermöglichen, die unverheirateten Frauen nicht zugänglich waren. Fela Kuti handelte komplex und ist noch heute präsent. Als er nach seinem Tod aufgebahrt wurde, gaben ihm eine Million Besucher die letzte Ehre.

Am Eingang des Museums The Kalakuta Republic an der Gbemisola Street in Ikeja, Bundesstaat Lagos, befindet sich Kutis letzte Ruhestätte unter einem großen Marmorsockel; geleitet wird das Haus von einem seiner Söhne. Auf dem Dach des dreistöckigen Gebäudes finden Sie eine Bar, im Hotel des Museums können Sie übernachten.

Kuti hatte Kalakuta als Kommune und Aufnahmestudio gegründet und zu einer unabhängigen Republik erklärt, was der nigerianischen Militärjunta missfiel. Ihr erster Standort lag etwas weiter südlich an der Agege Motor Road und wurde 1977 bei einer Polizeirazzia niedergebrannt.

Eine andere wichtige Adresse für Fela-Kuti-Fans ist der Club Afrika Shrine. Hier trat er zwei Jahrzehnte lang auf, bevor Militärs auch dieses Gebäude niederbrannten. Im Jahr 2000 gründete sein Sohn Femi Kuti, ebenfalls ein beliebter und anerkannter Musiker, das New Afrika Shrine an der NERDC Road in Agidingbi, etwa drei Kilometer nördlich von Kalakuta. Seinen Vater, der einst schrieb, dass »Musik die Waffe der Progressiven ist«, würde es freuen, dass sein Erbe weiterlebt.

## 427
## DAS DAKAR VON YOUSSOU N'DOUR
### Dakar, Senegal

Wie seine Geburts- und Heimatstadt bietet auch die Musik von Youssou N'Dour (geb. 1959) einen faszinierenden Mix aus verschiedenen Einflüssen. Der Musiker wuchs in Medina auf, einem kulturell vielfältigen Viertel, das seinen altmodischen Charme bewahrt hat. Ein Streifzug durch die Stadt, vorbei an Pferdekutschen, improvisierten Verkaufsständen und Kochstellen an der Straße lässt die Wurzeln von N'Dour, die er selbst ausgiebig beschrieben hat, lebendig werden. In seinen Zwanzigern kaufte er den Nachtclub Le Thiossane an der Rue 10, der Verlängerung des Boulevard Dial Diop, wo er auch heute noch jeden Samstag ab zwei Uhr nachts auftritt: »Ich spiele meistens bis 4:30 Uhr. Danach trommle ich ein paar Freunde zusammen und dann frühstücken wir gemeinsam in einer meiner Lieblingsbäckereien, der Patisserie Medina. Anschließend gehe ich nach Hause, ins Bett.« Genießen Sie es, seine Spuren durch Dakar zu entdecken!

AFRIKA UND DER NAHE OSTEN

# 428

## DAS ECHTE LEBEN IN BINYAVANGA WAINAINAS HEIMATLAND

### Nakuru, Rift Valley, Kenia

**Streifzug mit:** Binyavanga Wainaina (1971–2019)

**Route:** Rift Valley

**Länge:** variabel

**Unsere Empfehlung:** *Eines Tages werde ich über diesen Ort schreibe* (2011)

**OBEN:** Binyavanga Wainaina outete sich als schwul, obwohl Homosexualität in Kenia bestraft wird.

**OBEN RECHTS:** Wainainas Texte fordern den Westen dazu auf, altbekannte Stereotype über Afrika zu hinterfragen.

**RECHTS:** Ein Schulausflug zu den Makalia Falls im Lake-Nakuru-Nationalpark

2014 zählte das *Time*-Magazin den Autor und Journalisten Binyavanga Wainaina (1971–2019) zu den 100 wichtigsten Persönlichkeit der Welt. Seine Kurzgeschichten und Texte haben die afrikanische Literatur geprägt, allen voran sein satirischer Essay *Wie man über Afrika schreibt*, der 2005 in der Literaturzeitschrift *Granta* veröffentlicht wurde und mit folgendem Satz beginnt: »Auf jeden Fall gehört ein Wort wie ›Afrika‹, ›Dunkelheit‹ oder ›Safari‹ in den Titel.« Mit Humor versuchte Wainaina, dem, was die Menschen weltweit verbindet, nachzuspüren: »Tabu-Themen wie dem gewöhnlichen häuslichen Alltag, der Liebe zwischen Afrikanern (außer zu Verstorbenen), Bezügen zu afrikanischen Schriftstellern oder Intellektuellen oder die Erwähnung von schulpflichtigen Kindern.«

Sein einziges Prosawerk ist seine Autobiografie *Eines Tages werde ich über diesen Ort schreiben*. Darin erzählt er von seiner Suche nach seinem Platz zwischen Kenia, Uganda (woher seine Mutter stammte) oder Südafrika, wo er mit dem Schreiben begann. Der »Ort« im Titel bezeichnet keinen bestimmten geografischen Ort, sondern steht als Metapher für diese Ungewissheit. Themen des Autors finden sich auch in seinen Erinnerungen – Familie, Herkunft und nationale Selbstbestimmung.

Wainaina vervollständigte seine Autobiografie 2014 um das, in seinen Worten, »fehlende Kapitel« *Ich bin schwul, Mama* – ein mutiger Schritt in einem Kenia, das Homosexualität verbietet.

Spazieren Sie durch seine Geburtsstadt Nakuru und ihr Umland, um den Wurzeln seiner Texte auf die Spur zu kommen. Hier können Sie den häuslichen Alltag und Kinder auf ihrem Schulweg beobachten oder politischen Diskussionen in den Cafés lauschen, die er beschrieb.

## 429
### DIE LIEDER DER LAMU-DÜNEN
Lamu, Kenia

Hans Werner Henze (1926–2012) schrieb seine *Sechs Gesänge aus dem Arabischen* für den britischen Tenor Ian Bostridge. Sie beruhen auf seiner Reise zur kenianischen Insel Lamu. Wenn Sie an der Küste entlang von Lamu Town nach Shela laufen und anschließend den Weg in die hoch aufragenden Sanddünen hinter dem Dorf einschlagen, genießen Sie ebenjene Aussichten, die diese Gesänge beeinflussten.

## 430
### DRAUSSEN IN DEN NGONG-BERGEN
Ngong-Berge, Kenia

»Der Himmel hatte selten eine andere Farbe als blasses Blau oder Violett … doch ihm liegt eine blaue Lebendigkeit inne, die die Hügelketten und Wälder in ein frisches, tiefes Blau taucht.« Karen Blixens (1885–1962) poetische Memoiren *Jenseits von Afrika* (1937) erzählen voller erkennbarer Sehnsucht von den 17 Jahren, die sie in Kenia lebte. Sie wohnte auf einer Farm »am Fuße der Ngong-Berge«, von der aus ein Weg über die sieben Bergspitzen führt und freie Sicht auf das atemberaubend schöne Rift Valley bietet.

## 431
### BETRACHTUNGEN MIT NADINE GORDIMER

#### Springs, Südafrika

Die Nobelpreisträgerin und Anti-Apartheid-Aktivistin Nadine Gordimer (1923–2014) wurde in Springs geboren, einer Industriestadt im Osten von Johannesburg, in der auch ihr Debütroman *Entzauberung* (1953) spielt. In diesem Coming-of-Age-Roman erkennt ein Mädchen allmählich die rassistische Spaltung der Gesellschaft und ihre Auswirkungen auf das Leben der Menschen. Im Süden von Springs liegen die Blesbokspruit-Feuchtgebiete, ein wunderschönes Naturschutzgebiet und ein kleines Ökosystem, das die Abwässer der lokalen Industrie filtert, bevor sie in den Blesbokspruit River gelangen können. Ein Ausflug hierher lohnt sich allemal. Gordimer schrieb über ihre Ideen – und hier können Sie sich gut Ihren eigenen hingeben.

## 432
### EIN SPAZIERGANG DURCH DAS TAL DER TAUSEND HÜGEL

#### Ixopo, KwaZulu-Natal, Südafrika

Der Anti-Apartheid-Roman *Denn sie sollen getröstet werden* (1948) von Alan Paton (1903–1988) beginnt mit den folgenden Sätzen: »Eine schöne Straße führt von Ixopo in die Berge. Hier sind die sanften Hügel mit saftigen Wiesen bedeckt und so atemberaubend schön, dass man es nicht in Worte fassen kann.« Freie Sicht über das Ufafa Tal haben Sie vom Buddhistischen Retreat in Ixopo aus oder auf dem Gavin-Reilly-Wanderweg, der Sie an den Nistplätzen der geschützten Rauchschwalben vorbeiführt und einen Ausblick auf die traditionell strohbedeckten Bauernhöfe im Tal eröffnet, aus dem das ferne Echo von Kühen, Hunden und spielenden Kindern herüberweht.

## 433
### DAS INDISCHE VIERTEL VON DURBAN MIT AZIZ HASSIM

#### Durban, Südafrika

Aziz Hassim (1935–2013) verbrachte seine Jugendjahre auf den Straßen der Kasbah, im umliegenden Viertel der alten Grey Street in der Innenstadt von Durban, wo auch sein Roman *The Lotus People* (2002, dt. *Die Lotus-Menschen*) spielt. Heute beschwören die Madressa-Arkaden mit ihren kleinen Läden und engen Aufstiegen zu den darüber gelegenen Wohnungen die »romantische« Atmosphäre des Viertels in den 1950er Jahren wieder herauf. Hier hatte die Hauptfigur Dara ihren Laden, in dem es »einfach alles gab, was man einpacken und mitnehmen konnte: Kosmetikartikel und Besteck, Messer und Nägel, Gartenscheren, Schreibwaren, Äxte, aromatische Öle, Tinkturen oder Medikamente«. Wenn Sie wieder aus dem Bazar auftauchen, sollten Sie einen Abstecher zur ruhigen Emmanuel-Kathedrale machen und anschließend den Straßenmarkt in der Victoria Street besuchen. Direkt um die Ecke liegt die »prächtige« Juma-Moschee »mit ihren Minaretten und zahlreichen Kuppeln«, die Hassim beschrieb.

## 434
### EIN TAG IM LAND DER KIKUYU

#### Kamiriithu, Kenia

Der Schriftsteller und Kulturwissenschaftler Ngũgĩ wa Thiong'o (geb. 1938) entschied 1977, seine Texte ab sofort in seiner Muttersprache Kikuyu zu verfassen. Es ist die Sprache der Kikuyu in Kenia und gleichzeitig ein politisches Statement in Fragen von Identität und Herkunft. Sein preisgekürter Roman *Herr der Krähen* (2006) ist das längste Buch, das je auf Kikuju geschrieben wurde. Bei einem Spaziergang rund um sein Heimatdorf Kamiriithu, wo er wegen seiner politischen Äußerungen verhaftet wurde, können Sie mehr über die Wurzeln dieses wegbereitenden Autors und seine Bedeutung für die Kultur seiner Heimat und Afrikas erfahren.

**LINKS:** In der Grey Street in Durban spielt Aziz Hassims *The Lotus People*.

# 435

## MIT LEWIS NKOSI ÜBER DIE »GOLDENE MEILE« VON DURBAN

### Durban, Südafrika

**Streifzug mit:** Lewis Nkosi (1936–2010)

**Route:** Vom Suncoast Casino zum Hafen

**Länge:** 5 km

**Unsere Empfehlung:** *Mating Birds* (Ausgabe von 2006)

**RECHTS:** Der Sandstrand, die »Goldene Meile« von Durban

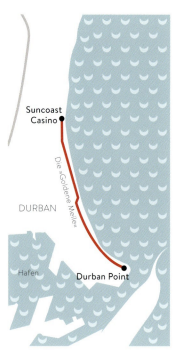

Lewis Nkosi (1939–2010) wurde vom Apartheid-Regime zum Verlassen seiner Heimat gezwungen und lebte 30 Jahre im Exil. Erst 2001 kehrte er nach Südafrika zurück und besuchte die »Goldene Meile« von Durban, einen Schauplatz aus seinem bekanntesten Werk *Mating Birds* (dt. Vögel bei der Balz). Das wütende Buch spielt in den 1960er Jahren auf dem damals noch segregierten Strand von Durban und erzählt die traurige Geschichte eines schwarzen Mannes und einer weißen Frau, die sich ineinander verlieben. Sie betrachten sich über die unsichtbare Linie hinweg, die die beiden Zonen des Strandes voneinander trennt. Der Roman hat kein Happy End, passend in einer Zeit, durchdrungen von der alles beherrschenden Apartheid.

Dass Nkosi, der auch für die Bühne schrieb, 2001 in sein Heimatland zurückkehren konnte, steht für eine positive Entwicklung. Mit Interesse beobachtete er über Stunden die Veränderungen an diesem Strand, den sich die Menschen nach dem Ende der Apartheid ungeachtet ihrer Hautfarbe teilen konnten. Dennoch nahm der Autor die weiterhin bestehenden, auch eklatanten wirtschaftlichen Unterschiede wahr.

In Gedanken an Lewis Nkosi können Sie einen der atemberaubendsten Strandspaziergänge, die Kapstadt zu bieten hat, unternehmen: Ausgehend vom Suncoast Casino auf der Strandpromenade laufen Sie südwärts wie durch die Kulissen von Nkosis Roman. Zu seiner Zeit wurde der Abschnitt entlang der Hauptstrände vor Durban aufgrund der Farbe der Sandstrände die »Goldene Meile« genannt. Heute sind die Strände infolge der Gezeiten weniger golden, doch die Wellen ziehen auch weiter zahlreiche Schwimmer und Surferinnen an. Auf Ihrem Streifzug können Sie über lange Stege »ins Meer« spazieren und zurück auf die Küste blicken. Ihr Weg endet in Durban Point, der Einfahrt des geschäftigsten Hafens in ganz Afrika. Von hier aus schaute Ndi Sibiya, die Hauptfigur aus Nkosis Roman, sehnsüchtig den Schiffen hinterher, die das Land verließen, oftmals auf dem Weg in eine freiere Welt.

## 436
## FATIMA MEERS RED SQUARE
**Durban, Südafrika**

Heute ein Parkhaus im lebhaften Grey-Street-Viertel von Durban, in dem traditionell vor allem indische Händler ihr Geschäft betreiben, war der Red Square (dt. Roter Platz) einst der Ort der Anti-Apartheid-Kundgebungen. Fatima Meer (1928–2010) besuchte als Schülerin die Massenkundgebungen, bei denen Monty Naicker und andere politische Größen sprachen. Die prominente Soziologin und Aktivistin erinnert sich in ihrem Buch *Passive Resistance* (1948, dt. Passiver Widerstand) an eine Gelegenheit, bei der die Frauen aufgrund von Sicherheitsbedenken aufgefordert wurden, die Kundgebung zu verlassen. Doch ihre Antwort lautete: »Wir sind ein Teil der Bewegung und bleiben bis zum Ende …« Fatima Meer war in den 1950er Jahren auch Mitbegründerin der Federation of South African Women.

# 437

# DIE WAHRHEIT ÜBER LAWRENCE VON ARABIEN

## Wadi Rum, Jordanien

**Auf den Spuren von:** T. E. Lawrence (1888–1935)

**Route:** Vom nabatäischen Tempel zur Ain-Salalah-Quelle

**Länge:** 1,6 km

**Unsere Empfehlung:** *Die sieben Säulen der Weisheit* (1922)

**RECHTS:** Eine Wanderung durch das Wadi Rum führt an großartigen Naturwundern wie der Um-Fruth-Felsenbrücke vorbei.

Die Geschichten des britischen Archäologen, Diplomaten und Schriftstellers Thomas Edward Lawrence über Lawrence von Arabien haben dank Hollywood internationale Berühmtheit erlangt. Der Kultfilm *Lawrence von Arabien* wurde in den 1960er Jahren in Jordanien gedreht, wo Lawrence im Großen Arabischen Aufstand von 1916 bis 1918 gegen die Türken kämpfte und wo er im Ersten Weltkrieg stationiert war.

T. E. Lawrence hielt zahlreiche Erlebnisse aus dieser Zeit in der jordanischen Wüste in seinem Buch *Die sieben Säulen der Weisheit* fest. Die autobiografischen Erzählungen schildern seine Erfahrungen als Mitglied der britischen Streitkräfte in Nordafrika in Wadi Rum, Azraq und Amman. Mit Unterstützung des Emirs Faisal I. und seines Stammes organisierte er zahlreiche Angriffe auf die osmanischen Streitkräfte, von Akaba im Süden bis nach Damaskus im Norden.

Beginnen Sie Ihre Wanderung durch das Wüstental Wadi Rum am nabatäischen Tempel am Fuß des beeindruckenden Bergs Dschabal Ram. Lawrence beschrieb dieses Gebiet als »weit, voller Echos und göttlich«.

Am Rand Ihres Weges, der zur Quelle von Ain Salalah (Lawrence's Spring, dt. Lawrence-Quelle) in der Nähe des Dorfes Rum führt, können Sie in den Fels gehauene Wasserreservoirs und Dämme entdecken, die kleine Schluchten abdichten. Die Nabatäer verfügten bereits über ausgeklügelte Methoden, mit denen sie Wasser sammelten und kanalisierten. Die Quelle erhielt übrigens ihren Namen dank des eindringlichen Schreibstils des berühmten Walisers: »Aus diesem Felsen ergoss sich ein silbernes Rinnsal ins Sonnenlicht. Ich spähte hinein, um seinen Ursprung zu entdecken: Ein Strahl, etwas dünner als mein Handgelenk, schoss aus einer Spalte in der Decke und ergoss sich mit einem klaren Geräusch in einen flachen, schäumenden Pool hinter der Stufe, die als Eingang diente. Die Wände und die Decke tropften vor Feuchtigkeit. Dichte Farne und prächtig grüne Gräser machten es zu einem nur einen halben Quadratmeter großen Paradies.«

## 438
### AUF DER GRÜNEN LINIE
**Grüne Linie, Jerusalem, Israel**

Im Sommer 2004 spazierte der in Mexiko lebende Künstler Francis Alÿs (geb. 1959) die unsichtbare Waffenstillstandslinie von 1948 durch Ostjerusalem entlang – die »Grüne Linie«. Dabei zog er eine Farbdose hinter sich her, die eine grüne Spur hinterließ; insgesamt benutzte er 70 Liter Farbe für die 24 Kilometer lange Strecke. Zudem drehte er einen 17-minütigen Film über seinen Streifzug durch die Straßen, entlang alter Bahnstrecken, durch Städte und vorbei an verdutzten Menschen. Diese Performance sollte zeigen, dass »eine poetische Unternehmung manchmal politisch werden kann, so wie eine politische Unternehmung poetisch werden kann«.

## 439
### EAST MEETS WEST
**Beirut, Libanon**

*Eine überflüssige Frau* (2014) von Rabih Alameddine (geb. 1959) erzählt von einer Frau, die allein und zurückgezogen in ihrer Wohnung in West-Beirut lebt und Bücher übersetzt, die niemand liest, während sie sich an Vergangenes erinnert. »Sie ist die Elizabeth Taylor unter den Städten«, sagt sie, »wahnsinnig, wunderschön, kitschig, im Verfall begriffen und für immer voller Drama.« Die Heldin denkt daran, wie die Hauptstadt früher aussah, bevor »der bösartige Krebs, den wir Beton nennen, sich ausgebreitet und jede lebendige Oberfläche unter sich begraben hat«. Entdecken Sie die Geschichte der Stadt ausgehend vom osmanischen Schrein und erleben Sie auch die Souks von Beirut.

# 440

## DIE STADT DER GÄRTEN UND DER DICHTER

### Schiras, Iran

**Auf den Spuren von:** Hafis (um 1315 oder 1325–um 1390) und Saadi (um 1210–um 1291)

**Route:** Von Hafis' zu Saadis Grabstätte

**Länge:** 3 km

**Unsere Empfehlung:** *Der Diwan von Hafis*; *Bostan* (dt. Duftgarten) und *Golestān* von Saadi

**LINKS:** Jedes Jahr am 20. Oktober findet am Hafis-Mausoleum eine besondere Zeremonie statt.

Gleich zwei der berühmtesten und beliebtesten Dichter des alten Perserreichs, Hafis und Saadi, wurden in Schiras im Südwesten des Irans geboren. Heute befinden sich hier ihre Grabstätten, die zu regelrechten Pilgerstätten für Leser aus aller Welt geworden sind.

Im 13. und 14. Jahrhundert war Schiras eine Hochburg der Kunst und galt als das »Athen des Perserreichs«. Die zwei Dichter zählen zu den berühmtesten Künstlern jener Epoche.

Ein Spaziergang von Hafis' Grab bis zu Saadis Ruhestätte führt durch die Randbezirke der Stadt. Unterwegs wird augenscheinlich, warum Schiras »die Stadt der Gärten und Dichter« genannt wird. Beide Mausoleen befinden sich inmitten prächtiger Gartenanlagen mit einer Vielzahl von Bäumen, Blumen und Wasserbecken. Ihre Route führt zudem durch den Delgosha-Garten, einen der ältesten und berühmtesten Parks von Schiras. Daneben gibt es zahlreiche weitere Grünanlagen, die die Stadt im Frühling in ein farbiges Blütenmeer verwandeln.

Ein Spaziergang durch die Musalla-Gärten in der Nähe von Hafis' Grabstätte oder durch die üppigen Blumenmeere und Zypressen rund um Saadis Grab evoziert die romantische Stimmung in Schiras, die auch Einzug in die Werke der beiden Dichter hielt. Vielleicht denken Sie bei Ihrer Erkundungstour an Saadis weise Sentenz aus seiner Sammlung von Gedichten und Geschichten, betitelt *Golestān* (1259, dt. Rosengarten): »Durchstreife die weite Welt und koste in vollen Zügen von ihren Freuden, bevor der Tag naht, an dem du sie für immer verlassen musst.«

# RUSSLAND UND ASIEN

Streifen Sie durch die Heimatstädte großer russischer Erzähler wie Leo Tolstoi, genießen Sie mit Agha Shahid Ali die Ruhe der indischen Berge und bewundern Sie in Japan die Bildserien des weisen Katsushika Hokusai. Die kulturelle Diversität dieser Weltregionen bietet reine Sinnesfreuden.

# 441

## MIT FJODOR DOSTOJESWKI DURCH ST. PETERSBURG

### St. Petersburg, Russland

**Auf den Spuren von:** Fjodor Dostojewski (1821–1881)

**Route:** Vom Sennaja-Platz zur Peter-und-Paul-Festung

**Länge:** 10 km

**Unsere Empfehlung:** *Verbrechen und Strafe* (1866)

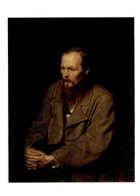

**OBEN:** Das 1872 von Wassili Perow gemalte Porträt des Autors Fjodor Dostojewski

**OBEN RECHTS:** Das Ufer des Gribojedow-Kanals ist einer der Schauplätze in *Verbrechen und Strafe*.

**RECHTS:** St. Petersburg von oben; rechts im Bild ist die Peter-und-Paul-Festung zu sehen.

Der weltberühmte russische Schriftsteller hat fast 30 Jahre in St. Petersburg gelebt – aber nie länger als drei Jahre an derselben Adresse. Insbesondere der Sennaja-Platz, damals in einem heruntergekommenen Viertel mit verlotterten Mietskasernen, schäbigen Kneipen und Bordellen gelegen, hatte es Dostojewski angetan. Hier spielt sein Roman *Verbrechen und Strafe* (1866), dessen Protagonist Raskolnikow in einer Wohnung in der Stoljany Pereulok in der Nähe des Platzes lebt, die »eher ein Schuhkarton war als ein Zimmer«. Raskolnikows späteres Mordopfer lebte am Rand des nahen Gribojedow-Kanals.

Auf dem südlichen Flussufer befindet sich die Ploschtschad Wosstanija (dt. Platz des Aufstands), wo die grausame Beinahe-Hinrichtung Dostojewskis veranstaltet wurde. 1849 war der Autor wegen seiner Zugehörigkeit zum Petraschewski-Kreis, einer zu jener Zeit in St. Petersburg aktiven Gruppe von Dissidenten, verhaftet worden. Erst kurz vor der Erschießung wurde den Gefangenen mitgeteilt, dass ihre Strafe in Zwangsarbeit umgewandelt worden war. Dostojewski verbrachte vier Jahre in einem Lager in Sibirien und viele weitere Jahre im anschließenden Militärdienst.

Folgen Sie dem Zagorodni-Prospekt in westlicher Richtung zur Dreifaltigkeitskathedrale, in der Dostojewski seine zweite Ehefrau Anna Snitkina heiratete. In östlicher Richtung befindet sich das Dostojewski-Museum in der letzten Wohnung, in der der Schriftsteller lebte; hier werden Objekte aus seiner Epoche präsentiert. Entlang des Flusses Fontanka geht es weiter nach Norden zur Michaelsburg. Die ehemalige Zarenresidenz beherbergt heute Ausstellungen des Staatlichen Russischen Museums. In diesem Schloss befand sich einst die Hauptingenieurschule, an der Dostojewski fünf Jahre studierte.

Überqueren Sie die Newa über die Troizki-Brücke. Am anderen Ufer liegt die Peter-und-Paul-Festung, das allererste Gebäude, das Peter der Große in »seiner« Stadt bauen ließ. Bald schon diente die Festung als politisches Gefängnis, in dem Dostojewski 1849 inhaftiert war.

## 442
## MIT PUSCHKIN FLANIEREN
### St. Petersburg, Russland

Er gilt als der Vater der russischen Literatur: Alexander Puschkin, der einen Großteil seines Erwachsenenlebens in St. Petersburg verbrachte, wo er Bälle besuchte, Karten spielte, sich dem Trinken hingab und zahlreiche Affären hatte. Mit seiner Frau Natalia und ihren Kindern lebte er in der Naberezhnaya Reki Moiki 12. In sein Arbeitszimmer wurde Puschkin nach seinem Duell mit Georges D'Anthès gebettet, das er nicht überleben sollte. Von der Wohnung erreichen Sie fußläufig den Sommergarten, in dem der namensgebende Protagonist von Puschkins Versroman *Eugen Onegin* (1833) mit seinem französischen Erzieher spazieren ging. Setzen Sie Ihren Rundgang in südwestlicher Richtung fort. Sie passieren die Ermitage und gelangen zum Senatsplatz, auf dem das imposante Reiterstandbild Peter des Großen thront. In seinem *Eugen Onegin* nimmt der russische Nationaldichter direkt Bezug auf den Dekabristenaufstand und diesen ihm gewidmeten Platz.

# 443

## TAUCHEN SIE EIN IN DIE WELT VON MICHAIL BULGAKOWS *DER MEISTER UND MARGARITA*

### Patriarchenteiche, Moskau, Russland

**Spaziergang mit:** Michail Bulgakow (1891–1940)

**Route:** Von den Patriarchenteichen bis in die Sperlingsberge

**Länge:** 15 km

**Unsere Empfehlung:** *Der Meister und Margarita* (1967)

**OBEN:** Der Autor Michail Bulgakow war ein Meister der dunklen Satire.

**OBEN RECHTS:** Die Patriarchenteiche sind von zentraler Bedeutung für den Roman *Der Meister und Margarita*.

**RECHTS:** Beenden Sie Ihren Spaziergang in den prächtigen Sperlingsbergen.

»Zur Stunde des heißen Frühlingssonnenaufgangs erschienen zwei Bürger an den Patriarchenteichen«, beginnt der Roman *Der Meister und Margarita*, Michail Bulgakows düster-satirisches Meisterwerk. Diese Teiche liegen in einem der wohlhabendsten Viertel Moskaus und sind ein schöner Ort für einen Spaziergang – obwohl hier im Roman der Teufel erscheint. Bulgakow (1891–1940) lebte ganz in der Nähe in der Straße Bolshaya Sadovaya 10. Das Haus, in dem er den Bestseller schrieb und bis zu seinem Tod wohnte, ist heute ein Museum.

Im Norden der Patriarchenteiche, an der Kreuzung der Malaja Bronnaja mit dem Jermolajewski-Gässchen, wird im Roman einer der Figuren der Kopf abgeschnitten. Nach der Enthauptung kommt es zu einer Verfolgungsjagd durch die Straßen – eine der Figuren ist noch im Schlafanzug – bis zum Gribojedow-Haus der Schriftstellervereinigung Massolit. Das Gebäude, ein »zweistöckiges, cremefarbenes Haus«, liegt an der Nummer 25 des Twerskoi Boulevards, von wo aus ein einladender Spaziergang nach Süden zur Malyy Vlas'yevskiy Pereulok führt, eine der fünf unterschiedlichen Adressen, an denen sich Margaritas Haus im Roman befinden soll.

Wenn Sie nordöstlich am Paschkow-Haus in der Mokhovaya-Straße vorbei schlendern, gelangen Sie zu den Sperlingsbergen, einem Naherholungsgebiet am südlichen Ufer der Moskwa. Hier nahm die geheimnisvolle Figur des Ausländers Woland Abschied von Moskau. Im Winter eignet sich der Ort hervorragend zum Rodeln.

## 444
## MARC CHAGALLS WITEBSK

**Witebsk, Belarus**

Marc Chagall (1887–1985) entstammt einer gläubigen jüdischen Familie aus Witebsk. Seine Kindheit verbrachte er in der Pokrowskaja Straße 11, wo sich heute das Marc-Chagall-Wohnmuseum befindet. Mit seinem Vater besuchte er regelmäßig die nahe gelegene Lubawische Synagoge; das zerstörte Gotteshaus wurde 2023 feierlich neu eröffnet. Auf dem gegenüberliegenden Ufer der Düna befindet sich die von Chagall nach der Russischen Revolution gegründete Witebsker Kunstakademie. Von hier führt ein kurzer Spaziergang zum ehemaligen Wohnatelier von Chagalls Lehrmeister, Yehuda Pen, der auch unter dem Namen Yuri Pen bekannt ist. Im Marc-Chagall-Museum, Putna Straße 2, können Sie zahlreiche Werke Chagalls besichtigen.

# 445

## ENTSPANNEN IN LEO TOLSTOIS LITERATUROASE

### Jasnaja Poljana, Moskau, Russland

**Auf den Spuren von:** Leo Tolstoi (1828–1910)

**Route:** Rundweg ab dem Landgut Jasnaja Poljana (heute ein Museum)

**Länge:** 5 km

**Unsere Empfehlung:** *Krieg und Frieden* (1869); *Anna Karenina* (1878)

»Überall Gras, Vögel und Lungenkraut; keine Polizei, keine Straßen, keine Taxifahrer, kein Gestank – nur purer Genuss«, erinnert sich der russische Schriftsteller Leo Tolstoi (1828–1910) an seine Zeit in seinem Landgut Jasnaja Poljana, wo er *Krieg und Frieden* sowie *Anna Karenina* schrieb, Klassiker des russischen Realismus.

Tolstoi schlenderte oft über den Badeweg zum Fluss Woronja, um sich ein erfrischendes Bad zu genehmigen. »Ich legte mich in den Schatten auf eine Wiese und las, und wenn ich zwischendurch von meinem Buch hochschaute, glitzerte der Fluss im Schatten rosafarben und kräuselte sich in der ersten Morgenbrise«, so der Autor in seiner dreiteiligen Autobiografie.

Er liebte das Angeln allgemein und mit seiner Familie. »Ich erinnere mich, wie wir in den ersten Jahren mit ihm zu Fluss gingen, um Hechte zu fangen: Wir suchten uns die Stellen aus, an denen die Woronja etwas flacher war, und befestigten ein Netz an einem Stock. Dann rührten ich und meine Schwester, oder wer gerade mit uns dort war, das Wasser auf, um die Fische anzulocken, die geradewegs in unser Netz schwammen. Er liebte es, so zu fischen«, erinnert sich seine Schwägerin Tatjana Kurminskaja.

Vom Fluss aus führt ein kurzer Spaziergang durch die alten Waldbestände zurück zum Anwesen, wo sich Tolstois letzte Ruhestätte befindet.

**OBEN:** Leo Tolstoi im hohen Alter

**RECHTS:** Tolstois Landgut Jasnaja Poljana

## 446
## KRIEG UND FRIEDEN ALS TV-SERIE

**St. Petersburg, Russland**

Leo Tolstoi kürte St. Petersburg zum Hauptschauplatz seines Meisterwerks *Krieg und Frieden*. Der historische Roman erzählt vom dekadenten und von Herrschaftsansprüchen aufgepeitschten Leben der aristokratischen Bolkonskis und Bezuchows. Der prächtige Winterpalast, ein weitläufiges, verziertes Barockgebäude, in dem sich heute die Eremitage befindet, ist eine ehemalige Zarenresidenz. Von hier aus führt ein kurzer Spaziergang zum eleganten Englischen Ufer, das pompöse Herrenhäuser säumen und wo die junge Gräfin Natascha Rostowa ihren ersten Ball besuchte, auf dem sie mit dem Prinz Andrej Bolkonski tanzte. Diese Szene wurde für die vierteilige TV-Serie *Krieg und Frieden* im verspiegelten Ballsaal des am Stadtrand gelegenen Katherinenpalasts gedreht, der ehemaligen Sommerresidenz der Zaren.

# 447

## DER GEIST PAKISTANS MIT DEM DICHTER FAIZ AHMAD FAIZ

## Lahore, Pakistan

**Auf den Spuren von:** Faiz Ahmad Faiz (1911–1984)

**Route:** Rundweg durch Lahore

**Länge:** ca. 3 km

**Unsere Empfehlung:** *Sar-e-Wadi-e-Seena* (1971)

**OBEN:** Der einflussreiche Dichter und Friedensaktivist Faiz Ahmad Faiz

**RECHTS:** Ein Spaziergang innerhalb der Festungsmauer durch die Altstadt lädt ein zu weiteren Erkundungen in Lahore.

Faiz Ahmad Faiz (1911–1984) gilt als einer der einflussreichsten Dichter des Landes, sein Werk als emblematischer Teil der nationalen Identität Pakistans. Faiz wurde zur Zeit Britisch-Indiens in Sialkot geboren, das genau auf der Linie liegt, entlang derer Britisch-Indien in Indien und Pakistan aufgeteilt wurde. Eine Teilung, die Faiz miterlebte.

Er entschied sich, in Pakistan zu leben und war tief bewegt von den Auseinandersetzungen in dieser politisch aufgeladenen Epoche, was sich in seinen sozialkritischen Gedichten widerspiegelt. Sie stehen für die Unsicherheit und die Spannungen, die die Bewohner Pakistans erlebten. Faiz gehörte der Schriftstellerbewegung Progressive Movement an, die die revolutionäre Ästhetik der politischen Situation im Vorfeld der Teilung im Jahr 1947 behandelte.

In einem seiner berühmtesten Gedichte, »Der Morgen der Freiheit« (1947), schwingen seine Emotionen angesichts des Umbruchs mit:

*Die brennende Leber, die begierigen Augen, das bekümmerte Herz,*
*bleiben unberührt von diesem Heilmittel gegen den Trennungsschmerz;*
*Woher kam sie, die Geliebte, die Morgenbrise?*
*Und wohin ist sie entschwunden?*

Die pakistanische Hauptstadt Lahore steht für den emotionsgeladenen, revolutionären Geist. Sie bewahrt ihr historisches Erbe und ist zugleich eine Weltstadt, mit allen modernen Errungenschaften. 1929 zog Faiz nach Lahore, sein Grab befindet sich im Block G des Model-Town-Friedhofs.

Erkunden Sie Lahore während eines Spaziergangs durchs Zentrum innerhalb der Festungsmauer. Und versäumen Sie nicht die Besichtigung der prächtigen Holzfassade des Haveli-Nau-Nihal-Singh-Gebäudes aus dem 19. Jahrhundert. Verlassen Sie die Altstadt entweder durch das Mori- oder das Lohari-Tor und laufen Sie in südlicher Richtung zum Campus des Government College, wo Faiz studierte. Weiter geht es durch den Nasir-Bagh-Park bis zum Lahore-Museum, wo Sie mehr über die Stadt und die dramatische Teilung Britisch-Indiens erfahren können. Von hier aus fährt ein Bus nach Model Town, wo Sie Faiz' letzte Ruhestätte besichtigen können.

## 448
### IQBAL BANOS INSPIRATION
#### Multan, Pakistan

Die in Indien geborene Sängerin Iqbal Bano (1935–2009) begann ihre klassische Gesangsausbildung in Delhi, bevor sie mit ihrem Ehemann ins pakistanische Multan zog, wo sie Berühmtheit erlangte. Insbesondere ihre Lieder mit Texten aus Ghasel-Gedichten des Urdu-Dichters Faiz Ahmed Faiz erfreuen sich großer Beliebtheit. Die Stadt Multan beeindruckt durch seine poetische Geschichte, vielschichtige kulturelle Traditionen und eine abwechslungsreiche Architektur. Lassen Sie sich Zeit und besichtigen den Schrein von Bahauddin Zakariya aus dem 13. Jahrhundert, die Shahi-Eid-Gah-Moschee, den Glockenturm Ghanta Ghar, das Grab von Schah Rukn-e-Alam aus dem 14. Jahrhundert sowie das blau gefliese Grab von Schah Gardez.

## 449
### DER KÖNIG DER KÖNIGE
#### Faisalabad, Pakistan

Der Sänger Nusrat Fateh Ali Khan (1948–1997) gilt als der »König der Könige« des Qawwalis, eines devotionalen Gesangsstils des Sufismus. Das lebendige, weltstädtische Faisalabad, Khans Geburtsstadt, ist der perfekte Ort, um die Energie seiner Auftritte auf sich wirken zu lassen. Spazieren Sie vom Nusrat Fateh Ali Khan Arts Council zum Glockenturm. Danach geht es durch die belebte Innenstadt zur Jhang Road und zum Friedhof Qabrastan, wo Sie Khan an seinem Grab die letzte Ehre erweisen können.

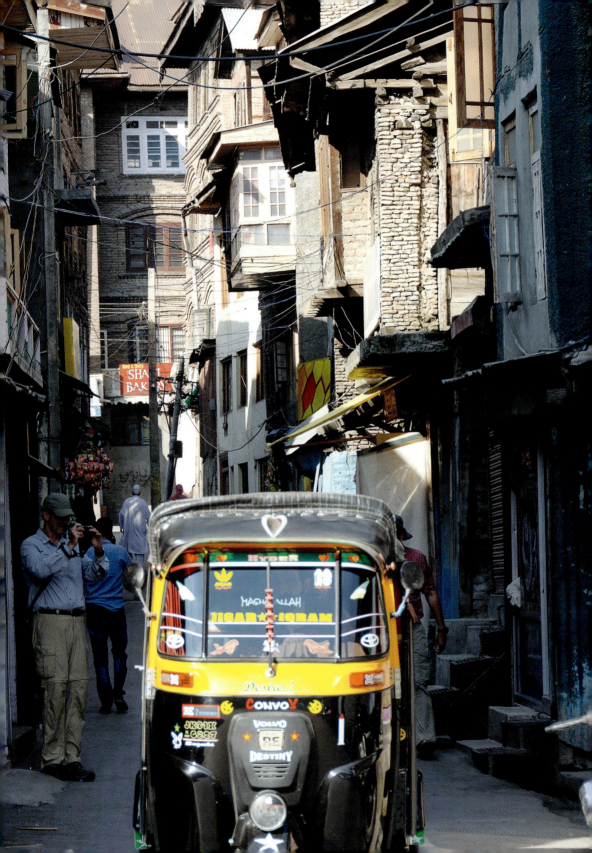

# 450

## MIT AGHA SHAHID ALI DURCH SRINAGAR IN KASCHMIR

### Srinagar, Kashmir, Indien

**Streifzug mit:** Agha Shahid Ali (1949–2001)

**Route:** Von Raj Bagh zum Shankaracharya-Tempel

**Länge:** 10 km

**Unsere Empfehlung:** *Call Me Ismael Tonight: A Book of Ghazals* (dt. Nenn mich Ismael heut' Nacht. Eine Sammlung von Ghasals) (2003)

**LINKS:** Entdecken Sie die Emotionen in Alis Ghasal-Gedichten bei einem Rundgang durch Srinagar.

Agha Shahid Ali (1949–2001) wurde in Neu-Delhi geboren, doch seine Familie stammt aus Srinagar. Die Bergregion im Kaschmir-Tal ist bis in unsere Zeit Schauplatz zahlreicher bewaffneter und politischer Auseinandersetzungen zwischen Indien, China und Pakistan. Ali gilt als »Dichter im Exil«, da er zwar in Kaschmir aufgewachsen ist, in seinen späten Zwanzigern jedoch in die USA emigrierte. Seine Erinnerungen an die Schönheit und Konflikte in Kaschmir sowie der Schmerz über die Zerstörungen durch die Kriege haben seine Gedichte tief beeinflusst. »In Memory of Begum Akhtar« (dt. In Gedenken an Begum Akhtar) und »The Country Without a Post Office« (dt. Das Land ohne Postfiliale) zeugen von seiner Liebe und Fürsorge für die Bewohner der Region während des Kaschmir-Konflikts, dessen Anfänge ins Jahr 1947 zurückreichen.

Trotz alledem ist Srinagar, die von Bergen gerahmte Stadt, im Sommer ein beliebtes Reiseziel für nationale und internationale Reisende. Beginnen Sie Ihren Streifzug am Park in Raj Bagh. Überqueren Sie den Fluss Jhelum über die Nullbrücke und folgen Sie dem Lauf des Flusses, der so sanft und leicht melancholisch dahinfließt wie ein Gedicht von Ali. Sie gelangen zu einer Kreuzung, von der die M. A. Road nach rechts abzweigt. Diese geschäftige, mehrspurige Hauptverkehrsstraße führt quer durch das vibrierende Stadtzentrum. Lassen Sie sich überraschen von dem Kontrast zwischen innerstädtischem Trubel und Ruhe am Flussufer! Wenn Sie sich nach Ruhe sehnen, empfiehlt es sich, die Parallelstraße Residency Road zu nehmen, der Sie bis zum Ende folgen können. Danach geht es leicht bergauf zum Shankaracharya-Tempel, von dem aus Sie einen grandiosen Ausblick auf Srinagar und den nahen See haben.

# 451

## EIN HAUCH VON BRITISCH-INDIEN IN RUDYARD KIPLINGS WERK

### Shimla, Himachal Pradesh, Indien

**Auf den Spuren von:** Rudyard Kipling (1865–1936)

**Route:** Von The Mall in Chotta Shimla zum Viceregal Lodge

**Länge:** 6 km

**Unsere Empfehlung:** *Schlichte Geschichten aus Indien* (1888); *Kim* (1901)

**RECHTS:** Shimla im Himalaya-Gebirge wird auch »Königin der Berge« genannt.

Shimla (früher: Simla) wird auch »Königin der Berge« genannt und ist ein kühler, hoch in den Ausläufern des Himalaya gelegener Gebirgsort. Die weitläufige Hauptstadt von Himachal Pradesh mit ihrem umfassenden Netz aus Straßen und Basaren unterscheidet sich stark von dem ehemals verschlafenen Waldstädtchen, das die Briten im 19. Jahrhundert vorfanden. Als Rudyard Kipling nach Shimla reiste, befand sich hier der Sitz der Kolonialregierung Britisch-Indiens, die sich von Kalkutta aus auf eine fünftägige Reise begab, um sich hierhin zurückzuziehen, wenn die Schwüle in den Ebenen unerträglich wurde.

In *Schlichte Geschichten aus Indien* beschreibt Kipling Shimla als das »Zentrum der Macht und der Sinnesfreuden«, dem sein Ruf als Ort von »Leichtsinn, Tratsch und Intrigen« vorauseile. Damals wie heute bildet The Mall das Zentrum des Lebens in Shimla, wo Sie einen großen Teil der architektonischen Überreste aus der Kolonialzeit in verschiedenen Stadien romantischer Verwahrlosung finden werden. The Mall erstreckt sich von Chotta Shimla im Südosten bis zum Scandal Point, dem inoffiziellen Mittelpunkt der Stadt, wo sich indische Gentlemen in Tweedjacken treffen, um über die Ereignisse des Tages zu sprechen. Weiter geht es westwärts zur Viceregal Lodge (heute das Indian Institute of Advanced Study). Unterwegs stoßen Sie auf Sehenswürdigkeiten wie das viktorianische Gaiety Theatre, wo Kipling angeblich einmal aufgetreten ist, sowie das Fachwerk-Rathaus und das bunt bemalte Railway Board Building aus Gusseisen und Stahl.

In der postkolonialen Welt von heute spalten sich die Meinungen über den Literaturnobelpreisträger. R. K. Narayan schrieb: »Der Schriftsteller Kipling, der vermeintliche Indien-Experte, versteht mehr von den Tieren im Dschungel als vom Alltag der Menschen in Indien oder dem Treiben auf einem indischen Markt.« Für George Orwell war er ein »Chauvinist und Imperialist«. Doch Kiplings Buch über das Leben in den Bergen ist ein fantastisches Relikt aus turbulenter Zeit.

## 452
## AUF DEM KIPLING-WANDERWEG
### Dehradun nach Masuri, Indien

Nach einer belastenden Schulzeit in Großbritannien kehrte Rudyard Kipling nach Indien zurück, wo er anfing, als Journalist zu arbeiten. Er gehörte zur britisch-indischen Oberschicht und zog sich wie andere Briten in den schwülen Sommermonaten in die Berge zurück. Die Stadt Masuri mit ihren typischen Kolonialgebäuden liegt auf 1921 Meter Höhe inmitten von Zedernwäldern und bietet dramatische Ausblicke auf Dehradun und das breite Doon-Tal. Ein steiler alter Reitpfad, der in Rajpur beginnt, wurde kürzlich wieder instand gesetzt und trägt den Namen Kipling Road. Kipling beschrieb diesen Pfad »über die Terrassen des Doon« in seinem Roman *Kim*.

## 453
### IN DEN BERGEN VON RUSKIN BOND

**Landour, Indien**

»Mit Bergen ist es immer dasselbe. Sobald man längere Zeit in ihnen gelebt hat, wird man ein Teil von ihnen«, erklärte Ruskin Bond (geb. 1934) in seinem halbautobiografischen Gedankenbuch *Rain in the Mountains* (1993, dt. Regen im Himalaya). Zweifellos gehört Bond unlösbar zu den Bergen von Landour, wo er seit den 1960er Jahren lebt. Die Natur, die er in seinen Tagebüchern so poetisch beschreibt – die Deodar-Zedern, die »Insektenmusiker«, die Berge »voller Geister« – können Sie hautnah auf dem Rundweg Landour Chakkar erleben. Hier wandern Sie über den Berggrat von Landour aus auf einem Rundweg – eingedenk des Bond'schen Rats: »Der beste Spaziergang … ist einer, bei dem man beim Losgehen noch kein bestimmtes Ziel vor Augen hat.«

## 454
### TROST FINDEN IM HIMALAYA

**Massuri, Indien**

*The Artist of Disappearance* (2011, dt. Der Künstler des Verschwindens), der letzte Band der Romantrilogie von Anita Desai (geb. 1937), spielt in Masuri, der im Himalaya gelegenen Geburtsstadt der Autorin. Hierher kehrt der introvertierte Künstler Ravi zurück, zum abgebrannten Anwesen seiner Adoptiveltern, um Trost in der Natur zu suchen. »Er musste in den Bergen sein, und zwar im Himalaya, um atmen zu können«, schreibt Desai über die Zeit, die ihr Protagonist mit Wanderungen in der Bergwelt verbringt. Lauschen Sie im nahe gelegenen Vogelschutzgebiet dem Echo seiner Spuren und steigen Sie bis zum Gipfel des Benog Hill auf. Lassen Sie die üppige Natur auf sich wirken – so wie Ravi: »schweigend, achtsam und mit allen Sinnen wahrnehmend«.

## 455
### WANDERUNG IN DEN BERGEN VON KHUSHWANT SINGH

**Kasauli, Indien**

Die »Hill Station« Kasauli war im Sommer ein beliebter Rückzugsort für hohe britische Regierungsbeamte während ihrer Zeit in Britisch-Indien. Khushwant Singh (1915–2014), einer der bedeutendsten Autoren und Journalisten Indiens, fand in der romantischen Kleinstadt, eingebettet in die mit Kiefern überzogenen Hügel des Himachal Pradesh, sein zweites Zuhause. Ein Ort, der ihn faszinierte und wo er den Großteil seiner Werke verfasste; zudem spielen viele seiner Geschichten in dieser Gegend. Der Khushwant Singh Nature Trail bietet Ihnen eine Abkürzung vom Kasauli-Basar zu den Ebenen der Stadt Kalka. Ein Weg, den Singh selbst gerne einschlug.

## 456
### ENTDECKEN SIE AMRITA SHER-GIL IN SHIMLA

**Shimla, Himachal Pradesh, Indien**

Die indisch-ungarische Malerin Amrita Sher-Gil (1913–1941) hatte ein kurzes, aber ereignisreiches Leben. Sie wurde in Budapest geboren und zog 1921 nach Shimla, der damaligen Sommerhauptstadt des britischen Raj. Ein circa fünf Kilometer langer Spaziergang wartet auf Sie, beginnend am Gaiety Theater, in dem Sher-Gil als Kind aufgetreten ist. Weiter geht es westwärts durch The Mall zum Scandal Point, wo sich früher die Oberschicht von Shimla zu einem Nachmittagsplausch traf, und anschließend entlang des Bahnhofs ins Viertel Summer Hill. Hier stand das Haus ihrer Familie. Und hierhin kehrte die Malerin – Wegbereiterin der modernen indischen Kunst – in den 1930er Jahren zurück und schuf ihre berühmtesten Werke, unter anderem *Hill Women* (1935, dt. Bergfrau).

**OBEN LINKS:** Die Stadt Kasauli, das zweite Zuhause von Khushwant Singh

**LINKS:** Der Basar in Kasauli, wo die Wanderung beginnt, bildet einen Kontrast zu der Weite der Ebenen im Tal.

# 457

## DIE PRODUKTIVE HAUPTSCHLAGADER DER DICHTER IM EHEMALIGEN BOMBAY

## Mumbai, Indien

**Streifzug mit:** Den Dichtern der 1960er und 1970er Jahre im ehemaligen Bombay

**Route:** Durch Mumbais Stadtbezirk Fort

**Länge:** 4 km

**Unsere Empfehlung:**
*Gesammelte Gedichte, 1952–1988* von Nissim Ezekiel (1989)

**RECHTS:** Der restaurierte Mulji-Jetha-Springbrunnen, Teil der vibrierenden Kunstszene Mumbais

Die 1960er und 1970er Jahre waren die Hochzeit der Poesie in Bombay, dem heutigen Mumbai. Zwei der berühmtesten auf Englisch schreibenden Autoren Indiens, Nissim Ezekiel und Dom Moraes, nannten die Stadt zu jener Zeit ihr Zuhause und standen im Zentrum eines aktiven Zirkels aus Poeten. Zu ihnen gehörten auch Kamala Das, Adil Jussawalla, Arvind Krishna Mehrota, Gieve Patel und Arun Kolatkar. Sie trafen sich regelmäßig, lasen sich gegenseitig ihre Gedichte vor, diskutierten miteinander. Viele von ihnen gründeten eigene Lyrik-Verlage.

Ihr Erbe liegt in ihren Gedichten – und auf den Straßen Mumbais, inmitten der besonderen Energie dieser Metropole, werden Sie den Ideen und der Kunst dieser Dichtergeneration näherkommen. Man traf sich im Haus des keralesischen Dichters Kamala, das sich am Marine Drive im Stadtbezirk Fort befindet. Von hier laufen Sie ostwärts zu den Grünflächen des Sir J. J. Institute of Applied Arts, wo viele der Poeten Malerei studierten, bevor sie sich der Lyrik zuwandten.

Folgen Sie der Straße Dr Dadabhai Naoroji in südlicher Richtung bis ins Viertel Kala Ghoda. Dort gelangen Sie zur Jehangir Art Gallery (in der sich früher das Café Samovar befand, ein beliebter Treffpunkt der Dichter) und dem geschäftigen Kunstzentrum von Mumbai. Die nachfolgende Lyrikergeneration, die sich in den 1980er Jahren allmählich etablierte, nutzte anfangs dieses Kunstzentrum als Treffpunkt. Zur Eröffnung des Ortes beendete Dom Moraes seine 17-jährige lyrische Schaffenspause und trug eigene Gedichte vor.

## 458
### DER »INDISCHE PICASSO«
#### Mumbai, Indien

M. F. Husain (1915–2011) wird auch »der indische Picasso« genannt. Er studierte an der Sir J. J. School of Applied Arts in Mumbai. Von hier aus erreichen Sie den Laden Joy Shoes im Hotel Taj Mahal Palace, dessen Innenausstattung Husain gestaltet hat; heute ist dort sein »vergoldeter Fußabdruck« zu sehen. Nahebei ist das Olympia Coffee House, das der Maler oft besuchte.

## 459
### EIN SPAZIERGANG MIT RUSHDIE
#### Mumbai, Indien

Salman Rushdies (geb. 1947) Heimatstadt Mumbai ist zentral in seinem Roman *Mitternachtskinder* (1981). Folgen Sie den Spuren des Erzählers Saleem durch die Gegend, die Rushdie in- und auswendig kennt – »entlang der grandiosen Häuser von Malabar Hill«, »durch Kemps Corner und beschwingt Richtung Meer … meine persönliche Warden Road hinunter«. Ihr Weg führt Sie weiter bis »zum riesigen Mahalakshmi-Tempel und zum altehrwürdigen Willingdon Club«.

## 460
### HARRISONS ERWACHEN
#### Mumbai, Indien

1966 war George Harrison (1943–2001) in Mumbai, wo er Sitar-Unterricht bei Ravi Shankar nahm. Diese und andere Reisen hatten enormen Einfluss auf ihn und seine Musik. Starten Sie Ihren Streifzug am Hotel Taj Mahal Palace, in dem der Beatle wohnte, und folgen dem Marine Drive bis zu den Tempeln von Malabar Hill.

## 461
### E. M. FORSTERS INDIEN ENTDECKEN

**Dewas, Madhya Pradesh, Indien**

Zweimal besuchte der britische Autor Edward Morgan Forster (1879–1970) die Stadt Dewas im Herzen des indischen Madhya Pradesh. Von Oktober 1912 bis April 1913 sowie im Jahr 1921 war er der Privatsekretär des Maharadschas von Dewas. Zwischen diesen beiden Aufenthalten schrieb er seinen Roman *Reise nach Indien* (1924) sowie seine Memoiren *The Hill of Devi* (1953, dt. Der Berg Devi). Der Devi liegt im Zentrum von Dewas und ist ein hinduistischer Pilgerort mit zwei Tempeln. Steigen Sie über den gewundenen Weg hinauf, wo sich Ihnen eine atemberaubende Aussicht auf Dewas und das Umland bietet. Ein wahrhaft spiritueller Ausflug.

## 462
### AYMANAM MIT ARUNDHATI ROY

**Aymanam, Kerala, Indien**

Das pittoreske Dörfchen Aymanam inspirierte zahlreiche Autoren zu ihren Werken. Allen voran die Inderin Suzanna Arundhati Roy (geb. 1961), die ihr mit dem Man-Booker-Preis ausgezeichnetes Roman-Debüt *Der Gott der kleinen Dinge* im Jahr 1997 veröffentlichte. Darin beschreibt sie das Haus Ayemenem und das Geschichtenhaus von Kari Saipu, beides fiktive Orte, die jedoch tatsächliche Gebäude zur Vorlage haben. Nehmen Sie das besondere Flair von Aymanam wahr – auf Ihrem Spaziergang vom Bahnhof in Kottayam aus durch die allseits präsenten Reisfelder und entlang des Flusses Meenachil.

## 463
### VON AMITAV GHOSHS KALKUTTA AUS IN SEE STECHEN

**Kalkutta, Indien**

In seinem Werk *Das mohnrote Meer* (2008) vergleicht Amitav Ghosh (geb. 1956) den Ganges wiederholt mit dem Nil: Beide seien lebensspendende Adern für die Zivilisationen, die sie ernähren. Der Ganges spielt eine zentrale Rolle in der Romanhandlung, wobei der Fluss Hooghly, der durch Ghoshs Heimatstadt Kalkutta fließt, ein Nebenarm des heiligen Ganges ist. Von Kalkutta aus sticht das mit Opium beladene ehemalige Sklavenschiff Ibis mit einer bunt gemischten Gruppe von Passagieren in See. Ein Spaziergang entlang der Ufer des Hooghly durch das Zentrum von Kalkutta zeigt die Bedeutung des Flusses im Alltag dieser Stadt – und wie sehr sie sich seit den Tagen des Mohnhandels verändert hat.

## 464
### »ICH STELLE MIR MANCHMAL VOR, EIN FREMDER ZU SEIN«

**Kalkutta, Indien**

»In den Straßen von Kalkutta stelle ich mir manchmal vor, ein Fremder zu sein. Erst dann entdecke ich, wie viel es zu sehen gibt … Es ist diese Lust, wirklich zu sehen, was die Menschen dazu bewegt, fremde Orte zu bereisen«, schrieb der Nobelpreisträger, Dichter, Autor, Musiker und Künstler Rabindranath Tagore (1861–1941). Ihr zwei Kilometer langer Spaziergang beginnt am Jorasanko Thakur Bari, dem ehemaligen Familiensitz der Tagores im Norden von Kalkutta, in dem sich heute ein Museum befindet. Tagore wurde hier geboren, verbrachte hier seine Kindheit und starb in diesem Haus. Der Weg führt südöstlich weiter zur College Street, die für ihre Bücherstände berühmt ist, und endet im Indian Coffee House, einem von Tagores Stammlokalen. Erleben Sie selbst, wie viel es zu sehen gibt, wenn Sie als Fremder durch die Straßen streifen.

**LINKS:** Entdecken Sie die Straßen von Kalkutta, von denen Rabindranath Tagore schwärmte.

# 465

## DER REBELLISCHE DICHTER KAZI NAZRUL ISLAM

### Dhaka, Bangladesch

**Auf den Spuren von:** Kazi Nazrul Islam (1899–1976)

**Route:** Ein Spaziergang durch Dhaka

**Länge:** 11 km

**Unsere Empfehlung:** *Kazi Nazrul Islam: Der Freiheitsdichter* von Sumanta Sen (2003)

**OBEN RECHTS:** Der Ramna Park mit seinen zahlreichen Wanderwegen

**RECHTS:** Er ist wie ein poetischer Traum – ein Mondschein-Spaziergang am Dhanmondi Lake.

Der Nationaldichter von Bangladesch, Kazi Nazrul Islam (1899–1976), war ein antikolonialistischer Revolutionär und setzte sich als Aktivist für politische und soziale Gerechtigkeit ein. Aus diesem Grund kennt man ihn auch als »der rebellische Dichter«. Seine Werke handeln oft von religiöser Hingabe und dem Widerstand gegen Unterdrückung. In seinen Gedichten »Bidrohi« (dt. Der Rebell) und »Bhangar Gaan« (dt. Das Lied der Zerstörung) kritisierte er unverhohlen die britische Kolonialregierung in Britisch-Indien (*British Raj*), weshalb der Dichter mehrfach verhaftet wurde.

Ein Spaziergang über die Plätze von Dhaka, vorbei an ihren Denkmälern, bietet die beste Möglichkeit, Spuren des Nationalstolzes zu entdecken, den Nazrul beschrieb. Das heutige Dhaka ist progressiv, modern und stolz auf die Unabhängigkeit, für die der Nationalheld kämpfte.

Das Liberation War Museum markiert Ihren Start, wo Sie mehr über die Befreiung von Bangladesch erfahren sowie über Nazruls Bedeutung als Stimme und Inspiration im sogenannten Bangladesch-Krieg. Von hier aus ist es nicht weit bis zur Nationalbibliothek, wo Sie in seinen Werken und Büchern, die den Einfluss des Krieges auf die Bengalen untersuchen, blättern können. Schlendern Sie über den Campus der Universität und bewundern Sie das moderne Parlamentsgebäude, ein Symbol auch der nationalistischen Ideale Nazruls. Danach geht es weiter zum Nazrul-Institut am malerisch gelegenen See Dhanmondi. Lassen Sie die poetische Umgebung auf sich wirken, bevor Sie über die Panthapath zurückschlendern und wieder in das Verkehrschaos der Hauptstadt eintauchen, bis Sie zur Kazi Nazrul Islam Avenue gelangen. Im Süden liegen mehrere Grünanlagen wie der Ramna Park mit seinen wunderschönen Wanderwegen. In der Nähe finden Sie zahlreiche Sehenswürdigkeiten – das turmhohe Unabhängigkeitsmonument Swadhinata Stambha, das Unabhängigkeitsmuseum und das Nationalmuseum von Bangladesch. Die letzte Ruhestätte des großen Dichters liegt neben einer Moschee auf dem Campus der Universität von Dhaka.

## 466
## DIE BAUERN VON S. M. SULTAN
### Narail, Bangladesch

Scheich Mohammed Sultan (1923–1994), auch bekannt als S. M. Sultan, schuf eine Reihe von Gemälden über das ländliche Bangladesch, dazu gehören muskulöse Bauern bei der Feldarbeit, Dörfer und Flüsse. Sultan stammte aus dem ehemaligen District Jessore (heute: District Narail), wo vor allem Reis angebaut wird. Bei einem Spaziergang durch die Reisfelder rings um Narail, entlang des Chitra River, können Sie die Bauern bei der Arbeit beobachten, die Sultan zu seinen Gemälden inspirierten. Beenden Sie Ihren Spaziergang an der Gedenkgalerie S. M. Sultan in Narail, wo eine Auswahl seiner Gemälde zu sehen ist.

# 467

## SCHLENDERN SIE DURCH EIN GEMÄLDE VON ZHAN ZEDUAN

## Kaifeng, Volksrepublik China

**Streifzug mit:** Zhang Zeduan (1085–1145)

**Route:** Durch den Millenium City Park

**Länge:** So weit, wie Sie wollen

**Unsere Empfehlung:** *Am Fluss während des Qingming-Fests* (11./12. Jahrhundert)

**RECHTS:** Das Ufer von Kaifeng, der ehemaligen chinesischen Hauptstadt, wird nachts prächtig beleuchtet.

**UNTEN:** Der Millenium City Park ist ein Themenpark, inspiriert von Zhan Zeduans Gemälde.

In seinem fünf Meter langen Gemälde *Am Fluss während des Qingming-Fests* hat der chinesische Maler Zhang Zeduan (1085–1145) das tägliche Leben der Menschen und die Landschaft der ehemaligen chinesischen Hauptstadt Kaifeng (zur Zeit der »nördlichen« Song-Dynastie) festgehalten. Das Bildwerk ist auch unter seinem chinesischen Originaltitel *Qingming Shanghe Tu* bekannt und eines der bedeutendsten Kunstschätze aus China. Jedes Haus, Boot, Geschäft und jede Essensbude sind mit lebendigen Details versehen.

Zhang Zeduan zelebrierte geradezu die festliche Stimmung des Qingming-Fests, das Menschen aus allen Gesellschaftsschichten zusammenbringt, sowohl in ländlichen als auch in städtischen Regionen. Die Landschaft, die Zeduan kannte, hat sich stark verändert, trotzdem können Sie sein Gemälde buchstäblich durchqueren – im leicht surreal anmutenden Millennium City Park, einem lebensgroßen Themenpark, der Zeduans Szenen nachbildet. In dem 100 Hektar großen Park können Sie 50 geschmückte antike Boote, über 400 Nachbauten von Gebäuden im Baustil des 11./12. Jahrhunderts sowie schöne alte Holzbrücken entdecken. Zudem werden Aufführungen in traditioneller Kleidung, Hochzeitszeremonien und Kaiserprüfungen dargeboten. Begeben Sie sich auf eine Zeitreise, inklusive Souvenirladen!

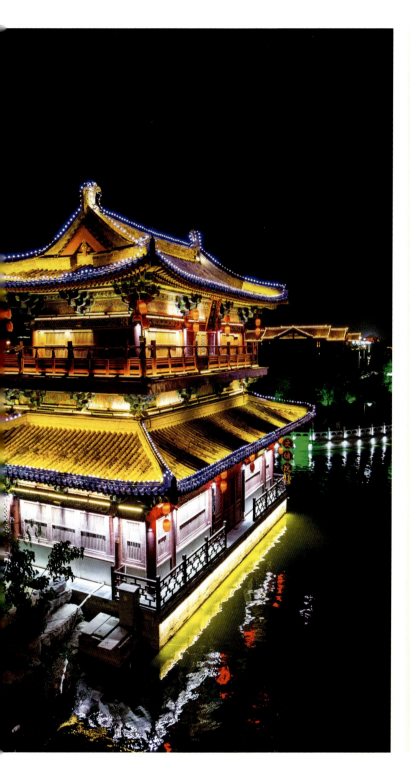

## 468
### MIT QI BAISHIS AUGEN SEHEN
**Beijing, VR China**

Ein Spaziergang durch die »Hutongs« von Beijing ist ein Streifzug durch die Geschichte. Die schmalen Gassen beherbergen Geschäfte, Tempel und Wohnhäuser. Im Yu'er Hutong im nördlichen Dongcheng liegt die Gedenkhalle des Malers Qi Baishi (1864–1957), der für seine zarten Naturdarstellungen mit Details wie Ansammlungen von Garnelen oder Libellen berühmt ist.

## 469
### AUF DEN SPUREN EINER VERLORENEN LIEBE
**Die Chinesische Mauer, VR China**

1988 begannen die Performance-Künstler Marina Abramović (geb. 1946) und Ulay (geb. 1943) von den gegenüberliegenden Enden der Chinesischen Mauer aus aufeinander zuzugehen. *The Lovers* war ursprünglich als »performative Ehe« konzipiert worden, doch bei ihrem tatsächlichen Spaziergang stand die Beziehung des Paares kurz vor dem Ende. Als sie sich in der Mitte trafen, trennten sich die beiden.

## 470
### FÜR DIE LIEBE ZUR NATUR
**Paozilun-Wanderung, Neu-Taipeh**

Der Dichter und Naturforscher Liu Kexiang (geb. 1957) hat viele alte Pfade durch Taiwan erwandert. Nachdem der Paozilun-Wanderweg vor Neu-Taipeh 2004 bei einem Tropensturm beschädigt wurde, half Kexiang bei der Wiederherstellung des Weges mit, der sich durch Hügel, Dörfer, Reisterrassen und Wälder schlängelt.

# 471
## DIE INSPIRATION VON LAND UND MEER

### Tongyeong, Südkorea

Zweifellos ist Isang Yun (1917–1995) der einflussreichste koreanische Komponist, der für seine Musik, die westliche Avantgarde-Elemente mit unverkennbaren, typisch koreanischen Sounds mischte, berühmt wurde. Seinen Durchbruch erlebte er 1966 mit seinem Orchesterstück *Réak*. Geboren und aufgewachsen im heutigen Südkorea, verbrachte Yun die Hälfte seines Erwachsenenlebens in Deutschland. Dennoch gilt er als ein Sohn der Stadt Tongyeong, wohin seine Familie gezogen war, als er drei war. Die malerisch gelegene Stadt wird vom Meer und von den Bergen eingerahmt und war von entscheidendem Einfluss auf Yuns Musik. Darüber schrieb er:

*»Das ruhige Meer
und seine blaue Farbe.
Gelegentlich brechende Wellen;
das klang wie Musik für mich.
Der Windhauch,
der sanft durchs Gras strich,
war wie Musik für mich.«*

An dem Ort, an dem Yun lebte, steht heute die Isang Yun Gedenkstätte zusammen mit einem Nachbau seines Wohnhauses in Deutschland und sein Auto. Doch vor allem sollten Sie die Konzerthalle in Tongyeong besuchen und über das Gelände spazieren, von wo aus Sie einen großartigen Ausblick über das Meer und das Gebirge haben. Hier fand Yun die Inspirationen für seine Musik.

**RECHTS:** Das Meer vor Tongyeong, das Isang Yun so liebte

## 472
### KOREA IN ZEHN BÄNDEN
**Taebaek-Gebirge, koreanische Halbinsel**

Selten haben Autoren die Geschichte ihres Heimatlandes so poetisch untersucht wie Jo Jung-rae (geb. 1943). Jeder Teil seiner Romantrilogie – *Das Taebaek-Gebirge* (1989), *Arirang* (1995) und *Der Han-Fluss* (2002) – umfasst über zehn Bände, die allein in Korea über zehn Millionen Mal verkauft wurden. In seinem Werk untersucht Jung-rae die Spaltungen in der koreanischen Gesellschaft sowie ihre historischen Wurzeln. Ein Gespür für seine Themen ermöglicht ein Besuch im Seoraksan Nationalpark im Taebaek-Gebirge. Wandern Sie von den städtischen Randbezirken Outer Seoraks zum höchsten Punkt des Parks, dem Daecheongbong Peak.

## 473
### DIE ART STREET ENTLANG
**Jejudo, Südkorea**

Es kommt vor, dass eine einzelne Person die Entwicklung einer ganzen Region beeinflusst. In Seogwipo auf der südkoreanischen Insel Jejudo war genau das im Umkreis der Art Street von Lee Jung-Seob (1916–1956) der Fall. Hier lebte und arbeitete der koreanische Maler für eine kurze, aber glückliche Zeit, weshalb man die Straße 1996 zu seinen Ehren umbenannte. Seitdem gilt sie als das lokale Kunst- und Kulturzentrum. Bei Ihrem Spaziergang werden Sie auf Kunstwerke von Jung-Seob stoßen – auch auf seine berühmten weißen Bullen.

# 474

## BESTEIGEN SIE DEN FUJI MIT KATSUSHIKA HOKUSAI

### Fuji, Chūbu, Japan

**Auf den Spuren von:** Katsushika Hokusai (1760–1849)

**Route:** Yoshida-Wanderweg

**Länge:** 15 km (einfach)

**Unsere Empfehlung:** *36 Ansichten des Berges Fuji* (1830–1832)

**OBEN RECHTS:** Die unverkennbare Symmetrie des Fuji

**RECHTS:** Dies ist eines der bekanntesten Bilder aus Katsushika Hokusais Serie *36 Ansichten des Berges Fuji*.

»Mit 100 Jahren bin ich gewiss ein Meister der Malerei; und wenn ich 110 Jahre alt werde, wird alles, was ich male, sei es nun ein Punkt oder eine Linie, lebendig«, schrieb Katsushika Hokusai (1760–1849).

Unglücklicherweise starb der große japanische Maler bereits im Alter von 89 Jahren. Mag er sein eigentliches Ziel auch nicht erreicht haben – sein künstlerisches Erbe überdauert.

Zwischen 1830 und 1832 schuf er *36 Ansichten des Berges Fuji* – seine berühmteste Bilderserie. Die Serie aus *ukiyo-e*-Holzdrucken zeigt den höchsten Berg Japans aus verschiedensten Perspektiven und zu unterschiedlichen Jahreszeiten. Zu sehen sind zum Beispiel seine Spiegelung in einem See, der Fuji, mit schneebedeckter Spitze oder von Kirschblüten gerahmt.

Der berühmte Berg ist ein aktiver Vulkan, sein letzter Ausbruch geht auf das Jahr 1707 zurück. Die Faszination ist ungebrochen, jedes Jahr wagen etwa 300 000 Menschen den Anstieg. Eine 15 Kilometer lange Wanderung führt zur Bergspitze, wo sich Ihnen ein atemberaubender Ausblick auf die fünf Fuji-Seen am nördlichen Fuß des Berges eröffnet.

Und bei ihrem Rundblick denken Sie vielleicht an das bekannte japanische Sprichwort: »Wer einmal auf den Berg Fuji steigt, ist weise. Wer ihn zweimal besteigt, ist ein Narr.«

### 475
## DAS OBUSE VON HOKUSAI
**Obuse, Japan**

In seinen Achtzigern – einem Alter, in dem die meisten Menschen geruhsamer werden – zog Katsushika Hokusai (1760–1849) in die elegante Stadt Obuse, 215 Kilometer nordwestlich von Edo (dem heutigen Tokio). Hier schuf der »Alte, der verrückt ist nach dem Malen«, wie er sich selbst nannte, einige seiner berühmtesten Bilder. Ihre zwei Kilometer lange Wanderung beginnt am Stadtrand, am Ganshōin Tempel mit dem bemerkenswerten Wandbild Hokusais, das einen Phönix darstellt, das Symbol des ewigen Lebens. Danach durchqueren Sie das Stadtzentrum über Fußwege aus Kastanienholz, vorbei an makellosen Gärten und Wohnhäusern, bis zum Hokusai Museum, wo mehrere *Wellen*-Bilder und Entwürfe der *Hundert Ansichten des Berges Fuji* zu sehen sind.

## 476
### DEN WEG WEITERGEHEN, DEN SIE GEHEN

### Kyoto, Japan

Nishida Kitarō (1870–1945) ging gerne spazieren, um sich zu entspannen, und zwar am liebsten alleine. Sein Biograf schrieb, dass »seine täglichen Spaziergänge ihm dabei halfen, in eine andere Stimmung zu kommen. Also machte er daraus eine feste Routine«. Der Weg, den er jeden Tag nahm, heißt heute »Philosophenpfad«. Er führt entlang eines ruhigen Kanals in Higashiyama-ku, dem nördlichen Stadtbezirk von Kyoto. Auf seinen Spaziergängen fand Kitarō Trost, eingefangen in einem Gedicht, das Sie auf einem Stein am Weg finden:

*»Menschen sind Menschen,
und ich bin ich selbst.
Ungeachtet dessen
gehe ich weiter den Weg,
den ich gehe …«*

## 477
### EINE LIEBESGESCHICHTE MIT MIYAMOTO IN KYOTO

### Kyoto, Japan

*Kinshu: Autumn Brocade* (2005, dt. Kinshu: Herbstbrokat) war das erste Buch, das Teru Miyamoto (geb. 1947) in den USA veröffentlichte. Das Wort »Kinshu« hat mehrere Bedeutungen: Brokat, poetisches Schreiben oder die Pracht der Herbstblätter. Es passt perfekt zu einer komplex-dramatischen Geschichte. Starten Sie am Bahnhof von Kyoto und spazieren durch die Tempelanlagen mit ihren stillen, melancholisch angehauchten Gärten bis zu den traditionellen hölzernen *Ryokans* (dt. Herbergen) der Stadt – und sehen die Welt der beiden Romanfiguren mit eigenen Augen. Am stimmungsvollsten ist ein Besuch im Herbst, wenn die flammend roten Blätter der Ahornbäume wie ein lebendiger Brokat Kyoto zieren.

## 478
### MURAKAMI IN TOKYO

### Meiji Jingu Gaien, Tokio, Japan

Haruki Murakami (geb. 1949) hat den Großteil seines Lebens in Tokio verbracht, wo Sie an allen Ecken und Enden auf Dinge stoßen werden, die ihn inspiriert haben. Der japanische Bestsellerautor liebt das Joggen, die wunderschöne Parkanlage rund um Meiji Jingu Gaien ist sein Lieblingsort zum Laufen und Abschalten. Streifen Sie durch den Meiji Jingu Gaien und den nahe gelegenen Shinjuku-Gyoen-Park und lassen Sie die Ruhe auf sich wirken. Unterwegs können Sie das Jingu Stadium besuchen, wo Murakami 1978 bei einem Baseballspiel den Entschluss fasste, einen Roman zu schreiben, und damit den Grundstein für seine literarische Karriere legte.

## 479
### DURCH DIE VERGANGENHEIT

### Kōbe Japan

In der Literaturzeitschrift *Granta* veröffentlichte Haruki Murakami einen Essay, in dem er einen Spaziergang beschrieb, den er zwei Jahre nach dem Erdbeben von Kōbe im Stadtzentrum unternommen hat. Diese besondere Wanderung führte den Autor, der in der Nähe von Kōbe aufwuchs, von Nishinomiya nach Sannomiya – gewissermaßen durch sein »Zuhause«, das er seit seiner Jugend nicht mehr besucht hatte. Für den 15 Kilometer langen Weg starten Sie am Bahnhof von Nishinomiya und laufen westwärts, ungefähr entlang der U-Bahn-Linie, auf Kōbe zu. Vielleicht können Sie nachempfinden, was Murakami erkannte: »Ich spürte, dass es irgendeine Verbindung zu dem geben musste, der ich jetzt bin.«

**LINKS:** Wer würde sich nicht in Kyoto und die Atmosphäre seiner alten Straßen mit den hölzernen *Ryokans* verlieben?

# 480

## ZWISCHEN DEN ZEILEN – DAS WERK VON MARGUERITE DURAS

## Sa Đéc, Vietnam

**Streifzug mit:** Marguerite Duras (1914–1996)

**Route:** Rings um Sa Đéc

**Länge:** 1,6 km

**Unsere Empfehlung:** *Heiße Küste* (1950); *Der Liebhaber* (1984)

**RECHTS:** In der Villa von Huynh Thuy Le in Sa Đéc kommen Sie mit dem Alltag aus Duras' *Der Liebhaber* in Berührung.

Geboren 1914 im damaligen Französisch-Indochina, erlebte Marguerite Duras (1914–1996) keine besonders glückliche Kindheit. Im Rahmen einer Bildungskampagne der französischen Regierung waren ihre Eltern, ein Lehrerehepaar, hierhergezogen, aber ihr Vater erkrankte an Ruhr und kehrte nach Frankreich zurück, wo er kurz darauf verstarb. Ihre Mutter blieb mit den drei Kindern in Französisch-Indochina. Sie kaufte ein Stück Land in der Nähe von Prey Nob im heutigen Kambodscha, das sie bewirtschaften wollte. Doch die ihr zugeteilten Reisfelder waren Salzwiesen, die die Hälfte des Jahres vom Meer überflutet wurden und daher für die Landwirtschaft unbrauchbar waren. Sie hatte die Ersparnisse von 20 Lebensjahren in dieses Grundstück investiert und steckte nun in bitterer Armut und einer tiefen Depression.

Auf diesen Erfahrungen fußt der halbautobiografische Roman *Heiße Küste*. Duras' Leben in Südostasien wurde jedoch vor allem durch ihren späteren, ebenfalls halbautobiografischen Roman *Der Liebhaber* bekannt, der die Beziehung zwischen einer mittellosen 15-jährigen Französin und einem wohlhabenden 27-jährigen Chinesen beschreibt.

Bei einer Fahrt mit der Fähre über den Mekong, auf der Reise von ihrem Elternhaus in Sa Đéc zu ihrem Internat in Saigon, begegnete Duras dem älteren Chinesen Huynh Thuy Le. Seine Familie stammte ebenfalls aus Sa Đéc. Deren Haus, das im Buch als »große Villa« mit »blauen Geländern« und »Terrassen, die den Mekong überblicken«, beschrieben wird, ist heute öffentlich zugänglich. Hier finden Sie Fotos des »Liebhabers«, seiner Familie und der Familie Duras. Ein kurzer Spaziergang führt zur Grundschule Trung Vuong, an der vermutlich Duras' Mutter unterrichtete, und weiter zur buddhistischen Tempelanlage Chua Hurong, in der ein Huynh Thuy Le gewidmeter Schrein steht.

## 481
## EINE ART FREILUFTMUSEUM
### Insel Naoshima, Japan

Das Lee Ufan Museum, 2010 auf der japanischen »Kunstinsel« Naoshima eröffnet, beherbergt die Werke des südkoreanischen Malers und Bildhauers Lee Ufan (geb. 1936). Erleben Sie seine großen Installationen aus Stein, Beton und Eisen und bewundern Sie seine Gemälde in dem geometrischen Gebäude, entworfen von Ando Tadao. Der japanische Architekt schuf auch das Benesse House Museum und das Chichu Art Museum, beide nur zehn Gehminuten entfernt, in jeweils entgegengesetzter Richtung. Die Insel ist ein riesiges Freiluftmuseum: Allein auf den Rasenflächen und Stränden rings um das Benesse House Museum stehen fast 20 Kunstwerke.

## 482
## AUF DER SUCHE NACH DER LIEBE
### Ubud, Bali, Indonesien

Elizabeth Gilberts Roman *Eat, Pray, Love. Eine Frau auf der Suche nach allem quer durch Italien, Indien und Indonesien* (2006) hat Ubud auf Bali als den Ort berühmt gemacht, an dem Gilbert (geb. 1969) die »Liebe« wiederfand. Die Luft in der von atemberaubenden Reisterrassen umgebenen Stadt mit ihrer beeindruckenden Architektur ist von Räucherstäbchenduft erfüllt. Im Gegensatz zu den Stränden von Bali geht es hier ruhig und gemächlich zu. Streifen Sie durch Ubud und über die Pfade der Reisfelder bis zu den Toren der Tempelanlagen.

# 483

## UNÜBERSETZT: DIE BERÜHMTESTEN GEDICHTE AUS THAILAND

### Amphoe Klaeng, Rayong, Thailand

**Auf den Spuren von:** Sunthorn Phu (1786–1855)

**Route:** Rings um die Sunthorn-Phu-Gedenkstätte

**Länge:** 0,5 km

**Unsere Empfehlung:** *Phra Aphai Mani* (1844)

**RECHTS:** In der Sunthor-Phu-Gedenkstätte in Amphoe Klaeng steht eine Statue des sitzenden Dichters.

Es mag überraschen, aber die Werke des in Thailand überaus geschätzten königlichen Dichters Sunthorn Phu (1786–1855) wurden bisher nicht in andere Sprachen übersetzt. Das führt dazu, dass er und seine beliebten Epen, die Tausende thailändischer Schulkinder auswendig kennen, außerhalb des Landes nahezu unbekannt sind.

Sunthorn Phu wurde von König Rama I. zum Hofdichter ernannt, aufgrund zahlreicher Liebschaften und seiner Vorliebe für Alkohol jedoch vom Hof verstoßen und später wegen einer Schlägerei ins Gefängnis gesteckt. Während seiner Haft begann er die Arbeit an seinem Opus *Phra Aphat Mani*, einer 48 700 Verse umfassenden Sage über die romantischen Abenteuer eines fiktiven Prinzen im antiken Thailand. Das Langgedicht gefiel dem späteren König Rama II. so gut, dass er den Lyriker begnadigte. Alles hätte gut werden können, leider korrigierte Sunthorn Phu öffentlich eines der Gedichte, die der darauffolgende König Rama III. selbst verfasst hatte – und wurde prompt sämtlicher Titel enthoben. Daraufhin ging er als Mönch ins Kloster. Seine Karriere als Poet fand ihren rühmlichen Abschluss, als die Tochter von König Rama IV. Sunthorn Phus unvollendetes Gedicht las und ihn bat, es zwei Jahrzehnte später zu vollenden, wofür er erneut einen Titel am Königshof erhielt, den er bis zu seinem Tod im Jahr 1855 behielt.

Im ganzen Land gibt es zahlreiche Statuen und Schreine zu seinen Ehren. Die Sunthorn-Phu-Gedenkstätte in Amphoe Klaeng in der Provinz Rayong hat einen besonderen Stellenwert, da sie sich im ehemaligen Heimatort der Familie des Dichters befindet. Die 1970 eröffnete Stätte ist eine Parkanlage, in deren Mitte auf einem kleinen Hügel eine lebensgroße Bronzestatue des Dichters thront. In den umliegenden Gärten, an den Teichen und Brunnen finden Sie weitere Bronzestatuen, die einige der mythologischen Figuren aus seinen Werken darstellen.

## 484
## KUNG CHANG KHUN PHAEN
**Suphan Buri, Thailand**

Die Sage von Kung Chang und Khun Phaen ist eine der ältesten und bekanntesten Geschichten in Thailand, die über Generationen hinweg überliefert wurde. Sie handelt von Liebe, Krieg und Tragödien und erzählt von Kung Chang, dem König von Suphan Buri, dem Krieger Khun Phaen und der wunderschönen Wanthong. In Suphan Buri können Sie den Wat-Khae-Tempel besichtigen, der in dem Epos erwähnt wird. In der Tempelanlage steht ein Tamarindenbaum, der dem König Khun Phaen magische Kräfte verliehen haben soll. Von hier aus führt ein kurzer Spaziergang zum Khum Khun Phaen, einem Haus im Stil der Zeit, in der Khum Phaen der Sage nach gelebt haben soll.

# AUSTRALASIEN

Die satten Farben des Outbacks in Australien und die atemberaubende Landschaft von Neuseeland haben viele Künstler inspiriert. Folgen Sie ihren Spuren, lassen Sie die Weite der Landschaftsmalereien von Albert Namatjira auf sich wirken oder die Lichtstimmung in den Öl- und Aquarellgemälden von Rita Angus.

# 485

## MIT ALBERT NAMATJIRA AUF DEN SPUREN DER ABORIGINES

### Northern Territory, Australien

**Auf den Spuren von:** Albert Namatjira (1902–1959)

**Route:** Larapinta Trail

**Länge:** 224 km

**Unsere Empfehlung:** *Mount Sonder, MacDonnell Ranges* (ca. 1957–1959)

Albert Namatjira (1902–1959) wurde in Ntaria im australischen Northern Territory geboren. Bis zu seinem 13. Lebensjahr wuchs er in der Lutherischen Kirchenmission auf, danach kehrte er zu seinem Aborigine-Stamm der Arrernte zurück. Er besuchte nie eine Kunstschule. Der ihm eigene indigene Stil, inspiriert durch westliche Landschaftsmalerei, machte ihn berühmt. Bekannt ist er vor allem für seine farbkräftigen, strahlenden Aquarelllandschaften von Australiens »Rotem Zentrum«, wo er eine Zeit lang als Kameltreiber gearbeitet hat. Auch die Gebirgskette der West MacDonnell Ranges mit ihren wildromantischen Schluchten, Felsabhängen, den typisch australischen Gum Tree-Bäumen und ausgetrockneten Flussbetten gehört zu seinen Sujets.

Der Larapinta Trail ist ein Fernwanderweg durch diese abgelegene Region in Zentralaustralien und führt über den Kamm der ockerroten West MacDonnell Ranges. Die meisten Wanderer folgen dem Trail von Osten nach Westen und enden dann auf dem pittoresken und buchstäblichen Höhepunkt des 1380 Meter hohen Rwetyepme (Mount Sonder).

Namatjiras Gemälde *Mount Sonder, MacDonnell Ranges* fängt die Textur des Buschlandes und das gewaltige Ausmaß des Berges perfekt ein.

**OBEN:** Der australische Maler Albert Namatjira hat nie eine Kunstschule besucht.

**OBEN RECHTS:** Namatjira malte oft die Landschaft rund um die West MacDonnell Ranges aus rotem Sandstein und mit engen Schluchten.

**RECHTS:** Die Schlucht Ormiston Gorge im West-MacDonnell-Nationalpark

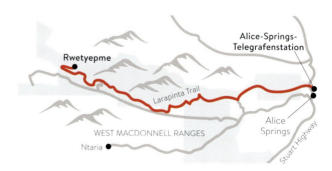

## 486
## NAMATJIRAS PALM VALLEY

**Northern Territory, Australien**

Im Süden der Aborigine-Community in Ntaria, wo Albert Namatjira geboren wurde, liegen der Finke-Gorge-Nationalpark und das Palm Valley, aus dem seine Mutter stammt. In den 1940er Jahren malte Namatjira zahlreiche Bilder mit Palmen (wie der »roten Kohlpalme«), die in dieser weitläufigen roten Wüste in den Himmel ragen und dem Tal seinen Namen verliehen. Der Park liegt etwa zwei Autostunden westlich von Alice Springs. Ein Besuch im Nationalpark ist ein Tagesausflug, bei dem Sie mehreren der kurzen Wanderwege folgen können: dem Arankaia Walk (2,4 Kilometer) und dem Mpulungkinya Walk (4,8 Kilometer).

## 487
*EINE STADT WIE ALICE*

### Alice Springs, Northern Territory, Australien

Nevil Shutes (1899–1960) Roman *A Town like Alice* (1950, dt. Eine Stadt wie Alice ) beschreibt die schicksalhafte Liebesgeschichte von Jean Paget, die nach Australien zieht, um bei Joe sein zu können, einem ehemaligen Mitgefangenen im Zweiten Weltkrieg. Mit ihrem Erbe verwandelt Jean peu à peu ihre kleine Outback-Gemeinde in eine »Stadt wie Alice«, womit Alice Springs gemeint ist. Bei einem Spaziergang durch die Stadt treffen Sie sowohl auf Spuren der Geschichte der Aborigines als auch der Kolonisatoren und können den Alltag in dieser rauen Umgebung, den Jean und Joe erlebten, mit dem Leben in anderen Küstenstädten vergleichen.

## 488
*BRUCE CHATWINS OUTBACK*

### Northern Territory, Australien

In *Traumpfade* (1987) streift der Reiseschriftsteller Bruce Chatwin (1940–1989) für drei Tage durch das Outback, um mehr über die traditionellen *Songlines* der Aborigines zu erfahren. Ausgehend vom Northern Territory besuchte er verschiedene Communitys und das sie umgebende Umland, um Anregungen zu sammeln. Heute laden zahlreiche gekennzeichnete Wanderwege in den Nationalparks dazu ein, die unglaubliche Natur und die Kultur der Aborigines zu entdecken. Wandern Sie über die Klippen des Kings Canyon durch die vielfältige Landschaft des Ruby-Gap-Nationalparks oder folgen Sie dem Rundweg am Inselberg Uluru.

## 489
*ARTHUR STREETONS GOLDENES-VLIES-LANDSCHAFT*

### Grampians-Nationalpark, Victoria, Australien

Arthur Streeton (1867–1943) ist einer der bekanntesten australischen Landschaftsmaler und der Vorreiter des australischen Impressionismus. Seine Gemälde zeigen die Weite des Grampians-Nationalparks und des Westens von Victoria. Durch den Nationalpark schlängeln sich Wege, geeignet für verschiedene Tageswanderungen. Der 6,4 Kilometer lange Mud-Dadjug Trail (auch: Mount Abrupt Trail) führt über eine malerische, felsige Route und eröffnet vom Gipfel aus einen atemberaubenden Panoramablick auf die Umgebung. Kein Wunder, dass diese Landschaft Streeton 1921 zu seinem Gemälde *The Grampians (Mount Abrupt)* inspirierte.

## 490
*MIT MARGARET PRESTON DURCH SYDNEY*

### Sydney, New South Wales, Australien

Margaret Preston (1875–1963) war eine der ersten nicht-indigenen Künstlerinnen Australiens, die in ihren Bildern Motive der Aborigines verwendete. Sie gilt als Ikone der Modernisten und prägte den »nationalen australischen Kunststil« maßgeblich. Ihre Gemälde zeigen die lokale Landschaft, Flora und Fauna, die Sie auf dem neuen 80,5 Kilometer langen Küstenwanderweg von Bondi Beach nach Manly mit eigenen Augen bewundern können. In Sydney führt Ihr Weg um den Hafen herum und an atemberaubenden Aussichtspunkten vorbei, die verschiedene Perspektiven auf zwei der berühmtesten Sehenswürdigkeiten eröffnen: die Sydney Harbour Bridge und das Opernhaus Sydney. Legen Sie unterwegs einen Zwischenstopp in der Art Gallery of New South Wales ein, wo Prestons Werk zu sehen ist.

**OBEN RECHTS:** Der Küstenwanderweg von Bondi Beach bis nach Manly bietet eine wunderschöne Sicht auf die Wahrzeichen Sydneys.

**RECHTS:** Die Art Gallery of New South Wales, die mit einer Dauerausstellung das Werk von Margaret Preston ehrt

# 491

## SIDNEY NOLANS INSPIRATION

### K'gari, Queensland, Australien

**Streifzug mit:** Sidney Nolan (1917–1992)

**Route:** Von Dilli Village ins Happy Valley

**Länge:** 90 km

**Unsere Empfehlung:** *Mrs Fraser* (1947, ursprünglicher Titel: *Woongoolbver Creek*)

**RECHTS:** Die Farben und wilde Natur von K'gari schlugen Nolan in ihren Bann.

K'gari (ehemals: Fraser Island) vor der Ostküste von Queensland, Australien, ist die größte Sandinsel der Welt. An diesem exotischen Ort wachsen Regenwälder aus Wanderdünen heraus, daneben liegen von Tanninen dunkel gefärbte Seen und auffällig farbige Sandklippen in strahlend hellem Sonnenlicht. Die Europäer nannten die Insel ursprünglich Great Sandy Island, doch nach dem Schiffbruch der *Stirling Castle* im Jahr 1836 wurde sie nach der einzigen Überlebenden, einer Schottin namens Eliza Fraser, die hier strandete, in Fraser Island umbenannt. Ob sie vom Stamm der Butchulla aufgenommen oder versklavt wurde, ist seitdem Anlass für Spekulationen.

1947 besuchte der Maler Sidney Nolan (1917–1992) die Insel und interessierte sich für den Mythos um Mrs Frasers Geschichte. Die üppige Landschaft und die Vorstellung einer Fremden in feindlicher Umgebung beeinflusste seine Serie von zwölf großformatigen Gemälden, zu denen *Woongoolbver Creek* (1958 in *Mrs Fraser* umbenannt) gehört. Wanggoolba Creek (wie es heute geschrieben wird) ist ein kristallklarer Süßwasserbach, der durch einen Piccabeen-Palmenwald im Herzen der Insel fließt. Der 90 Kilometer lange K'gari Great Walk führt vom Campingplatz Central Station zum See Lake McKenzie. Er verläuft über einen Holzsteg entlang des berühmten Bachs und gabelt sich anschließend, sodass Sie entweder den Basin Lake umrunden, an dessen Ufer sich oft Schildkröten sonnen, oder durch das Pile Valley mit seinem kühlen, schattigen Regenwald wandern können.

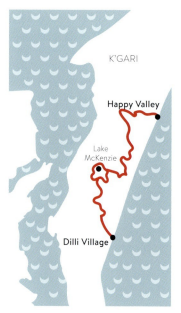

## 492
## FORESHORE TRAIL IN ST. KILDA
### Melbourne, Australien

Sidney Nolans Familie zog nach St. Kilda, an Melbournes beliebten Badestrand, als er noch ein Kind war. In den 1940er Jahren malte er eine Bilderserie über den Ort und seine Erinnerungen an das Freiheitsgefühl seiner Kindheit – mit Motiven wie dem Vergnügungspark Luna Park, dem Pier und den St Kilda Sea Baths (Meerwasserbädern). Dieser kurze Abschnitt des Foreshore Trails, der durch St. Kilda verläuft, führt an Nolans geliebten Orten vorbei.

## 493
## WARBY RANGES TRACK
### Victoria, Australien

Eine weitere bekannte Bilderserie von Sidney Nolan widmet sich dem Banditen Ned Kelly, der sich fast zwei Jahre mit seiner Bande aus entlaufenen Sträflingen versteckte, nachdem sie in Victoria drei Polizisten erschossen hatten. Nach erbittertem Kampf wurde die Gang in der Kleinstadt Glenrowan gefasst. Nolan malte den zum australischen Volkshelden avancierten Kelly im Outback von Victoria, wo er mit seiner Bande hauste und das auch Kelly Country genannt wird. Die elf Kilometer lange Wanderung zur Spitze des Mount Glenrowan bietet eine freie Sicht auf Glenrowan sowie die Ebenen und die Australischen Alpen in der Ferne.

# 494

## RITA ANGUS UND DIE SÜDLICHEN AUSTRALISCHEN ALPEN

### Canterbury, Neuseeland

**Auf den Spuren von:** Rita Angus (1908–1970)

**Route:** Beginnt und endet am State Highway 73 (kein Rundwanderweg)

**Länge:** 34 km

**Unsere Empfehlung:** *Cass* (1936); *Mountains, Cass* (1936)

Die Feministin, Pazifistin und Pionierin der modernen neuseeländischen Malerei Rita Angus (1908–1970) ist bekannt für ihre in klaren Öl- und Aquarelltönen gemalten Landschaften von Canterbury und die Regelmäßigkeit ihrer Formen und Linien. Im Sommer des Jahres 1936 verbrachten Angus und die befreundete Malerin Louise Henderson einen zehntägigen Zeichenurlaub in der Nähe von Cass, einer einige Stunden westlich von Christchurch gelegenen Ansiedlung von ein paar Farmen. Hier, an den Hängen der südlichen Australischen Alpen, fand Angus die Inspiration für zwei ihrer bekanntesten Aquarelle, *Cass* und *Mountains, Cass*, die die Größe und Erhabenheit des Bergmassivs zeigen und die menschengemachten Bauten in ihren Schatten stellen.

Eine zwei- bis dreitägige Wanderung führt durch das Canterbury High Country, das Angus faszinierte. Der Cass-Lagoon Saddle Track beginnt in der Nähe der hölzernen Bahnstation an der Settlement Road, die Angus gemalt hat, am ausgeschilderten Parkplatz im Osten der Brücke am Rand von Cass. Der 34 Kilometer lange, nicht gekennzeichnete Weg verläuft bergauf und bergab über Waldwege des Craigieburn Forest Parks, überquert Flussbetten und Flüsse und führt Sie über zwei Gebirgskämme. Bei richtigem Wetter bietet der Fluss Harper zahlreiche Badestellen für eine willkommene Erfrischung.

**OBEN:** Rita Angus bei der Arbeit

**OBEN RECHTS:** Das Werk von Rita Angus evoziert die Größe der Natur.

**RECHTS:** Die ikonische hölzerne Bahnstation im Angus-Gemälde *Cass*.

## 495
### DIE KULISSE VON ISLAND BAY
**Wellington, Neuseeland**

1955 zog Rita Angus nach Wellington. Einige ihrer hier entstandenen Landschaftsbilder zeigen die Küste und das Meer vor Island Bay, einem Vorort am Strand im Süden von Wellington. Hier malte sie auch *Boats, Island Bay* (1968). Island Bay – das perfekte Postkartenmotiv – erreichen Sie von der Bucht Oriental Parade im Hafen von Wellington aus über den 10,5 Kilometer langen Southern Walkway. Der Weg führt durch die Stadt, Parks und Wälder und windet sich mit teilweise starker Steigung über einen Hügelkamm. Die Panoramasicht auf die Südküste ist umwerfend.

## 496
### DAS LICHT DER MITTE
**Central Otago, Neuseeland**

1953 reiste Rita Angus 14 Tage durch Central Otago und schuf *Central Otago* (1954–1956/1969), das sich aus mehreren in goldenes Sonnenlicht getauchte Szenerien zusammensetzt. Die Gegend ist berühmt für ihre einzigartige Lichtstimmung. Wander- und Spazierwege führen durch Naseby, Arrowtown, entlang des Lake Wakatipu und über die Bergkette der Remarkables – allesamt Angus-Motive. Der Queenstown Hill Walkway ist von Queenstown-Zentrum leicht zu erreichen und erklimmt schnell den 500 Meter hohen Gipfel des Te Tapu-nui (dt. Hochheiliger Berg). Hier oben eröffnet sich ein sensationeller Blick über den Lake Wakatipu und die Remarkables.

# 497

## DER MODERNISMUS VON COLIN McCAHON

### Titirangi, Auckland, Neuseeland

**Auf den Spuren von:** Colin McCahon (1919–1987)

**Route:** Vom Opou Reserve zum McCahon House

**Länge:** 2 km

**Unsere Empfehlung:** Die *French-Bay*-Serie (1956)

**LINKS:** Essenziell für McCahons Gemälde – die Kauri-Bäume, deren massive Abholzung er kritisierte

Colin McCahon (1919–1987) gilt als der wichtigste neuseeländische Maler des 20. Jahrhunderts. In seinen expressiven Werken nutzte er unterschiedliche Konzepte des späten Modernismus und untersuchte Themen wie Religion und Spiritualität. In den 1950er Jahren reiste er in die USA, um die Werke von Zeitgenossen wie Mark Rothko zu sehen. Eindrücke, die großen Einfluss auf ihn hatten, sowohl spirituell als auch künstlerisch.

Diese Wanderung beginnt im Opou Reserve, einem kleinen Landschaftsschutzgebiet mit riesigen Kauri-Bäumen, die auch McCahon in seine Landschaftsbilder integrierte. Nicht nur aus ästhetischen Gründen, sondern auch als Politikum, um auf die massive Abholzung dieser Baumart aufmerksam zu machen, die den Maori heilig ist.

Sie laufen entlang der Otitori Bay Road bis zur French Bay, die McCahon aus verschiedenen Perspektiven vom Manukau-Hafen aus malte. Sein Gemälde *French Bay* (1945) erinnert stark an die Landschaften von Paul Cézanne.

Kehren Sie zurück zur Otitori Bay Road und folgen Sie ihr etwa einen halben Kilometer lang nordwärts, bergauf, um zum McCahon House zu gelangen, wo der Maler von 1953 bis 1959 lebte und arbeitete. Heute befindet sich hier ein von Kauri-Bäumen umgebenes, seinem Werk gewidmetes Museum. 1959 zog McCahon nach Auckland, wo er zunehmend vom nordamerikanischen abstrakten Expressionismus beeinflusst wurde. Er bereiste ausgiebig die neuseeländische Nordinsel, was sich in seiner *Kaipara-Flats*-Serie von 1971 niederschlug. McCahon beschrieb diese Landschaft wie folgt: »Die Gegend ist überwältigend schön, leer und vollkommen schön. Immerhin ist dies die Küste, die die Seelen der Maori auf ihrem Weg vom Leben zum Tod überqueren. Entsprechend grandios sind hier das Licht und die Sonnenuntergänge.«

## 498
### HOMMAGE AN DAS WERK DES MAORIS RALPH HOTERE

**Port Chalmers, Dunedin City, Neuseeland**

Auf dem Flagstaff Lookout Point in Port Chalmers, Dunedin City, befindet sich ein bezaubernder Skulpturengarten, entworfen von dem abstrakt malenden Künstler Ralph Hotere (1931–2013). Hier steht seine Installation *Black Phoenix II* aus dem Holz eines verbrannten Fischerboots. Der Garten ist ein friedlicher Ort mit spektakulärem Ausblick über die Bucht. Wenn Sie die steile Constitution Street hinuntergehen, gelangen Sie zur St Joseph's Cathedral in der Magnetic Street, die bei Hoteres Beerdigung 2013 mit Trauernden gefüllt war. »Hier war seine Heimat, über 35 Jahre lang«, sagte seine Witwe Mary McFarlane. »Die meisten seiner Werke sind in diesem Dorf entstanden. Er hätte überall auf der Welt arbeiten können – in Italien, Frankreich, Deutschland, in Großbritannien oder den USA –, nur hier fühlte er sich zu Hause.«

## 499
### DIE EIGENE MITTE FINDEN MIT MICHAEL NYMAN

**Karekare Beach, in der Nähe von Auckland, Neuseeland**

Jane Campions Film *Das Piano* (1993) wurde am Karekare Beach in der Nähe von Auckland gedreht. Der Film gewann drei Oscars, vor allem die Titelmusik von Michael Nyman (geb. 1944) ist unvergessen. Nyman kombinierte das Rauschen der Wellen mit Klaviermusik – und schuf so eine unvergessliche Atmosphäre. Laufen Sie hinunter zum schwarzen Sandstrand, den Sie meistens ganz für sich allein haben, und begeben Sie sich auf eine 7,9 Kilometer lange malerische Wanderung zu dem atemberaubenden Wasserfall Kitekite Falls.

**RECHTS:** Lauschen Sie am Karekare Beach den inspirierenden Tönen für Nymans Filmmusik.

**GANZ RECHTS:** Acht Kilometer hinter dem Strand stürzen die dreistufigen Kitekite Falls geräuschvoll in die Tiefe.

# 500

## EIN HAUCH VON GAUGUINS TAHITI

### Mataiea, Tahiti, Französisch-Polynesien

**Streifzug mit:** Paul Gauguin (1848–1903)

**Route:** Entlang der Küstenstraße

**Länge:** 3 km

**Unsere Empfehlung:** *Die Frau mit einer Blume* (1891); *Der Samen der Aereoi* (1892)

Bei seiner ersten Reise nach Tahiti im Jahr 1891 war Paul Gauguin (1848–1903) auf der Suche nach einem einfacheren Leben. Er wollte »allem Künstlichen und Konventionellen« entfliehen, das er aus Europa kannte. Einige behaupten hingegen, dass sich seine Kunst in Europa nicht verkaufte und er daher eine exotischere Geschichte für sich und seine Kunst schaffen wollte. Dazu passt, dass Gauguins Privatleben höchst problematisch war: Er misshandelte seine Frau, ließ seine Familie sitzen und lebte in Polynesien seine pädophilen Neigungen aus.

Gauguins erster Aufenthalt in Tahiti dauerte zwei Jahre, die er größtenteils in einer kleinen Hütte in Mataiea verbrachte. Er malte Alltagsszenen, die den starken Eindruck spiegeln, den die intensiven Farben und das Licht auf ihn ausübten. 1893 reiste Gauguin mit seinen Gemälden nach Europa, um sie dort zu verkaufen. Da er weder von seinen Freunden noch von der Kunstwelt willkommen geheißen wurde, kehrte 1895 für immer nach Tahiti zurück.

Ein 40-minütiger Spaziergang entlang der südlichen Küstenstraße von Tahiti weckt in Ihnen vielleicht Sinneseindrücke, die auch den Maler in den 1890er Jahren bewegten. Der Spaziergang beginnt am Botanischen Garten Water Gardens Vaipahi im ruhigen Küstenort Ataiti. Von hier aus spazieren Sie ostwärts zum Harrison Smith Botanical Garden, wo Sie der reichen Flora begegnen, die Sie von Gauguins Gemälden kennen. Unterwegs stoßen Sie auf das Gauguin Museum, das dem Künstler und seiner Arbeit gewidmet ist.

**OBEN:** Der umstrittene Maler Paul Gauguin

**RECHTS:** Die üppige Natur Tahitis findet sich in den bekanntesten Gemälden von Paul Gauguin.

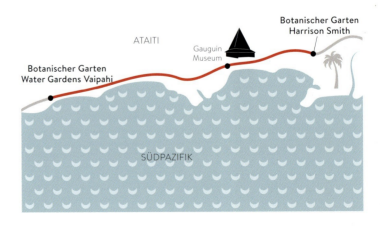

# REGISTER

## A

Abélard und Héloïse 247
Abramović, Marina 363
Adams, Ansel 34
Adams, John Luther 25
Adams, Richard 166
Adichie, Chimamanda Ngozie 327
Ägypten 320, 323
Alameddine, Rabih 337
Albanien 317
Alcott, Louisa M. 91
Algerien 324–325
Ali, Agha Shahid 351
Allende, Isabel 121
Allingham, Helen 168
Alÿs, Francis 106, 337
Amado, Jorge 116
Andersen, Hans Christian 222
Angus, Rita 382–383
Argentinien
   Buenos Aires 127–129
   Mar del Plata 127
   Patagonien 126–127
Armitage, Simon 202
Arnim, Bettina von 262
Arnold, Matthew 169
Äthiopien 327
Atwood, Margaret 92
Audubon, John James 56
Austen, Jane 158–159
Auster, Paul 78
Australien
   Alice Springs 378
   Fraser Island 380–381
   Grampians-Nationalpark 378
   Melbourne 381
   Northern Territory 376–378
   Sydney 378–279
   Warby Ranges Track 381

## B

Bach, Johann Sebastian 269
Bacharach, Burt 74
Bacon, Francis 173
Bangladesch 360–361
Bano, Iqbal 349
Barker, Mary 209
Barney, Matthew 119
Barr, Fred 40
Bassey, Shirley 185
Bates, Katharine Lee 40
Baudelaire, Charles 243
Beatles 74
Beauvoir, Simone de 242, 248
Becket, Thomas 180
Beethoven, Ludwig van 262, 269, 303
Belarus 345
Belgien 236–237
Bennett, Alan 189
Bernini, Gian Lorenzo 293
Betjeman, John 147
Bierstadt, Albert 46–47
Birkin, Jane 249
Bishop, Elizabeth 93
Blacker, William 312
Blake, Peter 173
Blixen, Karen 331
Bloomsbury Set 164–165, 174
Bolaño, Roberto 106
Bolivien 124–125
Bond, Ruskin 355
Bono 38
Borges, Jorge Luis 128
Botero, Fernando 114–115
Bourgeois, Louise 83
Bowles, Paul 323
Brahms, Johannes 269

Brâncuși, Constantin 244, 313
Brasilien
   Brumadinho 119
   Salvador da Bahia 116–117
Brecht, Bertolt 265
Brel, Jacques 249
British Sea Power 163
Britten, Benjamin 169
Brontë Schwestern 198
Brown, Dan 244
Bukowski, Charles 74
Bulgakow, Michail 344
Burnett, Frances Hodgson 62
Burns, Robert 215
Burroughs, William 323
Byron, Lord 177, 265, 317

## C

Camilleri, Andrea 292
Camus, Albert 257, 325
Canteloube de Malaret, Marie-Joseph 253
Carnegie, Andrew 87
Carr, Emily 12–13
Carrier, Roch 21
Carroll, Lewis 204
Carson, Rachel 52
Cash, Johnny 62
Cassady, Neal 30
Cather, Willa 50
Cézanne, Paul 259
Chagall, Marc 345
Chatwin, Bruce 127, 185, 378
Chaucer, Geoffrey 180
Chile
   Elqui-Tal 118–119
   Santiago 120–121
   Valparaíso 122–123

Chillida, Eduardo  230
China  362–363
Chopin, Frédéric  254, 311
Chopin, Kate  57
Christie, Agatha  148–149
Clare, John  194
Clarke, Arthur C.  74
Cobain, Kurt  25
Coelho, Paulo  227, 320
Cohen, Leonard  20–21, 74
Cole, Teju  79
Cole, Thomas  88
Coleridge, Samuel Taylor  152, 187, 210
Colette  250–251
Conan Doyle, Arthur  115, 147, 274
Constable, John  157, 197
Corbijn, Anton  38
Cortázar, Julio  127
Coupland, Douglas  14

**D**

Dahl, Roald  166
Dalí, Salvador  228
Dänemark  222–223
Darwin, Charles  115, 168
Davies, Hunter  214
Dekker, Eduard Douwes  225
Delacroix, Eugène  254
Denver, John  54–55
Derain, André  261
Desai, Anita  355
Deutschland
 Arnstadt  269
 Bayreuth  271
 Berlin  265
 Schwarzwald  272–273
 Bonn  269
 Dresden  270–271
 Frankfurt  262–263
 Harz  264–265, 269
 Königswinter  265
 Leipzig  268–269
 Lübeck  269
 Mainz  267
 München  274–275
 Nürnberg  274
 Pfalz  266
 Rheintal  269
Dickens, Charles  98, 170–171
Dickinson, Emily  92
Dillard, Annie  67
Dostojewski Fjodor  342
du Maurier, Daphne  154
Duras, Marguerite  255, 370
Dürer, Albrecht  274, 280
Durrell, Gerald  315
Dylan, Bob  60, 77

**E**

Eco, Umberto  284
El Greco  231
Elgar, Sir Edward  147, 189, 286
Ellison, Ralph  76
Emerson, Ralph Waldo  91
England
 Aldeburgh  169
 Ashdown Forest  166
 Avebury  157
 Ayot St Lawrence  194
 Bath  154, 159
 Berwick-upon-Tweed  216–217
 Bristol  154
 Brontë Country  198–199
 Burgh Island  149
 Burwash  167
 Calder Valley  203
 Camel Estuary  147
 Canterbury  180–181
 Chawton  158
 Coleridge Way  152–153
 Cookham  194
 Daresbury  204
 Dartmoor  147
 Dorchester  150–151
 Dorset Hills  154
 Dover  169
 Downe  168
 Dungeness  168–169
 Dymock  157
 East Bergholt  197
 Eastwood  191
 Ecchinswell  166
 Firle  162–163
 Forster Country  191
 Fowey  154–155
 Great Missenden  166
 Hadrianswall  214
 Hampton Court Palace  176–177
 Haworth  198–199
 Higham  170–171
 Juniper Hill  190
 Lake District  206–211
 Leeds  189
 Liverpool  196–967, 204–205
 London  171–181
 Lyme Regis  154
 Malvern Hills  189
 Manchester  200–201
 Margate  161
 Melbury Villages Walk  150
 Millington  204
 Much Hadham  194–195
 Nuneaton  197
 Oxford  188–189
 Pennine Way  202
 Petworth  161
 Quantock Hills  187
 Ramsgate  181
 Rodmell  164–165
 St. Ives  144–145
 Salisbury  157
 Scafell Pike  208–209

Shakespeare's Way   192–193
Silbury Hill   156–157
Slad Valley   157
Southwold   197
Stratford-upon-Avon
   192–193
Swaddywell Pit   194
Thames Path   160–161
Tintagel   146–147
Tiverton   147
Torquay   148–149
Twickenham   160–161
Valency Valley   150
West Bretton   203
Whitby   204
Wordsworth Walk   211
Winchester   168
Witley   168
Erdrich, Louise   50
Ezekiel, Nissim   356

## F

Faiz, Faiz Ahmad   348
Faulkner, William   62
Fauves   261
Fenimore Cooper, James   84–85
Fenimore Cooper, Susan   84
Fermor, Patrick Leigh   109
Ferrante, Elena   292
Finnland   221–222
Fitzgerald, F. Scott   50, 79
Forna, Aminatta   177
Forster, E. M.   191, 359
Foscolo, Ugo   282
Fowles, John   154
Frankenthaler, Helen   96
Frankreich
   Aix-en-Provence   259
   Albi   257
   Amboise   253
   Arles   258–9
   Auvergne   253

Auvers   240–1
Avignon   257
Château de Boussac   254
Collioure   260–261
Duras   255
Ermenonville   240
Haute Provence   256–257
Juan-les-Pins   259
Le Pouldu   253
Loire Valley   255
Lourmarin   257
Lyon   252–3
Marly-le-Roi   240
Paris   240, 242–249, 251
Pontoise   238
Pourville   238
Saint-Sauveur   250–251
Wargemont   238
Friedrich, Caspar David   311
Frost, Robert   98–99
Fuster, José Rodríguez   109

## G

Gainsbourg, Serge   249
Galápagos-Inseln   115
Gane, Mark   19
García Márquez, Gabriel
   112–113
Gardel, Carlos   127
Gaskell, Elizabeth   201
Gaudí, Antoni   230
Gauguin, Paul   253, 258
Gellhorn, Martha   56
Ghana   326–327
Ghosh, Amitav   359
Gilbert, Elizabeth   371
Gilpin, William   186
Ginsberg, Allen   77, 323
Goethe, Johann Wolfgang von
   262–263, 265, 297
Goldsworthy, Andy   30–31,
   256–257

Gompers, Samuel   87
Gordimer, Nadine   333
Gormley, Antony   196–197
Goya, Francisco   231
Grass, Günter   310
Griechenland   314–317
Grimm Gebrüder   262, 273
Guevara, Che   124–125
Gyasi, Yaa   327

## H

Hafis   339
Händel, Georg Friedrich   178
Hardy, Thomas   150–151
Haring, Keith   82–83
Harrison, George   357
Harrison, Jim   43
Hassim, Aziz   333
Hawthorne, Nathaniel   91
Heade, Martin Johnson   87
Heaney, Seamus   134
Heinold, John M.   37
Hemingway, Ernest   56, 67, 109,
   230, 244, 304
Henze, Hans Werner   331
Hepworth, Barbara   145
Hesse, Hermann   279, 282
Hockney, David   204
Hodgkins, Frances   154
Hogarth, William   173
Hokusai, Katsushika   366–367
Holst, Gustav   324
Homer   314
Homer, Winslow   96
Hopkins, Gerard Manley   185
Hopper, Edward   83, 94
Hudson River School   88
Hughes, Langston   76
Hughes, Ted   203
Husain, M. F.   357

## I

Ibsen, Henrik  218
Indien
    Dehradun to Mussoorie  353
    Kasauli  354–355
    Kolkata  358–359
    Landour  355
    Mumbai  356–357
    Mussoorie  355
    Shimla  352–353, 355
    Srinagar  350–351
Indonesien  371
Ingalls Wilder, Laura  44–45
Iran  338–9
Irland
    Ballynahinch Lake  134–135
    Belfast  140
    Ben Bulben  136
    Dublin  138–139
    Green Road  135
    Inishnee  135
    Innisfree  137
    Lough Gill  137
    Mourne Mountains  142–143
    Omey Island  140–141
Irving, Washington  87
Island  132–133
Israel  337
Italien
    Alassio  286–287
    Aliano  292
    Cassano d'Adda  285
    Comer See  280, 282–284
    Dürerweg  280–281
    Florenz  292
    Lecco  284
    Lucca  295
    Mailand  285
    Neapel  292
    Pasturo  280
    Piemont  284–285
    Rilkeweg  290–291
    Rom  293–295
    Sizilien  292–293
    Trentino  280–281
    Triest  290–291
    Turin  286
    Venedig  288–289

## J

Jäger, Stefan  307
Jamaica  109
James, Henry  81, 257
Jansson, Tove  221
Japan
    Fuji  366–367
    Kōbe  369
    Kyoto  368–369
    Naoshima  371
    Obuse  367
    Tokio  369
Jara, Victor  120
Jarman, Derek  168
Jo Jung-rae  365
Joel, Billy  57
Joplin, Janis  30, 74
Jordan  336–337
Joyce, James  139, 244, 291

## K

Kafka, Franz  309
Kahlo, Frida  30, 104–105
Kanada
    Assiniboine River  18
    Cape Breton  21
    Gabrielle-Roy-Route  18
    Haida Gwaii  16–17
    Highlands Nationalpark  21
    Huron County  19
    Île-aux-Oies  21
    Juan Perez Sound  17
    Lake Ontario  19
    Maitland Valley  19
    Montreal  20–21
    Naikoon Provincial Park  16–17
    Nova Scotia  21
    Prince Edward Island  22–23
    Riopelle Reserve  21
    Sainte Justine  21
    Seine River Greenway  18
    Skyline Trail  21
    Tsusiat Falls  12–13
    Vancouver  14–15
    Vancouver Island  12–13
    Wingham  19
    Winnipeg  18
Kapoor, Anish  119
Kazantzakis, Nikos  316
Kazin, Alfred  72
Keats, John  168
Kelly, Ned  381
Kenia  330–3
Kerouac, Jack  26, 30, 74, 323
Khan, Nusrat Fateh Ali  349
Kierkegaard, Søren  222
King, Stephen  43, 102–103
Kings of Leon  62
Kipling, Rudyard  167, 352–353
Kitarō, Nishida  369
Klee, Paul  274, 323
Klimt, Gustav  298
Kolatkar, Arun  356
Kolumbien
    Aracataca  112
    Barranquilla  113
    Cartagena  113
    Medellín  114–115
Krøyer, P. S.  222
Kuba  108–109
Kung Chang Khun Phaen  373
Kusama, Yayoi  73
Kuti, Fela  328

## L

Larsson, Stieg  218
Lawrence, D. H.  50, 191

Lawrence, T. E.   336
Lear, Edward   317
Lee, Harper   62
Lee, Laurie   157
Lee Jung-seob   365
Lennon, John   74, 204
Leonard, Elmore   43
Leonardo da Vinci   253, 285
Levi, Carlo   292
Levi, Primo   286
Lewis, C. S.   142
Libanon   337
Lindgren, Astrid   220
Liszt, Franz   307
Little Richard   62
Liu Kexiang   363
Locke, Alain   76
London, Jack   37
Long, Richard   157
Longfellow, Henry Wadsworth   98
Lorca, Federico García   81, 232–233
Lorde, Audre   78
Lowry, L. S.   216
Luhan, Mabel Dodge   50–51

## M

Macfarlane, Robert   213
Macke, August   323
Macy, Thomas   95
Magritte, René   236
Mahfouz, Naguib   323
Mahler, Gustav   309
Mandel, Emily St John   56
Manet, Édouarde   240
Mann, Thomas   276
Mantel, Hilary   177
Manzoni, Alessandro   284
Mapplethorpe, Robert   74
Márai, Sándor   306
Marley, Bob   109

Marokko   321–323
Martin, Eddie   63
Martinique   109
Matisse, Henri   261
Matute, Ana María   230
Maupin, Armistead   29
McCahon, Colin   385
McCartney, Paul   204, 215
McCloskey, Robert   96
McCullers, Carson   67
McCulloch, Horatio   217
McKay, Claude   76
Meer, Fatima   335
Melville, Herman   95
Mendelssohn Bartholdy, Felix   214
Mérimée, Prosper   254
Messiaen, Olivier   38
Mexiko   104–107
Mezlekia, Nega   327
Michelangelo Buonarroti   292
Millay, Edna St Vincent   102
Miller, Arthur   74
Miller, Henry   244
Milne, A. A.   166
Mistral, Gabriela   119, 123
Mitchell, Joni   38
Miyamoto, Teru   369
Modigliani, Amedeo   244, 247
Moilliet, Louis   323
Molière   247
Molnár, Ferenc   306
Mondrian, Piet   225
Monet, Claude   172, 238
Monteverdi, Claudio   288
Montgomery, L. M.   22
Moore, Henry   194–195, 203
Moraes, Dom   356
Morris, William   211
Morrison, Jim   38, 247
Morrison, Toni   81, 92

Morrison, Van   140
Mozart, Wolfgang Amadeus   301, 309
Mucha, Alphonse   308–309
Munch, Edvard   218
Munro, Alice   15, 19
Murakami, Haruki   369
Murdoch, Iris   189

## N

Namatjira, Albert   376–377
Nazrul Islam, Kazi   360
N'Dour, Youssou   329
Nerlekar, Anjali   356
Neruda, Pablo   121, 123
Neuseeland
    Canterbury   382
    Central Otago   383
    Titirangi   385
    Wellington   383
Newman, Randy   56
Niederlande   224–225
Nigeria   327–329
Nin, Anaïs   244
Nkosi, Lewis   334
Nolan, Sidney   380–381
Norwegen   218–219
Nueva Canción Chilena   120

## O

O'Connor, Mary Flannery   63
O'Farrell, Maggie   140
Oiticica, Hélio   119
O'Keeffe, Georgia   48–49
Oliver, Mary   92
Orwell, George   174
Österreich
    Attersee   298–299
    Bad Ischl   300
    Donau   300–301
    Goetheweg   296–297

Gustav-Klimt-Themenweg 298
Salzburg 301
Strindbergweg 303
Wien 299, 301–303

## P

Page, Jimmy 185
Pakistan 348–349
Parr, Martin 154
Parra, Violeta 120
Parton, Dolly 62
Paton, Alan 333
Peru 115
Picasso, Pablo 229, 244, 258–259
Pissarro, Camille 238
Plant, Robert 185
Plath, Sylvia 174
Plinius der Ältere 282
Plinius der Jüngere 282
Poe, Edgar Allan 78
Polen 310–311
Pollock, Jackson 86–87
Portugal 234–5
Potter, Beatrix 206
Pound, Ezra 244
Pozzi, Antonia 280
Preston, Margaret 378
Proust, Marcel 248
Puccini, Giacomo 294–295
Pushkin, Aleksandr 343

## Q

Qi Baishi 363

## R

R.E.M. 56
Raffael 293
Ramones 74
Ransome, Arthur 207
Redding, Otis 58–59
Reid, Bill 15, 16–17
Rembrandt van Rijn 224
Renoir, Pierre-Auguste 238, 248
Reynolds, Joshua 178
Rhys, Jean 248
Rilke, Rainer Maria 290
Riopelle, Jean-Paul 21
Rivera, Diego 30, 104
Robinson, Tim 135
Rockefeller, William 87
Rolling Stones 178, 323
Roth, Philip 68
Rousseau, Jean-Jacques 240
Rowling, J. K. 214
Roy, Suzanna Arundhati 359
Roy, Gabrielle 18
Rumänien 312–313
Rushdie, Salman 357
Russland
    Moskau 344–345
    St. Petersburg 342–343, 347
    Yasnaya Polyana 346–347

## S

Saadi 339
Saint Laurent, Yves 323
Saint-Exupéry, Antoine de 253, 321
Salinger, J. D. 147
Sand, George 254
Saramago, José 235
Sarrazin, Albertine 325
Sartre, Jean Paul 242
Schiele, Egon 299
Schottland
    Cairngorms 212–213
    Dumfries 215
    Edinburgh 214
    Glencoe 217
    Isle of Skye 165
    Isle of Staffa 214
    Mull of Kintyre 215
    Rannoch Moor 213

Schumann, Clara 269
Schumann, Robert 269
Schweden
    Stockholm 218
    Vimmerby 220–221
Schweiz
    Alpen 279
    Davos 276–277
    Genfersee 279
    Interlaken 278–279
    Montagnola 279
    Reichenbachfall 274
    Thomas-Mann-Weg 276–277
Sebald, W. G. 197
Seghers, Anna 266–7
Senegal 329
Serra, Richard 21
Shakespeare, William 192–193
Shankar, Ravi 357
Shaw, George Bernard 194
Shelley, Mary 279, 282
Shepherd, Nan 212
Sher-Gil, Amrita 355
Shields, Carol 18
Shute, Nevil 378
Sibelius, Jean 222
Simon & Garfunkel 74
Sinatra, Frank 68
Singh, Khushwant 355
Sisley, Alfred 240
Skagen Painters 222
Sloat, John D. 32
Slowenien 304–305
Smith, Patti 74, 325
Smith, Zadie 174
Smithson, Robert 42–43
Snyder, Gary 26
Souza, Edgard de 119
Soyinka, Wole 327
Spanien
    Andalusien 320–321
    Barcelona 230–231

Cadaqués  228–229
Camino de Compostela  226–227
Donostía-San Sebastián  230–231
Granada  232–233
Madrid  230
Málaga  229
Toledo  231
Zaragoza  231
Spark, Muriel  177
Spencer, Stanley  194
Springsteen, Bruce  68
Spyri, Johanna  279
Staël, Madame de  255
Steinbeck, John  32–33
Stephen, Leslie  280
Stoker, Bram  204
Storni, Alfonsina  127
Strauss, Johann  300
Streeton, Arthur  378
Strindberg, August  218, 303
Styron, William  81
Südafrika
    Durban  332–335
    KwaZulu-Natal  333
    Springs  333
Südkorea  364–365
Sultan, S. M.  361
Sunthorn Phu  372-373

T

Tagore, Rabindranath  359
Taiwan  363
Tartt, Donna  100
Thailand  372–373
Theroux, Paul  25, 95
Thomas, Dylan  74, 182–183
Thomas, Edward  157
Thompson, Flora  190
Thompson, Hunter S.  37–38
Thoreau, Henry David  87, 91, 92

Tintoretto, Jacopo  289
Tolkien, J. R. R.  189, 279
Tolstoy, Leo  346–347
Toulouse-Lautrec, Henri de  248, 257
Transzendentalisten  91
Trotzki, Leon  104
Tschechien  308–309
Turner, J. M. W.  160–161, 178
Twain, Mark  70, 74
Tyler, Anne  67

U

Ulay  363
Ungarn  306–307
Uruguay  119
Utrillo, Maurice  244

V

van Gogh, Vincent  181, 240, 248, 258
Vargas Llosa, Mario  115
Vaughan Williams, Ralph  178
Venezuela  115
Vereinigte Staaten
    Aberdeen  25
    Abiquiú  48
    Alaska  25
    Allentown, Pennsylvania  57
    Appalachian Trail  54–55, 67
    Arizona National Scenic Trail  43
    Asbury Park  68–69
    Baltimore  66–67
    Bangor  102–103
    Bennington  100–101
    Blue Ridge Mountains  54–55
    Boston  96, 98
    Bryce Canyon  38
    Buena Vista  63
    Cambridge, Massachusetts  92
    Cape Cod  92–95

    Catskills  88–89
    Charlestown  98
    Charlotte, North Carolina  67
    Cleveland  56
    Concord  87, 90–91
    Cooperstown  84–85
    Cuyahoga Valley National Park  56
    De Smet, South Dakota  45
    Detroit  43
    Duluth  60–61
    Duxbury  93
    East Hampton  86–87
    Freedom Trail  98
    Glimmerglass State Park  84–85
    Gloucester Harbour  96
    Grand Isle State Park  57
    Green Mountains  98
    Großer Salzsee  42–43
    Hannibal, Missouri  70–71
    Hawaii  24–25, 48–49
    Hoboken  68
    Holyoke Range  92
    Hudson River Art Trail  88–89
    Joshua-Tree-Nationalpark  38–39
    Key West  67
    Knoxville  62
    Lake Superior  60–61
    Lander's Peak  46
    Las Vegas  36–37
    Lenox  93
    Lincoln, Massachusetts  92
    Los Angeles  38
    Macon  58–59
    Marsh-Billings-Rockefeller Nationalpark  99
    Mill Grove  56
    Minneapolis  50
    Monroeville  62

Monterey  32–33
Mount Battie  102
Nantucket  95
Nashville  62
Nebraska  50
New England National Scenic Trail  92
New Orleans  64–65
New York City  72–83
Newark  68
North Cascades  26–27
Oakland  37
Oxford, Mississippi  62
Pasaquan  63
Patagonia  43
Pepin, Wisconsin  44
Petoskey  56
Pikes Peak  40–41
Provincetown  92–93, 96–97
Rachel Carson Trail  52–53
Rhode Island  87
Robert Frost Poetry Trail  99
Rocky Mountains  40–41, 43, 46–47, 55
Saint Paul, Minnesota  50
San Francisco  28–31
Savannah  63
Sleepy Hollow  87
Stanley Hotel, Colorado  43
Sun Valley  56–57
Taos  50–51
Walden Pond  87
Williams Lake  55
Woody Creek, Colorado  38
Yosemite-Nationalpark  34–35, 46
Verne, Jules  132
Vietnam  370–371
Vitali, Andrea  280
Vivaldi, Antonio  289

## W
Wagner, Richard  270–271
Wainaina, Binyavanga  330
Walden Pond  92
Wales
   Brecon Beacons  185
   Cardiff  184–185
   Dylan Thomas Trail  182–183
   Elwy Valley  185
   Machynlleth  185
   Wye Valley  186–187
Wallis, Alfred  144
Ward, Samuel A.  40
Warhol, Andy  83, 323
wa'Thiong'o, Ngũgĩ  333
Wharton, Edith  78, 93
Wheatley, Phillis  96
Whistler, James Abbott McNeill  173
White, Jack  62
Whitman, Walt  77
Wilde, Oscar  138, 247
Williams, Tennessee  64
Winehouse, Amy  178
Wittgenstein, Ludwig  135
Wolf, Christa  265
Woolf, Virginia  164–165, 174
Wordsworth, Dorothy  209
Wordsworth, William  186–187, 211

## Y
Yeats, William Butler  136–137, 139
Yun, Isang  364

## Z
Zappa, Frank  38
Zhang Zeduan  362
Zola, Émile  243

# AUTORINNEN UND AUTOREN

## MICHAELA BUSHELL

Michaela Bushell ist Schriftstellerin und Redakteurin mit einem Schwerpunkt auf Literatur und Reisen. Sie ist Mitautorin des Reiseführers *Rough Guide to Cult Fiction* (dt. Rough Guide der Kultliteratur) und hat Beiträge für *The Bucket List: 1,000 Adventures* (dt. Die Bucket List: 1000 Abenteuerideen) geschrieben. Für ihre Recherchen reiste sie durch die Sahara, besuchte das japanische Kirschblütenfest und hielt schon in Schottland Ausschau nach dem Monster von Loch Ness.

## KIKI DEERE

Zweisprachig aufgewachsen in London und Norditalien, hat Kiki Deere Dutzende Reiseführer und zahlreiche Artikel für Zeitschriften und britische Tageszeitungen über diverse Reiseziele verfasst von der abgelegensten philippinischen Provinz bis zum glamourösen Comer See. Sie genießt es, in der freien Natur unterwegs zu sein – sei es auf einer Wanderung durch den brasilianischen Amazonas oder einem Sonntagsspaziergang durch das ländliche Großbritannien.

## EMILY LUXTON

Emily Luxton ist eine in Hampshire ansässige Autorin und Reisebloggerin. Sie arbeitete mit an zwei Reiseführern und hat Texte für verschiedene Online-Publikationen wie *Lonely Planet* und *The Telegraph* geschrieben. Ihre Wanderleidenschaft und Abenteuerlust haben sie bereits einmal um die ganze Welt geführt: Sie hat den Fuji bei Sonnenaufgang bestiegen und bei einer Solo-Wanderung in Kanada einen Schwarzbären getroffen.

## AMY McPHERSON

Amy McPherson ist eine in London lebende Reisebuchautorin, die ihre Artikel auch in australischen und britischen Medien veröffentlicht hat. Vor allem schreibt sie über Outdoor-Aktivitäten wie das Wandern, Radfahren oder Tauchen. Amy mag die wilde Natur mehr als den Großstadtdschungel und ist ständig unterwegs.

## SHAFIK MEGHJI

Shafik Meghji ist ein preisgekrönter Reiseschriftsteller, Journalist und Autor mit Sitz in South London. Er hat auf allen sieben Kontinenten gearbeitet und über 35 Reiseführer für Rough Guides und die DK-Eyewitness-Reihe zu Reisezielen in Lateinamerika, Asien, Australasien, Nordafrika und Europa mitverfasst. Er schreibt für *BBC Travel*, *Wanderlust* und *Adventure.com* und spricht im Fernsehen, Radio und Podcasts über das Reisen.
www.shafikmeghji.com; @ShafikMeghji

## RACHEL MILLS

Rachel Mills lebt am Meer und arbeitet als freiberufliche Reiseschriftstellerin mit einem Schwerpunkt auf nachhaltigem, verantwortungsbewusstem Tourismus in Großbritannien, Indien, Kanada und Neuseeland. Sie schreibt Reiseführer für Rough Guides und DK Travel sowie Print- und Online-Artikel für *The Telegraph*, *AFAR*, *Culture Trip* und *loveEXPLORING.com*.
@rachmillstravel

## NICK MOORE

Nick Moore lebt auf der Isle of Skye. Der freiberufliche Autor hat über 20 Jahre als Musik-,

Sport- und Lifestyle-Journalist gearbeitet und für *FourFourTwo*, *Q*, *Evening Standard* und *The Independent* über Veranstaltungen wie die Fußballweltmeisterschaft, die Olympischen Spiele oder das Glastonbury-Festival berichtet.

## ROSALIND ORMISTON

Rosalind Ormiston ist Kunst-, Architektur- und Designhistorikerin und freiberufliche Kunst- und Reisebuchautorin. Sie lebt in London und ist Mitglied der British Guild of Travel Writers. Sie schreibt regelmäßig für internationale, nationale und regionale Medien. Ihr Beitrag zu diesem Buch beweist ihr unersättliches Interesse an den Orten, die gerade Malerinnen, Musiker und Schriftstellerinnen prägten.

## EMMA JANE PALIN

Emma Jane Palin ist eine mehrfach ausgezeichnete Bloggerin und Autorin mit einem Schwerpunkt auf Kreativität, Reisen und Kultur. Sie lebt in Margate und setzt sich für einen achtsamen Lebensstil ein, mit dem Ziel, auch die kleinen Dinge zu beachten und die Welt um sich herum bewusst wahrzunehmen. Sie ist überzeugt, dass es zu Fuß immer etwas zu entdecken gibt – sei es an der Küste von Kent oder in den Straßen von Marokko.

## GARY PARKINSON

Gary Parkinson ist Schriftsteller, Redakteur und leidenschaftlicher Wanderer. Seine Texte sind im *Daily Telegraph*, *Daily Mail*, *Metro*, *FourFourTwo*, *The Athletic* und *SportBible* erschienen. Er ist fasziniert von Menschen und Orten und ihrer Beziehung zueinander. Vor Kurzem hat er London in einer 120 Kilometer langen Wanderung für wohltätige Zwecke umrundet und darüber berichtet. garyparkinsonmedia.com

## MICHAEL ROBINSON

Michael Robinson ist freiberuflicher Schriftsteller und professioneller Touristenführer. Er hat zahlreiche Texte über Kunstgeschichte geschrieben und mehrere Reiseführer verfasst. Während seiner Arbeit als Travel Guide hat er ganz Großbritannien zu Fuß bereist. Zwei seiner kürzlichen Wanderabenteuer hat er in *The Thames Path* (dt. Weg entlang der Themse) und *In the Footsteps of the Impressionists* (dt. Auf den Spuren der Impressionisten) beschrieben.

## KATH STATHERS

Kath Stathers ist eine in London ansässige Redakteurin und Schriftstellerin, die Hauptautorin von *The Bucket List* und beitragende Autorin von *The Bucket List: Wild* (Bucket List: Wildnis). Sie hat Reisebeiträge für britische Magazine und Tageszeitschriften über so vielfältige Themen wie Schneemobile in Island, Baumhäuser in Spanien oder die Wälder in Kent verfasst.

## LINDY STIEBEL

Lindy Stiebel lebt in der Nähe von Durban, Südafrika. Sie leitet das in ihrer Heimatprovinz KwaZulu-Natal angesiedelte Forschungsprojekt KZN Literary Tourism (www.literarytourism.co.za). Lindy wandert leidenschaftlich gern und kann bereits den Kilimandscharo, ein Basislager am Mount Everest und den Annapurna von ihrer To-do-Liste streichen. Aktuell unternimmt sie vor allem lokale Wanderungen, die etwas mit den Schriftstellern und Orten ihres Tourismusprojekts zu tun haben, oder sie schlägt sich auf mehrtägigen Slackpacking-Wanderungen durch die südafrikanische Wildnis.

# BILDNACHWEISE

**Alamy:** Andre Jenny 23 oben; Arcaid Images 275; Barnabas Davoti 219 unten; Bernard Philpot 165 unten; BIOSPHOTO 256; Blaine Harrington III 49; Bob Jenkin 12; Carol Barrington 71; Carol Di Rienzo Cornwell 66 unten; Claude Thibault 226 Bottom; Danita Delimont 23 unten links, 93; David R. Frazier Photolibrary, Inc 57; Derry Robinson 162 oben; Don Johnston_WC 16 unten; Don Smetzer 61 unten; Gary Benson 101; Gary Cook 326 unten; GAUTIER Stephanie/SAGAPHOTO.COM 255 oben, 255 unten; Geofff Marshall 350; Gillian Pullinger 159 oben; Greg Balfour Evans 181 oben, 191 unten; Grethe Ulgjell 321; Harry Harrison 188 unten; Hemis 251 oben und unten; HP Canada 18; Ian Dagnall 236-237; Image Professionals GmbH 166 oben, 296; imageBROKER 221 oben, 338; itanistock 219 oben; James Wheeler 13; Joe Mamer Photography 61 oben; John D. Ivanko 45; Jon Arnold Images Ltd 118, 383 oben; Keith Fergus 213 oben und unten; Lebrecht Music & Arts 171; Luca Barbieri 27; Luke Peters 233 unten; M. Sobreira 106–107; Majority World CIC 125 unten; mauritius images GmbH 119, 126; Michael Kemp 315 unten; Nature Photographers Ltd 191 oben; Neilson Abeel Jr 83 oben; parkerphotography 166 unten; Pat & Chuck Blackley 99; Peter Cripps 208; Peter Eastland 317; Peter Horree 80; Petr Bonek 308; Phillip Scalla 85 oben links; Photononstop 28; Randy Duchaine 86; RayArt Graphics 175; Realimage 183 oben; Renato Granieri 129 oben; Richard Ellis 58 oben rechts; Richard Levine 79; robertharding 184, 252, 332; S. Forster 371; Sajjad Nayan 361 oben; Samantha Ohlsen 4–5; Sergi Reberedo 77; Sergio Nogueira 234; Simon Burt 145 oben; Simon Dack 165 oben; SPK 195; Stephen Saks Photography 23 unten rechts; Stuart Pearce 113; TAO Images Limited 362; Unlisted Images, Inc. 331 oben; Westend61 GmbH 221 unten; Will Perrett 307 unten; Wilmar Photography 331 unten; yannick luthy 307 oben; yvo 302–303; ZUMA Press, Inc. 63; Zvonimir Atletic 358.

**Flickr:** Jason Pratt 2.0 Generic (CC BY 2.0) 53.

**Getty:** © Kamrul Hasan 2010 361 unten; AGF 117; ANDREAS SOLARO/AFP via Getty Images 293; cesarhgv 31; Chris Hill 143; Daniel Bendjy 41; David Corio/Redferns 328; David Schweitzer 16 oben links; Design Pics/The Irish Image Collection 136 oben; Education Images 51; Emilia Doer/EyeEm 299; Glen Allison 389; Heritage Images 22; Hulton Archive/Stringer 182; James Leynse 83 unten; michaeljung 335; mstroz 58 unten; Peeter Viisima 108; PIUS UTOMI EKPEI/AFP via Getty Images 318–319; PIUS UTOMI EKPEI/AFP via Getty Images 326 oben; Popperfoto 206; Rune Hellestad - Corbis 100; Simon Casetta/EyeEm 286–287; STF/AFP via Getty Images 123; Sven Creutzmann/Mambo Photo 125 unten; Thomas Slatin/500px 85 unten; Tony Evans/Timelapse Library Ltd 216; Westend61 384.

**Library of Congress:** 138, 228, 294.

**Public Domain:** 32, 44, 48, 52, 70, 76, 104, 124, 128, 132, 137, 151, 158, 160, 164, 167, 192, 198, 201, 220, 223 unten, 224, 238–239, 241 unten, 254, 259 oben, 262, 273, 298, 304, 342, 344, 346, 352, 367 unten, 376, 388.

**Shutterstock:** AK-Media 231 oben; Alastair Wallace 200 unten; Alejo Miranda 114; Alex McIver Aerial 187 oben; Alexandr Medvedkov 343 unten; AlexelA 349; Andrew Mayovskyy 289 oben; Andrey Bayda 8–9; Anourbi 161 unten; Anton_Ivanov 105 oben und unten; ARTOUSS 325 unten; Artur Bogacki 311; asiastock 176; ATGImages 211 unten; Baylor de los Reyes 42; Boris Stroujko 284–285; Boris-B 277 oben; Brian Blades 211 oben; Caron Badkin 188 oben; cge2010 313 oben; Chanachai Saenghirun 373; ChandraSekhar 387; Charlesy 153; chrisdorney 205; Chrislofotos 193 oben; Claudio Divizia 193 unten; Colin D. Young 89; Colin Woods 20; Cortyn 325 oben; cwales 149 oben; db79 203 oben; Deatonphotos 179 oben; DeBusk Photography 58 oben links; Deekshant Yadav 354 oben; Diego Grandi 120 oben; DmitrySerbin 386; dvlcom 140–141; E.J. Johnson Photography 102; Engel Ching 35; EQRoy 379 unten; eugeniusro 263; Eva Bocek 130–131, 277 unten; f11photo 122 oben, 340-341, 368; Fotomicar 149 unten; Frank Fell Media 15; Gary C. Tognoni 39; Gena Melendzer 226 oben; Giusparta 363; gvictoria 129 unten; Hamdan Yoshiba 337; Heather Pereira 84, 69 unten; Helen Hotson 217 unten; Horst Lieber 259 unten, 272; Ian Crocker 374-375, 377 unten; ian woolcock 181 unten; ianmitchinson 136 unten; Ivan Mateev 243 unten; James Elkington 199; James Kirkikis 95; Javen 379 oben; Jelle Tijsse Klasen 381; JeremyRichards 122 unten; Jess Kraft 110–111; Joe Dunckley 161 oben, 200 oben; Jon Bilous 66 oben, 94; Jonathan A. Mauer 55 oben; kan_khampanya 278; Karin Bredenberg 315 oben; Karin Jaehne 264; Kathryn Sullivan 322; Keith 316, 146; Ken Wolter 85 oben rechts; Kevin Standage 156; LaMiaFotografia 267 oben, 283; LesPalenik 19; LorenzoPeg 281 oben; maria_t 98; marinafromvladimir 215; mark stephens photography 103; Martin Kemp 217 oben; Mathias Berlin 133; Mauro Carli 291; Maykova Galina 343 oben; Milosz Maslanka 223 oben; MISHELLA 73 unten; Mistervlad 271 oben; MOdAMO 329 unten; Mr Nai 207 oben; Nadiia_foto 249 unten; navarro raphael 260; Nicholas Floyd 24; Nikolay Sachkov 345 oben; ninapavisic 305 unten; onemu 367 oben; Oscar Johns 155; Oxie99 267 unten; Panwasin seemala 364-365; Patryk Kosmider 135; Paul Nash 145 unten; Pete Stuart 203 unten; Petr Kovalenkov 243 oben, 245, 249 oben; Phillip Roberts 169; PhotoFires 159 unten; pisaphotography 289 unten; pxl.store 75, 207 unten; r.nagy 173, 231 unten; Radomir Rezny 196; Rahul D'silva 357; Rhys Hafod 183 unten; Rolf_52 69 oben; rontav 214; Rosemarie Mosteller 97; Roy Harris 139; salajean 313 unten; Sean Xu 10–11, 46-47; sebastianosecondi 246; Sergey Fedoskin 300–301; Sergey Rybin 345 unten; sergioboccardo 6–7; Sheryl Watson 383 unten; sixtyeightwest 33; skyfish 229 oben; Songquan Deng 73 oben; Stefano_Valeri 233 oben; Stephen William Robinson 150; Steve Heap 162 unten; steved_np3 187 unten; Tayvay 329 oben; timsimages.uk 377 oben; Toniflap 121 unten, 229 unten; Travelbee Photography 268 unten; travelview 36–37, 65; TTstudio 271 unten; Vaclav Volrab 305 unten; Val Thoermer 268 unten; Valdis Skudre 179 unten; Vishal_Thakur 353; Vladimir Grablev 55 unten; Vladimir Mucibabic 295; Wangkun Jia 90 oben und unten; Yogesh_biebz 354 unten; Yury Dmitrenko 225; zebra0209 241 oben.

**Wikimedia Commons:** Agência Brasil CC BY 3.0 br 320; Alexander Williamson CC BY 2.0 202; Blaues Sofa CC BY 2.0 310; Bpldxb CC BY-SA 3.0 348; celest.ru CC BY-SA 3.0 347; German Federal Archives CC BY-SA 3.0 de 266; Joop van Bilsen/Anefo CC0 148; Nightscream CC BY 3.0 330; Syrio CC BY-SA 3.0 281 unten; [u:Eddaido] CC BY-SA 2.5 382.

*Der Nachweis der Urheberrechte wurde nach bestem Wissen und Gewissen erstellt. Sollten sich trotz intensiver Bemühungen Fehler eingeschlichen haben, sind wir für Hinweise dankbar.*